數位化後的未來世界？

量子經濟時代

ANDERS INDSET

安德斯·因賽特
——著

黃慧珍、方秀芬
——譯

QUANTENWIRTSCHAFT

Was kommt nach der Digitalisierung?

目錄 CONTENTS

前言　什麼是量子經濟？　5

第一部　新的世界觀

第一章　意識轉型或世界末日——你可以選擇！　21
第二章　五大系統錯誤：教條主義、資訊社會、被馴化的思考、資本主義、失靈民主　47
第三章　改變未來的四大力量：全球依存、覺醒青年、女力時代、科技海嘯　97
第四章　為瘋子提供更多力量：奇特的量子現實　147
第五章　機器人也會發展出意識？走向技術奇點的數位超智慧　185
第六章　最後的自戀傷害：人類會成為沒有意識、體驗和感受能力的生物？　227

第二部　邁向量子烏托邦之路

第七章　未來世界的三種情境：人類文明毀滅、智慧白痴社會、量子烏托邦　245
第八章　從知識社會到理性社會　265
第九章　量子經濟時代：全面整合的循環經濟　289
第十章　量子經濟的塑造者——行動英雄降臨　353
展望　喚醒心中的哲學家！　373
注釋　389
參考書目　419

前言
什麼是量子經濟？

「我們想要理解這個社會，就應該以新的方式去思考經濟。」

舊經濟體已逝，新經濟體亦然。一九八〇和一九九〇年代承諾的美好未來並沒有兌現。二〇一九年可能是人類史上最好的一年。長期以來，一些會對我們的生活產生劇烈改變的問題一直都在，二〇二〇年初爆發的疫情只是讓這些問題提早顯露出來。

我們現在正處於決定未來何去何從的分岔口。我們雖然已經克服了許多看似無解的問題，但是真正最糟的情況還是隨時都可能到來。我們生活在一個很奇特的世界，既是一個崩潰的時代，又是另一個時代的開端。當我們還以資本主義的「舊約」發誓，狹隘地只從物質上定義富裕，希望擁有更多資產、進行更多消費、對環境造成更嚴重的破壞。我們的生活方式會把我們帶往極權體制的方向，走向民族主義的經濟孤立，讓國際間彼此更不互信？還是我們有辦法，以重視團結互助精神、友善環境、由科技推動的人本資本主義重新上路？

現在是制定「新約」的時候了。後物質資本主義的承諾與規則，不僅不會減少帳戶裡的財富，還會提升我們的理性和活力，並以幸福與愛等精神資產充盈我們。在舊經濟與新經濟之後出現的後物質主義體系，被我稱作「Q經濟」，也就是「量子經濟」（Quantenwirtschaft）。

我們需要真正的啟蒙與思想家的文藝復興。我們需要實踐哲學和意識革命。我們需要結合人文與自然科學，來打造一個理性的社會。可是，為了社會的持續發展，我們還需要經濟動力，需要推動進步的新引擎。換句話說，我們需要的是能推動經濟前進的新系統。

「資本主義是個有效的系統，」達賴喇嘛曾經說過：「只是缺乏同情心。」[1]這位智者說的沒錯。在著名的馬斯洛需求金字塔（Maslow'schen Bedürfnispyramide）[2]中，滿足物質需要的生理需求在金字塔模型的最底端，卻占有最大的區塊。即便是在富裕地區，多數人也幾乎不會努力進到可以滿足非物質需求的更高層次，因為目前的系統已經將他們固定在物質層次了。科學上業已證實，人類並不會因為在物質上擁有更多、消費更多而變得更快樂——而且正好相反！第二座房產、第三部車或是任何時下最新流行的數位商品都無法提升我們的滿足感，只會增加我們對物質消費的依賴。

市場經濟的生命週期始於監控資本主義。一旦啟動成長引擎，隨之而來的就是調節控管與徵稅。公部門發放福利津貼，權利和資格都可以買到，富裕普遍到過度消費的地步——最終走向崩潰。和人一樣，經濟體剛誕生時充滿活力，到了僵化或消耗殆盡時，就會死亡和衰竭。接著就會形成一些較小的活躍群體，前述的週期又會從頭開始，只是這次更有效率。許多「嬰兒經濟體」（Baby-Ökonomien）就是這樣來的，而我們正好可以利用這些「嬰兒經濟體」的活力，從根本上創造出一些新東西，那就是：量子經濟。

在二〇一〇年代，一些西方國家和幾個亞洲富裕國家的經濟來到各自生命周期的倒數第二個階段。早在新冠疫情爆發前，許多國家的經濟已經被令人上癮的過度消費帶到崩潰的邊緣。**我們以失控的消費主義，竭力掠奪地球上的資源**。而地球上的資源根本不可能滿足全世界接近八十億人口所有人的物質需求——要讓所有人都住進別墅、開法拉利，這樣的事情現在和未來都不可能發生。多數這類對物的渴求，往往只是奢侈品消費無法滿足的無形非物質需求的有形替代品。然而，比如社會認同、滿足感、生命的意義和個人的自我實現等情感和精神資產，是在物質資本主義的購物中心裡面買不到的、找不到的——就像在前蘇聯匱乏經濟下的市集找不到西方的消費物資一樣。「人無法買到滿足感和生命的意義。」你或許不同意這句話。然而，在我所理解的量子經濟中，無形資產也會為了我們所有人的福祉而被資本化。

為何我把這個考量到整體的後物質經濟稱為「量子經濟」呢?這裡先做個簡短回答：**在量子經濟裡面，已經沒有所謂物質與非物質、有形與精神層面的對立，如同在量子物理學所有（次原子）物質粒子同時也是能量一樣——而且反之亦然**。並且，因為量子物理學告訴我們，相較於有形的物質，我們更容易在「空無」（Leere）或單一波函數（einzelne Wellenfunktion）的集體推動中找到我們的現實。其中，單一波函數又只是現實在多重宇宙中的一個可能性而已。

世界——以及存在其中的經濟——是無法以理性理解的。這是一個相互依存的世界、一個彼此交纏的世界，因為只有跨學科，在各個學科的間隙中才能找到新的管道和解決方案。我們如今已經生活在量子現實裡面——即便你可能還沒有察覺到——但科學界已經發現越來越多奇特的跡象。與此同時，全球的「覺醒世代」（Generation von Erwachten）也都動了起來。而這個「覺醒世代」都是一群意識凌駕一切、追求更高能階（Energielevel）的年輕人。如果仔細聽就會發現，即使說得非常保守謹慎，但我們已經在談同樣的事情：關於關聯性、潛力與意識……

我和一些物理學家、數學家談過，也和宗教上師和修行僧侶、諾貝爾和平獎得主、神學家和研究宗教的專家進行過討論。目前量子物理的概念令人困惑不解，甚至聽起來有些「時髦」，尤其是對一些「古典的」自然科學家更是如此。即便是這樣，量子物理學也不是抽象推論，而是有科學根據的認知。令人驚訝的是，量子物理學的核心竟然與所有文化與各時代的精神啟蒙導師的願景與直觀見解相契合。宗教上師與巫醫就不斷宣講：能量即物質、物質即能量。

宇宙的基本法則並非「非此即彼」，而是「既是……又是」。因此，精神和物質理念本身並非不相容的對立面，而是來自不同方向，卻指向相同目標的兩條路徑——可能是精神與肉體間，或是物質與能量間的空白處或間隙。我們這個時代最有趣的幾種理論方法，聚焦在這些看似不相容的學科間的空白處：比如當量子物理學遇上靈性學、當現象學遇上神經科學或心理分析領域。

量子現實——**連同量子經濟——是一個正在與科學原則和看似不相容的經驗法則相互接近的世界。**或許，靈性是我們尚未理解的物理學的一部分。而那些被認為無法跨越的對立面的連結，或許是一個全新的哲學方法。就經濟的層面而言，這就和我的量子經濟概念不謀而合——因為，我們需要經濟動力來推動我們的社會，乃至於整個世界的進步。

量子經濟就要改變我們的社會

量子經濟不僅能滿足我們的物質需求——還能讓我們發揮才能，活出夢想。這一切只是烏托邦式的夢想嗎？不，無論是我們的物質需求、我們的社會關係、虛擬世界或現實生活、我們的行政管理系統、教育與文化、我們的精神發展和自我實現，未來的經濟都將規範我們社會上的所有基本領域。因此，這裡說的不再是一種最終狀態，而是一段旅程。

特別是在過去幾十年來，唯物史觀的渦輪資本主義（materialistischer Turbokapitalismus）和令人上癮的過度消費主義深深影響了我們的社會。馬斯洛需求金字塔的下層不斷擴大，對滿足有形物質需求和安全需求的要求過分擴張——就好像面對所有事物，我們只有加上風險擔保才能活下去。也好像擁有一座別墅、一輛休旅車還不夠，至少還要再加上一部跑車和一座海外度假別墅才算滿足基本需求，甚至認為那是每個人的基本權利。然而，倘若以量子經濟的觀點來看，我們會發現，這類耗竭資源並且侷限於物質定義的基本需求並不適用於所有人——在地球上的富裕地區做不到，更遑論在全世界了。

這種難題的解決方法並非限制，而是擴大資本主義模型。過去在馬斯洛的需求金字塔也已經提出相關立論。因為馬斯洛這位美國學者是人本主義心理學（humanistische Psychologie）的奠基者，而人本主義心理學的宗旨就在於幫人實現自我，以及發展各自的創造力潛能。一旦低層需求過度擴張，就會扼殺所有更高層的需求與發展機會。

在量子經濟中，特別著重在打造新選項、創意的發揮以及提升健全的自我實現，以利我們發展具有「人本精神」的資本主義。為此，我們必須發想出新的商業模式，將幸福、樂觀、安全感、信任、個人優勢、同理心與團結等加以資本化。這裡我指的，並非以物質替代品或奢侈品欺騙或安慰自己，假裝當前的經濟體系並沒有缺乏真正幸福感與信任的事實。更確切地說，這裡要面臨的挑戰是開發出有價值的服務，以利我們發揮自己的潛能與優勢。而量子經濟正是以這種方式支持我們在馬斯洛需求金字塔上迅速往上爬。有必要如此的原因在於，唯有我們攜手才能迎接即將到來的嚴峻挑戰。

那麼，面對當前系統幾個最迫切的問題，量子經濟會是那個答案嗎？量子經濟可以解決財富分配不均的問題嗎？量子經濟終於可以兌現資本主義對幸福的承諾嗎？並且幫我們解決生態過度開發的現況嗎？

事實上，能在所有對立觀點間取得平衡的神奇公式並不存在——但市場必然也不會就此自行調節。在我進入經濟系的第一個學期我就學到：「自由市場自會分配短缺資源。」真的是這樣嗎？亞當・斯密（Adam Smith）和他的後繼者承諾的「完美平衡」（das perfekte Äquilibrium）早已被證實只是新古典資本主義的幻想。這個將個別參與者的利益以及全民福祉，如同變魔術般[3]最大化的自我調節機制並不存在。讓我們拋下這樣的迷思吧！——即便已故的瑞典教授漢斯．羅斯林（Hans Rosling）曾經提過，其實我們過得比以往任何時代都還要好。我們同時也必須拋下對「完美平衡」和市場「看不見的手」的迷思。總而言之，這個應該將個別參與者的利益以及全民福祉最大化的自我調節機制就是不存在！

我們在當前的經濟體中要同時面對多個難題。現今全球最富有的二十六個人掌握的資產，相當於全球另一半較貧困人口，也就是大約三十八億人的所有資產總和。不過，與其將這些罪責籠統地歸咎於「資本主義」，我們更該想辦法讓經濟發展下去、讓資本主義的動力不要停下來，並將之應用在公平合理的分配上。我們需要新的視角，讓我們以不一樣的方式去思考並改造現有的結構和模式。如此一來，量子經濟將成為全面性改變的關鍵。

這也適用於我們正面臨的嚴重生態問題：如果能以新的方式去思考經濟，就能對我們所處的環境有更多理解與情感。**量子經濟的認知基礎在於所有事物都與彼此相關聯：我們必須學著將經濟、社會與生態視為一個整體、視為相互依存的波函數。**一個能真正滿足我們需求的經濟系統，也會協助我們發展出一個能兼顧到自然生態的社會。因為身為人類的我們也是大自然的一部分。

至於幸福，要知道，依原始的自由主義理論，只要我們順從利己原則，幸福的社會自然就會出現：然而事實上，如今我們都知道，事情可沒那麼簡單。市場那隻「看不見的手」是前量子經濟時代的模型。亞當．斯密派的市場自由主義只認得那些各自獨立、為自身盤算而行動的個體。[4]但是這種社會性的「幸福感」如何作為無數利己的個體行動的總和或成果體現出來，在原始資本主義理論中仍是混沌不明的狀態。

該怎麼做，才能把幸福整合到經濟裡面？這個問題是創造量子經濟以及「量子烏托邦社會」（quantopische Gesellschaft）的最初火花。在量子經濟體中，我們的身分不再以擁有什麼、會什麼來定義。如此一來，我們便有了重新將注意力聚焦在「我們是什麼」以及「我們能成為什麼」的自由。**當我們意識到自己正在扮演不同角色，我們才會漸漸明白與認清，原來我們都並非不可分割的個體，而是「多元複合體」（Multividuen）**。或許今天還會有人說「找到你自己」這樣的話——但是量子烏托邦式的說法應該是：「弄清楚你所扮演的各種角色，進一步發展這些角色的潛能，然後擺脫這些角色，去做新的嘗試。」

這樣做，才能讓我們更理解自身以及所處的這個世界的精神層面：我們都是這個星球的過客，資源有限，但知識無涯。我們都與潛能的無限宇宙有著相互依存的連結，而且我們所有人都是自身有潛能的宇宙。我們懷揣不可預見的目的，正踏上一段令人期待而美妙的旅程。驅使我們前進的動力，就是為我們來自何方與去向何處找到一個合理的解釋。我們如此發展量子經濟，同時以此增進我們對自身所處社會的理解。

Q經濟概要

什麼是量子經濟？

—量子經濟是為了增進對社會的理解，以新方式思考經濟的方法。

—量子經濟讓經濟體擺脱桎梏，使其不再侷限於飲食、居住、安全庇護等有形需求，而能顧及歸屬感、自我價值感與自我實現等更深層的心理需求。

——量子經濟並非線性發展，而是循環式、有無限潛能、貨真價實的循環經濟。
——量子經濟縮短了創造者和消費者之間的距離，讓兩者間產生直接的關係。
——量子經濟與量子世界一樣奇特且不可預測，但又像量子物理一樣真實。
——量子經濟是一個相互依存的系統——一切都與彼此有連結，就連人類和機器間也不例外。
——量子經濟打破學科間的界線，讓自然科學與人文科學相結合。
——量子經濟以既分散又與彼此交織成網絡的個體性，取代集權和階級式的結構。
——量子經濟遵循演算法、有技術性，且具有呈指數性成長的特性。
——量子經濟會強化我們消費行為的感知意識，讓我們順利通往非物質成長之路。

量子經濟因應理性社會的發展而生，因意識革命的驅動而生，因接納無盡的循環而生，並且也因學習與實踐哲學思考而生。

第一部

新的世界觀

「在科學中，我們必須要求把意識當作獨立的課題來看待。」

世界正在沉淪、末日即將到來：你有多常聽到這類話語？我們有多少次被曉諭這類人類最後末日的預言——結果呢？還不是一樣活得好好的嗎？

我們活在一個衰敗和繁盛共存的平行社會。一方面是西方工業國史無前例的富裕景況。但是另一方面，這個社會面臨的危機，其規模之大與多元繁複的情形也是前所未見。氣候崩潰、戰爭、難民潮，還有醞釀中的金融與債務危機……無一不讓人感到舊系統好像隨時要崩潰了。

社會、政治、經濟系統上到底有哪些嚴重錯誤，讓我們一再拖延，錯過轉型的時機？歸結起來，問題的核心竟是系統本身，或說是對我們所定義的系統和模型對應到現實時普遍存在的誤解。說到這裡就不得不提到，把人腦結構和功能看作一般電腦的物理學家和數學家。這些人往往忘了，這只是非常簡化的模型，而他們的概念是無法呈現出人類真實的全貌。同樣的情形也發生在經濟學家、社會學家或政治學者提出的模型上。

即便我們面臨的是一連串的生存危機，我們也必須仔細檢視，包含政治、教育和資本主義在內的社會基本結構：如今的一切都面臨考驗，或是處於崩潰邊緣。迫切需要徹底改變思考方式，以及發展新技術。我們正處量子典範的開端，而這個量子典範勢將以量子科技影響我們的日常生活。因此，我們要更安定的同時，也會更混亂。

第一章
意識轉型或世界末日——你可以選擇！

我和許多科學家聊過、仔細研讀過他們的研究成果。除此之外，我自己也常親自前往世界上許多時局動盪的地方：我到過非洲那些不適合人居住且不斷擴大的沙漠地帶。我曾在南極見識到讓海平面上升，整座城市那麼大的冰山正在消融的景況。也去過中國，看到那裡不僅環境遭到破壞，而且整個「價值鏈」（Wertschöpfungskette）自動化的程度遠比世界其他地方都還先進。我也到過印尼，在那裡看到陽光下盪漾著浪漫情懷、閃閃發光的海洋——只是，這些亮閃閃的浪漫光點竟然都是海浪攪動的塑膠垃圾，而且，正是這些塑膠垃圾害得數百萬海洋生物在痛苦中窒息而死。

未來十年，人類將會面對兩大生存挑戰。我們該怎麼做才能避免迫近的生態崩潰？我們又該如何善用人工智慧、生物科技、奈米科技及量子計算（Quantencomputing）等快速發展的技術，協助我們把這個世界打造成真正的人類天堂，而不是變成讓我們的後代子孫只能像豢養在動物園裡的動物般，或是像無知無覺的喪屍一樣勉強續命的「後人類地獄」（posthumane Hölle）？

危在旦夕的莫過於人類種族的存續。這也是我極力奉勸各位在你習慣的用語中刪除像是「氣候變遷」、「全球暖化」這類不著邊際的字眼。根本沒有什麼「變遷」會因為多那麼一丁點的太陽光熱，就讓氣候崩潰之境迫近。**而我們時代的最大危機，便是相信會有人前來拯救我們**。新科技雖然可以幫我們避免生態崩潰，但是新科技再怎樣也不會自己做到這件事——而是要我們有意識地做出決定，到底要藉助這些新科技達到什麼目的。因此我們迫切需要全球性的意識革命。只有當我們所有人都理解，並且接受所面臨的挑戰會危及性命，我們才有辦法延續組織有序的生活和拯救人類賴以維生的環境。

如果我們不做出決斷，我們就有可能淪為第二波生存危機的犧牲品，而且這所謂的第二波生存危機規模可能還比醞釀中的生態崩潰還要大、還要嚴重。這裡所指的第二波生存危機即是「超智慧機器」（hyperintelligente Maschine）引發的人類失勢問題。這個問題遠比我們想像得到的情況、也比科技宅的幻想或好萊塢科幻電影呈現出來的景象更為危急。而且這個危機會像氣候崩潰一樣真實——只是顯然我們還感覺不到，原來它已經離我們這麼近了。

十年後，非洲大部分地區將因為生態崩潰而變得不再適合人類居住——就是這麼湊巧，這樣的事情竟要發生在人口成長最快速的這塊大陸上——據估算，如今人口已經達到十三億的非洲大陸，將在二十一世紀末來到四十億大關。[1]這樣繼續發展下去，如果不是非洲的工作機會增加，就是原本生活在那片土地上的人要往有工作的地方移動。然而，一旦這樣幾百萬的人都逃往歐洲，而我們無法及時提出對策，難保不會有幾十萬人在橫渡地中海的過程中淹死，或在沙漠中渴死。

十年內，比人類還聰明的機器人將會掌控我們的日常生活。我們很快就不再是這個地球上最有智慧的物種了。

十年後，生產製造和物流會大幅自動化，全球數百萬工作機會將不復存在。這樣的轉變，衝擊最大的當屬那些被視為歐洲工業國的「延伸工作臺」，好不容易才剛步入小康社會的亞洲低薪國家——到時這些國家將被迫重新面對貧窮與失業的窘境。屆時無論智慧型手機、平板、玩具或紡織品的產線會大量移回這些產品消費者所在的歐洲與美洲。因為機器人在任何地方執行作業的成本都一樣低廉，而就地採行完全自動化的創價過程（Wertschöpfungsprozesse），更可以將創造價值過程中「最後一哩路」的成本降到最低。中國的電子商務企業京東：這家在歐洲還默默無名、市值卻已經上千億規模的集團公司，預計在二至三年內達到包含人臉辨識功能的無人機送貨服務在內的百分之百完全自動化的目標。二〇一八年，Google也在京東投資了五・五億美元。由於當時正值川普（Donald Trump）對中發起貿易戰，因此這項投資案並未引起外界太多關注。但考量兩國距離之遙，該投資確實不可不謂是合乎邏輯的跨國策略聯盟。

十年後，歐洲和美洲富裕國家中也會有成千上萬的工作機會消失。雖然目前企業內部仍會談及「人力資源」或「人力資本」，但我們有必要盡快改變思路。因為，倘若要說演算法最擅長的事無非就是有效利用資源。公車駕駛、計程車司機、會計人員、行政人員、銷售員、代理商，另外還有經理人、醫師、律師、代書等職業到了自動化世界根本不再有存在的必要了。

那麼這些一夕之間變得多餘的人力該何去何從呢？他們該如何營生呢？未來又可以做什麼呢？他們會就此接受突然變得毫無用處的命運嗎？或者，我們要準備好面對接下來的社會動亂、抗爭和暴動呢？右翼民粹黨派如今已經擁有大量選民支持而得以入主國會——即使事實上，我們的生活過得史無前例的好。到底有多少「不安的百姓」要到經濟真的走下坡時，才會想到要聽從捕鼠人*說的話？

「才不會走到那麼糟的地步！」或許你會這樣反駁：「再說，總還會有新的工作機會，比如程式設計師、軟體開發人員之類的工作未來肯定還有大量需求。」沒有。這些工作的人力需求早就沒你想像的那麼多了。由自我學習的演算法所操控的機器人，不僅能自我進化，甚至可以為自己編寫新的軟體。但是公車司機和會計人員卻沒有辦法輕易轉換職業跑道成為軟體開發工程師。其他領域的大部分工作也會在沒有替代人力需求的情況下就此消失。

* 譯註：出自《格林童話》。捕鼠人幫村民解決鼠患後，村民沒有兌現承諾，遭捕鼠人報復後才感到後悔已經來不及了。

有著晶片大腦的自動化醫師將為我們提供醫療服務，並且安排後續的必要治療。機器人會為我們開刀和進行術後照護——這裡講述的都不是遙遠的未來，而是十年內甚至更短的時間裡就會發生的事情。機器人和自動化設備會為我們蓋房子，會管理我們的住宅區和廠房。汽車、火車和公車、飛機和直升機都能自動駕駛或自動飛行。翻譯人員、編輯、作曲家和編劇都會被機器接班人取代——而且我們並不會察覺到其中品質上的差異，搞不好還會覺得品質更好了呢！

由機器生成的作品讓我們得到更多娛樂，而且受到更深刻的感動。比起真人擔任的醫師前輩，演算法醫師所做的診斷、所寫的醫囑甚至更精確、更有效。此外，相較於現今的罹難者數量，自動駕駛後的道路和航空運輸事故率將大幅降低。一切都是如此令人難以置信的美好——或根本像一個有爭議的承諾？

現在我們稱為人工智慧的技術，未來幾乎在各方面都會比我們優秀——包含聚焦重點和排定優先順序這兩件事上。它們的演算法，完全有能力讓它們精準地觸及並完美地模擬人類的情緒。即使它們並沒有像人一樣的意識，也會有某種人工智慧或機器人可能具有某種形式的自我意識，而在早期的發展階段就在許多領域表現得比人類還要好。再加上它們冷靜的邏輯式超智慧，可以避免讓它們像人類一樣一不小心就觸發壓力反應或盲目地四處勞碌。

因此，我們需要新的工作模式，並且要以新的方式理解工作。此外，對於人工智慧，我們需要一種如今還尚未存在的全球性仲裁者、一種更高層級的控制實體。

解決方案或許有——比如量子經濟就是我要提出的對策。但同樣需要有你的參與：因為未來，由我們共同打造。

戴上量子眼鏡！

一旦開始從量子的角度審視這個世界，就會錯愕地發現，原來圍繞著這個主題已經存在許多想法和創意。對量子認知這個新的科學分支中，有人嘗試用量子理論的數學公式打造認知現象的模型，比如模擬人類大腦處理資訊時的變化。

時下許多媒體的報導都要與量子扯上關係，從「量子行為」（Quantenverhalten）到「量子醫學」（Quantenmedizin），乃至於「量子創意」（Quantenkreativität）、「量子資本」（Quantenkapital）等不勝枚舉。大量短片、模型和範例，讓物理學門外漢也能輕易理解量子力學的神奇效用。

如今已然成為「量子社會學家」的德裔美籍政治學家亞歷山大・溫特（Alexander Wendt）就預言，這門新科學將徹底改變其與人類以及與大自然的關係。溫特在二〇一五年出版的著作《量子心靈與社會科學》（*Quantum Mind and Social Science*）[2]中寫道，社會科學都犯了同一個錯誤：社會科學自從約一百五十年前開始萌芽以來，這個領域的科學家就理所當然地認為，人類的思考與人類社會盡皆遵循「古典」物理學的運作規則。這樣的假設乍看之下很合理，畢竟我們人類就像桌子或椅子一樣，都是肉眼可見的宏觀物體，所以必然也應該歸附於相同的規則。但我們的意識和社會過程（soziale Prozesse）卻不盡然如此。因為人類意識與社會過程受到諸如越地性（Nichtlokalität）或量子糾纏（Quantenverschränkung）這類量子物理原理更多影響。

賽局理論（Spieltheorie）又是另一個受到量子理論影響的例子。在古典方法中，會在明確規則和預設結論的情況下，為兩個或多個行動者（參賽者）間的策略互動建立起模型——這種作法在經濟學裡面特別受歡迎。而量子賽局理論（Quantenspieltheorie）就是這種古典賽局理論的進化版。特別是量子賽局理論認定，我們人與人之間有牽扯不清的連結。因此，我們的經濟體系和我們對幸福的追求也必須一起加以考量。

在量子經濟成形的過程中，最大的挑戰是量子物理學一直被視為只有專家才能談論的神奇咒語。即便是享譽盛名的量子物理學家，同時也是賽局理論之父的約翰・馮紐曼（John von Neumann）都曾直言：「在數學領域你要做的事不是去理解，而是去習慣它。」[3]愛因斯坦（Albert Einstein）也於一九五二年，在一封信中無奈地提到：「這個理論讓我想起某個聰明的偏執狂想像出來的系統，只是這個系統全是由沒有連貫性的思想元素組成。」[4]

那麼，我們來看看連貫性，這就要提到修・艾弗雷特三世（Hugh Everett III）在一九五七年提出的「多世界詮釋」（MWI）。這個詮釋不給量子物理學賦予奇怪的說明——而是以結論性的方法描繪出量子力學的內容，或是世界的表現以及我們認定的現實。不過這時我們就必須面對極為巨大，甚至是無限量，而且不斷分裂出新分支的多重世界。那是我們的意識無法理解的世界，頂多在這些多重世界分裂的當下，我們的潛意識才能理解很小的一部分。

量子物理學、量子力學或量子理論，無論你把它叫做什麼，它都是真實的。所以你想站在哪一個陣營呢？是怪異和「薛丁格貓態」（Katzenzustand）如愛因斯坦、薛丁格（Erwin Schrödinger）、馮紐曼等人的說法，也就是如今在物理學系第一學期以「哥本哈根詮釋」（Kopenhagen-Interpretation）帶過去的高深莫測基礎？或是相信其他世界還存在無數多的我們這種說法？當然還有其他的說法，不過這些說法都告訴我們，有很多事物還有待我們去探索、發掘。

所以，如果那麼多聰明絕頂的人都沒能告訴我們，我們的世界正在發生什麼事，為什麼我們還要探究量子力學呢？答案非常簡單：因為面對當前諸多無解的難題，量子力學可能是目前我們能找到最好，而且可能是唯一的解決方法。就我對世界的理解，意識是人與機器的根本差異。我們無法以古典物理學解釋物質如何發展出意識，更不用說要以物理學解開人類意識的謎團了：為何某些行為功能總是伴隨意識？大腦中的物理過程以何種方式形成主觀經驗？我們不僅無法回答這些問題，甚至不知道該如何清楚加以表達。同樣地，我們對社會與經濟過程也缺乏理解。

如果我們以量子的視角審視許多研究領域，就能取得進一步的進展，這個觀點如今得到越來越多的印證。反之，在各領域有進一步的發現也能幫我們更了解量子物理學的奇異世界。**以量子視角觀察經濟有助於釐清經濟過程中的異常之處**——而且，在量子物理學家不斷探究量子效應背後的基本原理時，可能用得上量子經濟學家的數學公式。總而言之，各領域的研究人員有必要開啟新視角，從量子的角度詮釋我們的世界及經濟，這點勢必越來越受到自然與社會學界的認同。

所有的一切都與彼此息息相關，且相互影響。世界並非其中個別組成單位的總和，因為它並非（僅）由原子組成。過去幾百年來，科學家雖然能夠越來越清晰的描繪出這些個別組成單位，但他們也同樣以這種方式製造出數不清無法拼湊在一起的拼圖板塊。每個個別碎片都非常接近現實，卻又無法完全吻合現實。因為正如我們越來越清楚地理解到，現實是「量子的」，而這意謂我們無法理解它。諾貝爾獎得主理查·費曼（Richard Feynman）在談到量子力學時也曾警告過：「如果你自認理解它，正好說明你不理解它。」[5]

回到一九三〇年代？

當前的世界局勢很像一九三〇年代那時的爆炸性組合——納粹即將掌權、史達林主義正要開始大展拳腳，以及風雨欲來的種族大屠殺和世界大戰。

即便歷史從來沒有真的重演過，卻有極具警示作用的相似之處。投資銀行雖然不斷帶來豐厚的收益，但是以錢滾錢和真正去創造價值畢竟有很大的不同。因為貨幣供應量大增造成的人為榮景，受惠的只有少數人，而且主要在以西方國家為主的半個地球。然而，財政緊縮政策讓許多人變窮，並且加劇社會分裂。這樣的情況導致就算是在過去的富裕地區，也有許多國家和幾百萬老百姓在這樣的壓迫下痛苦呻吟。

腐敗的政權、內戰及日益嚴重的沙漠化讓非洲變成無法居住的面積越來越大，數百萬人因此被迫出逃。以歐洲和北美為主的逃難目標地區，非但沒有加強管理措施，合力在族群融合上做努力，反而封閉邊界，還說出帶有種族歧視意味的言論。還不到一百年前，類似的複雜局勢就曾引發全球性的戰爭、一連串暴行和種族滅絕。到底要到何時，我們才能意識到自己正行在一條即將帶來嚴重後果的航道上，然後才願意緊急改變航向？

我們需要新的啟蒙、需要一場意識革命。因為我們的民主制度已經遠離受過啟蒙的社會該有的樣貌。該如何因應指數性發展的科技、人工智慧以及與前述兩項相關的自動化，我們必須在還有決定權時做出決斷。我們有必要釐清，到底怎樣的行政和經濟模式才有益於我們面對全球化世界的莫大挑戰。

許多因素造成如今許多人在越來越匆忙的生活步調中感到內心窒礙難行，諸如，我們尚未啟蒙的社會，以及新科技、當前的政黨民主狀態、教育體制、資本主義制度等的前景不明。這些問題都不再適合即將到來的時代。

幾乎所有和我談過的人都坦承，這一堆大問題讓他們感到不安，卻沒有人採取相應行動。明明內心很沮喪，卻以奢華和狂妄武裝自己——我們正試圖以這樣的方式說服自己，「這類事情」不會再發生，因為現在我們每個人都已經啟蒙了，而且有最好的資訊來源。再說，我們如今不是都有這些了不起的科技成就了嗎？這樣應該就可以解決所有問題了吧！

不過這都只是一廂情願的想法。只要我們不面對這些問題，就始終無法找到解決方法。

反叛時機已到……

……還是說個好消息：當前的資本主義型態和科技進展不會組成命中注定非在一起的團隊。倘若科技往破壞的方向發展，多半與利益最大化脫不了關係，但原因很少或絕不會是科技本身。在我們步入現代化初期，既沒有資本主義，也沒有啟蒙運動，只有造就印刷機、機械鐘錶、顯微鏡和望遠鏡的發明家的技術天才。牛頓（Isaac Newton）、萊布尼茲（Gottfried Wilhelm Leibniz）、伽利略（Galileo Galilei）等自然科學家發現並訂下「古典」物理學的規則，已和量子物理學劃清界線。啟蒙時代的哲學家如康德（Immanuel Kant）或伏爾泰（Voltaire）等人認為「理性之光」（Licht der Vernunft）可以「照亮一個人此前蒙受的所有黑暗」——這是無知、誤解和偏見。因此，在英文裡面以「Enlightenment」一字指稱啟蒙，有「頓悟」（Erleuchtung）的意思。康德在所著《純粹理性批判》（*Kritik der reinen Vernunft*）中對「理性」（Vernunft）一詞的定義，指的不只是經驗感知與邏輯因果思維，還有我們自己對理性的批判式審查（kritische Kontrolle）。[6]

資本主義制度並非驅動科技進步的力量，即便這樣的誤解十分普遍。從工業革命到一九七〇年前後首次出現環境嚴重遭到破壞的跡象，這一整個世紀以來，亞當‧斯密的物質資本主義似乎是必要之惡。而這個物質資本主義至少為西方工業國家帶來前所未有的富裕榮景。不過，早在一九七二年，非官方國際學術研究團體「羅馬俱樂部」（**Club of Rome**）發表的第一份名為《成長的極限》（*Die Grenzen des Wachstums*）的報告中提到，這個制度的根本錯誤在於，對那些肆無忌憚地追求成長與利潤提升最大化的人給予最多報酬。[7]

我們經濟體系的基礎，依舊建立在相信船到橋頭自然直、最後一切都會變好的信仰之上。於是，為我們所有人的福祉而努力的竟然是那些最自私、最無情的人。不過這個出自工業革命早期的經驗法則已經不再適用於今日了。在我們身處的超級資本（hyperkapitalistisch）時代，那些以演算法建構起來的超大型公司的股東拿走全球經濟成長過程中的絕大多數利益，卻讓其他無辜的人承擔嚴重後果：分裂、混亂和局勢動盪、生態崩潰，以及讓新崛起的寡頭在實驗室中造出來的超級人工智慧威脅人類支配權。

無論如何，我們都必須捨棄科技進步會自動把我們帶到烏托邦的迷思。科技進步非但不會帶我們到烏托邦，也無法讓我們擺脫如俄羅斯的普丁（Wladimir Putin）、土耳其艾爾多安（Recep Tayyip Erdoğan）或美國川普之流的右翼民粹主義的「倒退」行動、獨裁者和自大狂。與期望相反的是，只要新科技一直是現今超級資本主義（Hyperkapitalismus）的「人質」，民族主義與排外運動、極右與極左的政黨或團體就會讓這個世界越來越動盪，讓理性、一致的作為幾乎無從施力。

但是我們已經沒有時間來處理這類歇斯底里的情緒或瘋狂行徑。《原子科學家公報》（*Bulletin of the Atomic Scientists*）於一九四七年推出的「末日時鐘」（Doomsday Clock）啟用時，將時間設定在子夜前七分鐘的十一點五十三分，而不是一般面對迫近的災難時習慣說的「十一點五十五分」。此後，這個「末日時鐘」的時間便依照全球當下面臨的危機情勢往前或往後進行調整。至於危機情勢的認定，則由一個以多位諾貝爾和平獎得主組成的鑑定專家委員會負責。**目前「末日時鐘」的時間落在子夜十二點前的一百秒，也就是十一點五十八分二十秒的位置上。**[8]在這之前，我們只有一次如此迫近末日的災難：冷戰時期，美國和前蘇聯一度在短時間內先後試射了氫彈。當時世界局勢降至冰點，熱核彈可能讓人類覆滅的危機一觸即發。

對一位踐踏我們價值觀、否認科學實證的真相，並同情獨裁者的美國總統，為何我們只是感到氣憤？為何我們不想辦法制止這個無可救藥的妖魔鬼怪？面對當前全球性的疫情，以深厚科學研究為基礎的社會價值已經被證實攸關人類存亡的時候，我們時代的「巴士底監獄」在哪裡？而那個可以撼動我們時代的巴士底監獄的制度破壞者又在哪裡呢？

從右派到左派，如今有越來越多人認同，現今的行政制度與經濟體系存在嚴重缺陷。那麼，我們到底何時才要開始改變呢？由美國哲學家暨神經科學家山姆・哈里斯（Sam Harris）、心理學教授喬登・彼得森（Jordan Peterson）、數學家艾利克・溫斯坦（Eric Weinstein）及其手足生物學家和進化論學者布雷特・溫斯坦（Bret Weinstein）等人在美國和加拿大發起的「知識分子暗網」（Intellectual Dark Web）或許是在這方面首次有人跳出來採取行動的先例。一些大眾思想家、播客（Podcast）主持人、YouTube網紅與暢銷書作家在各自的影音平台上，以其對政治上的多元觀點吸引來自全球各地的關注。此間已被串流影音平台Spotify以一億美元的高價收購[9]、由知名播客喬・羅根（Joe Rogan）主持的同名播客節目《喬・羅根體驗》（Joe Rogan Experience），每集長達三至四小時的談話性節目上看百萬的收聽用戶數，正是人們渴望深入了解、真正對話與聽取不同意見的明證。

為何十六個路易國王中（至少）有一個是多餘的

眾所皆知，路易十六是法國最後一位國王。一七九三年一月，也就是巴士底監獄被攻占四年之後，雅各賓派人士處決了路易十六。直至今日，仍有史學家在探討，如果當年在位的是一位作風更為強勢、較不優柔寡斷的君王，是否就能挽救這個法國王朝？

然而，這樣的爭辯始終沒有觸及問題的核心。其實早在最後一位路易國王之前，已經有十五位同名的國王在位這件事，就已經是一番徹底的制度改革早已為時過晚的強烈指標。「路易模式」代表的是一個守舊、過時的王朝，早就不合時宜。路易十六耗盡國家財政，大肆擴充海軍軍備，和美國站在同一陣線上，與英國對戰。然而，這場戰爭雖然協助美國取得獨立的地位，同時也無意間助長了民主和人權意識的普及化。最後推翻路易十六政權的，竟也是這波民主與人權意識。誠然，路易十六在執政之初一度受到當時通稱為「無套褲漢」（Sansculottes）的落魄底層人民支持，但是其配偶，出身奧地利皇族的瑪麗皇后極其奢華浪費的作風，也是造成路易十六最終聲望下滑的原因之一。

一七九一年六月，前往梅斯（Metz）的逃亡計畫失敗，便是路易十六對世界極其無知的有力證明。出逃失敗的末代路易王後來雖然又在位一段時間，維持住些許尊嚴，但實際上不過是雅各賓派人士的俘虜。其後，雅各賓派人士於一七九二年九月宣告成立共和政體，不久後便把路易十六送上斷頭台，對外宣稱的罪名是「意圖危害公眾自由及整個國家的安全」。

倘若採取更有智慧、更果決的手段，路易十六就有辦法拯救波旁王朝嗎？或許也是渺無機會。因為問題的癥結在於靜止的、階級式的封建體制，而不是路易十六軟弱的性格。封建主義代表貴族成員僅憑他們的姓名和出身就可以享有特權和不勞而獲的收入。此外，由於法國篤信天主教，因此天主教的神職人員也享有特權。上述人等以外的人則盡皆歸入所謂的「第三階級」。

封建體制下的階級國家意味著：「人人各守其位」。然而，開明的民主體制卻喊出完全背道而馳的口號，宣稱：**「人人平等。所有人都享有相同的權利和自由。」**古騰堡

（Johannes Gutenberg）發明印刷術之後一連串的技術革命，讓廣大群眾得到人類史上前所未有的啟蒙與教育機會。就連那些推動啟蒙運動的人也大多不是貴族，而是被劃入「第三階級」的學者、發明家或哲學家。而且，這些人幾乎和他們在中世紀那些不識字的祖先一樣，都是沒有特權的弱勢族群。

這些都是讓帶有君權神授的不平等概念的封建體制崩潰的原因——而且不只在法國，同樣的情況也發生在英國和瑞典這些國家。當地的皇室雖然得以繼續保留，但已然僅成為所在國共和體制的裝飾或是象徵性代表。

為什麼我要提到這一切？因為啟蒙者的理念和訴求要想得以實現，必得要先摧毀「舊制度」（Ancien Régime）。而最後一位國王的倒台——雖然不必然要以國王受到處決這件事作為分界點——是這個必要破壞的一部分。

如今我們又面臨類似的處境：舊有的制度已經不再適用於新科技。權力和財富又重新落到一小群享有特權的人手上，於是，又該有人頭落地了——當然，這裡只是比喻的說法——意思是必須打破陳腐的制度，好挪出空間給更好的、適用於未來的新制度。在量子經濟裡面，後物質供給將可以解決物質上的過度消費問題，同理與相互體諒也可以馴服自私自利的心態和毫無節制的利益薰心。個人主義已亡。在美國依舊盛行的笛卡爾個人主義理念，或是像中國模式般以演算法控管個人的做法，都無法為歐洲指出一條明路。是時候發展出自己的模式了。「我思故我在」，現在應該叫做「我在故我思」了。以我們目前對量子現實的理解，在一個所有的一切都與彼此息息相關、相互依存的世界裡致力追求知識。因為只有團結在一起，我們才能克服即將到來的挑戰。

馴服指數性加速發展的科技——現在或永遠沒機會了！

就不要再說什麼「數位轉型」或「破壞性科技」了吧！**因為科技本身不會破壞什麼，一切端看我們如何使用它。**再者，「數位轉型」並非什麼我們只能瞠目結舌地看著它發生的自然事件，而是我們可以、也必須做出決斷，確定我們到底要「轉型」什麼，以及該往何方「轉型」。

重要的是應該要了解到：真正的「數位化」甚至還尚未開始。我們在過去三十年裡面做的一些事，比如盡情揮灑我們的想像力、玩玩「社群」媒體，在往後的人類回顧歷史時，只會是一種短期現象。我們雖然打造出很多數據，同時也製造不少混亂——而且勢必要用未來十年解決這段期間的作為所衍生出來的問題。我們不應忘記：相對於一九九〇年，二〇二〇年與二〇五〇年的間距一樣是三十年時間。然而，隨著技術成熟和機器變得更有智慧，未來三十年的發展腳步將更為急速。

數位海嘯雖在眼前，卻還未到來——因此還無法引起我們的任何情緒反應。所以我們也還不知道該如何面對這所有的發展，也不知道即將向我們席捲而來的會是什麼。不過，在短短幾年內的未來，人類應該可能就可以使用量子電腦。屆時，大抵就會像哈拉瑞（Yuval Noah Harari）在一九九六年發表的暢銷書《人類大命運》（*Homo Deus*）中寫的那樣，人工智慧已經成為主流。[10]哈拉瑞雖然提出很好的開端，但實際上的發展早就更進一步了。未來十年的改變料將比過去三十年的所有變化都還要劇烈。原則上，最晚在這波疫情的「拉平曲線」（#flattenthecurve）之後，這一節開頭的標題提到的「指數性加速」（exponentielle Beschleunigung）的意思就很清楚：以線性的概念來看，直線走三十步約當三十公尺的距離，但在指數性加速的概念下，卻已經繞行地球二十六圈。即便如此，仍然少有人開始思考科技呈指數性加速發展可能帶來影響的具體內容，而這正是量子經濟要做的事——在無法套用過去和現在規則的未來世界的經濟運作中，思考指數性加速發展的科技可能帶來哪些影響。

我們也不應奢望會出現新的規則和數學模型可以取代那些無用的舊規則：**量子經濟是無法預測的，且它的精神就和次原子量子世界一樣奇特**。因此，量子經濟並非明確或可以提前加以規劃，再逐步實現的目標——相對而言，量子經濟更是一條通往未來的路。沒有人可以讓我們不用走上這條路——除非，我們想讓科技為我們代勞。只是這麼做的結果可能會付出非常高的代價：我們將會完全失去對自己和對所處世界的掌控權——到那時，我們就不再是人了。

這種挑戰極為嚴峻。因為人類史上從未成功掌控過科技發展的進度。但這次我們必須做到，因為不同於此前曾經發生過的所有事例，錯過這次，我們將不再有機會馴服新科技和修正錯誤的發展。

在印刷術、內燃機或工業化量產製程這類技術革命後，人類需要長達幾十年甚至數百年的時間才能反應過來。然而時至今日，這樣的反應時間已經縮短到幾個月甚至更短的時間。除此之外，技術間的關聯性已經複雜到我們人類難以理解的程度。在第一顆原子彈造成數十萬人死亡，還讓廣大的週邊地區無法住人之後，國際社會致力於簽訂各種協議並採行限武措施，以避免末日的到來。然而，一旦進入人工智慧或是數位超智慧的時代，遇上重大緊急事件時，連這類修正的機會都沒有了。

事實上，抱持人類即將培育出足以吞噬我們自己的怪物這種觀點的人不只是物理學家與數學家而已。物理學家史蒂芬・霍金（**Stephen Hawking**）在人生中最後幾年就不斷警告：人工智慧可能「讓人類滅絕」。[11]科技先驅，同時也是特斯拉（**Tesla**）與太空探索公司 **SpaceX** 創辦人伊隆・馬斯克（**Elon Musk**）將失控的人工智慧發展比做浮士德式的「召喚惡魔」。[12]微軟（**Microsoft**）創辦人比爾・蓋茲（**Bill Gates**）則是不無驚愕地表示「怎麼會有人不怕人工智慧」。[13]

讓人工智慧擁有自我操控的能力無異是將支配權交到它們手上。這是很大的挑戰，但我們不會再有第二次機會。只要科技發展掌握在少數大型公司和技術官僚手中，要想及時馴服新的人工智慧超能力的希望就越渺茫。因此，我們**現在**就必須徹底改變方向，而且是在所有相關領域，無論是政治、經濟或社會。及時找到解決方案這件事，每個人都可以也必須貢獻一己之力。

我們需要思想家，而不是計算機

為了避免讓那些坐在企業總部的執行長決定我們所有人的未來，我們需要自然科學家和其他專業領域的思想導師之間多元而密切的合作，這其中也包含哲學這個專業領域。二〇一八年六月，當時九十六歲政治元老亨利．季辛吉（Henry Kissinger）曾在《大西洋》雜誌（*The Atlantic*）發表過一篇極具知性又充滿熱情的文章。該文點出人類面臨的挑戰，表示：**「如果人工智慧在反覆測試後可以學得比人類還快，那麼我們勢必也要顧慮到，它們會更快犯錯，而且犯錯的影響範圍也會比我們來得更大。**研究人工智慧的專家認為，人類可以提前把『倫理』和『理性』編寫進人工智慧演算法中。這種想法可能只是虛幻的空想。因為所有學術科目盡皆源於人類無法對這些概念的定義達成一致。但是，難道因此就該讓人工智慧來擔任裁判的角色嗎？」[14]

這位德高望重的美國政治權威曾經建議設立一個類似哲學家協會的機構來防止這種噩夢般的場景發生。他提到：「人工智慧的研發人員之於政治和哲學領域，就像我對科技世界一樣知之甚少。這些人應該針對這裡提出的問題，尋求技術上做得到的答案。美國政府應該成立一個由思想家組成的委員會，將社會願景付諸文字。目前為止可以確定的是：如果我們不盡快這麼做，我們很快就會意識到一切都太遲了。」

那麼，轉型的創作者和付諸實踐的主角各在何方呢？如果有具遠見的政治人物願意和有創新精神的企業攜手嘗試新的後物質主義模式，這樣的國家或地區又在哪裡呢？哪裡有不仗勢陳腐的分析模式，願意睜開雙眼、相信自己的直覺又善用理智的政治人物呢？

一場思想家的復興運動迫在眉睫。我們需要結合數學、社會科學、科技與哲學領域的方法與見解，對進步做出跨學界的新定義。一場意識革命必須而且才有可能由此展開。我們必須建立新經濟，也就是量子經濟。因為量子經濟以新科技為基礎，在生態完好的地球上的永續經濟和穩定發展的民主體制下才能發展出有意義的工作機會。而這一切必須**現在**就展開。

第二章
五大系統錯誤：教條主義、資訊社會、被馴化的思考、資本主義、失靈民主

在他們的理論系統理論中，相對作用力都能維持理想的平衡。從亞當・斯密到米爾頓・傅利曼（Milton Friedman）這些自由資本主義理論家在意的是「力量的自由發揮」是否能在「集體利益」和「個體利益」之間取得平衡。獨立個體憑藉其「自由意志」做出理性的決定。民主理論家也告訴我們，為何這樣的國家制度最能保障所有公民的自由。然而，這裡實際上看起來卻不一樣：**所謂的平衡，亦即各力量間的平衡，只存在於模型之中。真實世界更奇怪，是類量子的。**

以下五個系統錯誤形塑並影響了我們現今的政治、經濟和社會體系。

第一個系統錯誤：教條主義阻礙改革

今日我們，尤其是在西方社會的我們，所面臨最大的社會問題是什麼呢？反正不會是伊斯蘭恐怖組織的攻擊。如今的「伊斯蘭國」幾乎再度成為歷史，無論過去或未來，伊斯蘭恐怖分子帶來的威脅都被過分誇大了。二〇一六年接連發生在法國尼斯和德國柏林的恐怖攻擊固然嚴重——平心而論，在西方國家可以算在「伊斯蘭國」頭上的受害者人數，遠比美國境內因濫用槍械或在德國境內因交通意外造成死亡的人數少很多。如果政治人物真的在意他們選民的安危，就應該修法改革美國的槍械管制法，或是在德國境內高速公路的更多路段實施速限管制。

如此說來，我們最迫切需要解決的社會問題到底是什麼呢？讓大眾趨之若鶩的消費成癮的唯物史觀式渦輪資本主義必須進一步發展。只是我認為，還有其他更嚴重的問題有待我們優先解決。因為那些問題會增加我們有效處理未來要面對的挑戰的難度，或甚至阻礙我們面對未來的挑戰。我指的正是教條主義（Dogmatismus）。在宗教裡面「Dogmen」（希臘文意指「主張」、「教條」）指的是不容置疑的真理。在宗教裡面指的是信徒一致認定的信仰。基督教神學中的一個關鍵教條認定，上帝之子耶穌被殺後又復活，然後在見證人面前升天。這類「啟示」在非基督徒聽來是如此怪異，但對於這個宗教的信徒來說，質疑這些說法的真實性才是沒意義的事。因為這是他們信仰的核心，因此無須證明也無須辯駁。他們會認為：只要我相信了，我就是基督徒；如果我不信，就不是基督徒。

由於上帝之子的復活被視為絕無僅有的事件，所以這個信念的追隨者終究也沒被迫要否定物理和生物化學的定律。尋常人不會死而復生，更不會就此飛向雲端。基督徒和無神論者都認同這樣的觀點，但仍有許多宗教訓示強迫信眾接受扭曲的事實。

自中世紀以來很長一段時間，梵諦岡的思想警察只能容忍那些附和天主教廷世界觀的科學認知。在這樣的前提下，太陽必須繞著地球轉，以維持地球作為宇宙中心不可撼動的地位。於是，得出不同結論的天文學家和數學家必須屈從於教會的審查——否則，最嚴重的代價就是他們必須為鍾愛的真理付出自己的性命。西元一六〇〇年，義大利哲學與天文學家喬達諾・布魯諾（Giordano Bruno）因宣稱宇宙是無限與永恆的而被處以極刑。[1]他認為，宇宙既不能被創造出來，自然也就不會有所謂的彼岸。布魯諾甚至預示了人類的航太活動，並神遊過月球和其他星球。結果，被判官斷定為「假新聞」，將這位「異教徒」送上火堆燒死。

因此，宗教教義與世俗教條之間的界線是流動的。有沒有可能宗教充其量不過是一些它們的創始者美化成宗教啟示的有力壞思想？無論這些思想能帶來什麼，以及這些已經遭到駁斥的思想還能如何令人信服，許多人仍願意活在這些思想的影響下，是無法以純粹理性解釋的事。**不過，所謂人不就是會做出矛盾的行為。人的行動不僅受到邏輯和因果關係的影響，來自情緒面的影響也不遑多讓。**只要我們不會傷害到其他人，我們就可以自由地將自己的生命獻給任何宗教教義。

然而，當經濟和政治層面的教條主義阻礙了不合時宜的體制改革，情況就有所不同了。渦輪資本主義認為，盡可能鬆綁對所有市場的控管最終會使所有人致富。這樣的信念早就被生態崩潰和技術官僚推翻。即便如此，仍有許多人抱守這樣的教條不放。

教條主義者對所有可能動搖他們信仰的說法都免疫，而且他們會更渴切地捉住任何看似可以強化他們立場的論點。這也是為何教條式信仰的人特別容易相信假新聞和陰謀論，即使那些說法對沒特定立場的旁觀者來說明顯都是無稽之談。而在我們要命的資訊社會中，當假消息在同溫層中被轉傳幾千次之後，這時「社群媒體」的作用就猶如「教條推進器」（Dogma-Booster）。在使用者未察覺的情況下，這些平台演算法已經造好迴音室——形成更嚴重的「認知封閉」（epistemische Schließung）現象。雖然打造這些推播系統的工程師和開發者或許無意造成這樣的結果，無奈這些系統本身就內建了這種導致分裂的人性成見。

理性也不是辦法

那麼，我們又該如何破解教條障礙呢？方法似乎非常簡單：只要將焦點轉移到對立面，也就是「理性」面對個別問題即可。這個做法聽來不錯，而且也確實常被提出來作為反制教條主義的方法。可惜從來沒有成功過，因為講究就事論事和著重成效的理性主義，依康德知名的說法，忽略了我們人類是「從曲木雕製而成」[2]的事實。

我們的思考和行動從來不會是出於冷靜的因果邏輯的純粹理性——即便我們自以為

客觀也不是。不論我們承不承認，各種焦慮與期待、既定成見和許多「不理性」的事物總不斷湧進我們的思緒。尤其是面對關乎會嚴重影響我們生活各層面的社會與經濟模式更是如此。

也被稱為「經濟自由主義教主」的傅利曼假定市場參與者總是能理性行事——心理學教授丹尼爾．康納曼（Daniel Kahneman）更因反駁這個高度自由主義的基本設定而獲得諾貝爾經濟學獎。最好我們都努力理性行事。但「對或錯」只是決定我們（不論是有意或無意的）思考和行為的眾多判斷標準之一。我們爭取合理的解釋和有效的策略，卻同時想要體驗快樂、愛與美。我們做出某些主張，卻暗地裡相信全然相反的事。我們明知道，欺騙自己和他人於成事無益，但這樣的認知卻不妨害我們以包容的態度來面對真相。

在經濟學中，尤其重要的是我們能清楚地意識到，讓一個經濟系統運作起來或導致失敗的到底是什麼。前蘇聯的教條主義者直到連同他們信仰的教條一起垮台前，都還堅持他們認定的「科學真理」。但是這次我們無法等那麼久了。

所以教條主義的相對是什麼呢？難道是解放被禁錮的思想？當我在某次研討會中被

問到這個問題時，一開始讓我感到有些不知所措。我固然知道理性主義不會是這個問題的答案，而且我也大可清楚說明，為何即便自稱理性主義者的人從來都不會像他們自己宣稱的那樣依循純粹理性和就事論事地處理事情。每個人都有自己的主觀觀點、自己的真實想法、自己的行事規劃——只要有人忽略這些，反而更會凸顯出「人為因素」。當時我講到這裡時，答案就很清楚了：與教條主義對立的是懷疑論（Skeptizismus）。因為**相對於教條主義者會聲稱某個觀點不容置疑，懷疑論者卻一視同仁地想要檢視所有的說法。**具體是什麼意思呢？

稍微回顧一下我們的天文史有助於理解這一點。希臘天文學家托勒密（Ptolemäus）的「天動說」宇宙模型，一千多年來一直被視為正統——即便這個所謂的正統存在許多問題，仍無損它是天主教教會重要教條的地位。一如湯瑪斯·孔恩（Thomas S. Kuhn）在他的劃時代鉅著《哥白尼革命》（*Die kopernikanische Revolution*）[3]中所描繪的，在哥白尼的質疑打破這個教條前，托勒密的「天動說」一直都在——這使他可以找到和接受一種更符合現實情況並證明是更實用的全新解釋。不過，哥白尼的地動說模型也存在許多錯誤，而且這些錯誤都被後世具批判與實證精神的天文學家如第谷·布拉赫（Tycho

Brahe）、牛頓、克卜勒（Johannes Kepler）等人加以修正。如若當時那些宗教領袖出於任何理由，決定將哥白尼的理論連同哥白尼理論的所有問題都納為教條，那我們可能直至今日都還相信太陽是靜止不動的飄浮在外太空，還有幾個行星繞著它轉……

我們必須專注於懷疑論，才能擺脫教條式的思想禁錮。哲學上的懷疑論根本從未質疑我們是否有洞察世界的能力，而只是認為我們經由感官總是只接收到不精確的資訊，因此我們做出的所有假設都會有所不足。

這也是我的立場：**我們固然永遠無法得到全然的真相，但是有批判、質疑的態度就能讓我們逐步接近真相。**[4]就我們對「現實」的形而上學理解而言，如今對世界或許還有一個大平面的印象。可能因為我們還不理解某部分的現實或物理學，因此使得我們無法真正去了解這個世界。為此我們必須建構能檢驗、改善這個世界，或甚至是竄改這個世界的模型和理論——這麼做的同時還要不斷提醒自己，這些都只是模型而已。除此之外別無他法：一個完全客觀、可以確認某個理論「絕對真確」的觀點，是作為人類的我們做不到的。這樣一個完全客觀的觀點會是超出我們能體驗到的世界。

說故事比賽

近兩千年來，在許多文化中都有一個讓大部分人類聯手共創美好未來願景的偉大故事。整個西方國家及其他地區的基督徒都相信末日審判之後會有理想世界的到來。啟蒙運動的思想先鋒則是將天堂搬回人間——於是他們渴望人類可以在裡面和平共處、有禮有節且富有生產力地共同生活在一起的烏托邦、未來的正義國度。

想要實現目標，如此正面、積極的未來願景是不可或缺的——無論是對個人或是對企業、社會或是人類整體而言都是如此。這就像一支大型探險隊一樣，參與其中的人都是為了共同目標而投注熱情與心力。

只是，如今有辦法激起許多人熱情的正面未來想像在哪裡呢？「不會再有人那麼天真了」，被問到這個問題的人往往這樣回應我。這些人認為：「我們已經處於浪頭上，接下來就只能走下坡了。」

對此，我有不同的看法。**我們可以選擇。是否願意，以及如何打造我們的未來取決於我們。**但正也因此，上面得到的回應確實反映出一些真實情況：只要人們相信「一切都會走下坡」，依這樣的想法順勢而為的結果，興許就會讓悲觀的未來前景成真了。你、我，我們所有人其實都擁有比我們自己以為的還要大得多的力量可以創造現實。但如果是有了目標，要依設定的目標去打造未來就要刻意為之。因此，你有必要改變看待世界的角度，你的世界才會跟著改變。所以我們需要一個客觀、合理、已經通過實際驗證的世界觀。**我們必須展開一場正向未來願景的競賽，而不是讓那些扭曲、無關緊要的聳動故事引起的紛擾，蒙蔽我們當前的視野、讓我們失去理智。**

就此觀點而言，深具啟發的榜樣就是歷史上那些從文藝復興時代到十九世紀烏托邦社會主義信仰者：自從湯馬斯·摩爾（Thomas Morus）於一五一六年發表最初的《烏托邦》（*Utopia*）以來，興起一場論戰探討通往烏托邦的最佳管道，以及怎樣才是理想社會的最佳形式。然而，從未出現一個被所有人都接受的烏托邦版本。這就有如基督教會內部對於天堂，以及通往天堂該遵循哪些規則的詮釋，一直存在有競爭關係的不同聲音所帶來的紛擾一樣。

為了防止教條觀點更加根深蒂固，我們需要對烏托邦做出新的詮釋——以在面對科技進步的高速發展時得以自保、獲取「普遍知識」（universelles Wissen），並用以對抗連消息最靈通的人都會被嚇到的演算法和數位推播系統。

第二個系統錯誤：要命的資訊社會

我們社會中，對最佳未來願景的爭論已經退化成任意內容的怪奇馬戲團。為了找出最聳動的故事而競相喊出過高的價格，只為吸引注意、贏得選票、提高買家數量或是點閱率。至於內容是什麼，完全無所謂。是否是真相、謊言或是扭曲的事實都沒有關係，聳動的新聞一條接著一條——然後，下一刻又被遺忘，取而代之的是更聳動的故事幽靈。或更糟的是，情況會不斷重複直到被一群人信以為真，並在這個虛幻的基礎上構建起他們認為的智慧和生活規則。

我們生活在一個容易讓人分心又充滿壓力的社會。政治和媒體裡面製造壓力的藝術家不斷以虛構的危機和醜聞、誇張的恐怖故事、離奇的假新聞和各種編造出來的故事刺激我們。其實他們向我們推送壓力不見得是壞事，不好的是以何種方式，以及他們為什麼那樣做。人是哺乳類動物，沒有什麼更能像壓力這樣讓我們動起來。但是這些多巴胺激增是要付出代價的：當古老的大腦接收到這項指令，我們的血管會湧進壓力荷爾蒙，致使我們失去理智。新皮質，也就是大腦裡面負責理性思考的部位，就會暫時關閉，或明顯變得不活躍。這個演化機制幾千年來一直為人類提供珍貴的服務，但缺點也很明顯：因為它讓我們只對外部刺激做出反應。我們會無意識地做出行動，並且因此容易受到操控，還讓我們在還沒對目標做出批判性的檢驗前，就對這些目標著迷不已。只因我們的理智一時陷入慌亂的狀態。倘若我們容易受到操控的特性在這種模式下遭到濫用，就很容易讓我們充滿激情地投入那些擺明會（對我們自身、整個團體或甚至所有人類）帶來傷害的事情。我們讓自己像群居動物一樣，容易受操控、為可能降臨的災難而驚嚇害怕，或受到煽動起而對付其他被認定要攻擊我們的群體。當前我們的危機和壓力社會正不斷發生這樣的事情。我們像多巴胺成癮的人一樣被拉扯著過日子。鼓動民粹主義的政治人物和其他壓力藝術家在牆上畫了成千上百個魔鬼。壓力不斷向我們襲來。結果，原本例外的緊急狀況都成了常態。於是我們不斷處於戰鬥或逃難狀態，並因此持續失去理智——無法對刺激我們的許多恐怖景象提出質疑。在新冠疫情爆發期間，全球各地發生的搶購潮，就是能看出我們個人還有群體，是如何容易受到這類心理反應操控的鮮明例子。

這是一場為了吸引關注、取得權力和贏得更多追蹤者而停不下來的競賽。是一場不以事實為依據、沒有思想，任憑壓力源和情緒牽引的戰鬥。現在只有極盡瘋狂之能事的言論或事物才有辦法登上頭條版面。最能煽動情緒的人就贏了——即便效果只能延續幾天、幾個小時，甚至只是幾分鐘，直到下一則推特貼文或其他社群媒體的貼文出來前，只要能讓幾百萬腎上腺素成癮的人體內的壓力荷爾蒙指數再次飆高就可以了。是否是事實、造假或虛構反正都沒關係，只要有人點閱衝高點閱率，畢竟這才是我們這個無可救藥而錯亂的資訊社會最堅挺的貨幣。

這種錯亂在用到「資訊」一詞時就開始了。我們活在資訊社會嗎？沒錯，我們一直都活在資訊社會中。資訊是知識的同義詞嗎？至少有兩個理由，讓這個問題的答案是否定的。

首先：你只知道你真正理解的內容。否則你只是記下來，然後像鸚鵡模仿出聲音一樣複述出來而已。如果是在《超級大富翁》（Wer wird Millionär?）節目上，這樣做或許能讓你一路回答到第九級的問題。可是要將資訊轉化成知識，就必須要能質疑、判斷和分類這些資訊。

其次：**資訊就是在網路時代一大串氾濫成災的數據洪流。**資訊可能正確，也可能錯誤，可能是扭曲或編造出來的——也就是前面提過的事實、捏造或虛構。**任何人讓自己在這些洪流中被混雜的資訊淹沒，卻不加以篩選或思考，就稱不上消息靈通，但這樣的人面對過量的資訊肯定會負荷過重而不知所措吧！**

「真相是謊言嗎？」——說不定不是呢！

喬治・歐威爾（George Orwell）在透視反烏托邦的小說《一九八四》（*1984*）中，寫出一個無所不能的國家全天候監控自己的國民。「老大哥正在盯著你看！」無所不在的鏡頭讓一切都無所遁形。故事中的人不僅隨時被監視著，還無時不刻受到操控。但中心概念的意涵卻與實際全然不同：「戰爭即和平。真相即謊言。」[5]發生過的事被肆意改寫。被「老大哥」系統性地破壞的不只是人民的行動自由，還有思想自由——直到無法分辨什麼是事實、什麼是謊言、何為現實、何為政治宣傳的欺騙：「我們怎麼知道二加二是否真的等於四呢？」結果，歐威爾筆下的故事主角溫斯頓・史密斯（Winston

Smith）只能這樣琢磨道：「或者，牛頓萬有引力定律是正確的嗎？或是，過去是不會變的嗎？如果過去和外部世界只存在想像中，而且人可以輕易操控想像——那會怎麼樣呢？」

一旦掌權者讓我們不再相信自己的理智、自己的感知和記憶，他們就好辦事了。這樣的故事聽來很熟悉嗎？難道我們正在體驗重新混編的《一九八四》嗎？只是以更精良的科技、更全面的監控、更巧妙的謊言、更肆無忌憚的扭曲？然而，這正是現時現地在發生的事。宛如喬治·歐威爾筆下的世界再現。現今的科技發展、發生過的事件如何被改寫或捏造出來、監控和操控人民的程度，是歐威爾筆下史達林式的黨派機器作夢也想不到的。

但是這位英國作家卻精準地預料到當前錯亂情況的主要輪廓：「黨教人不要相信自己眼睛看到的、耳朵聽到的。這是黨最至關重要的命令。」溫斯頓必須努力提醒自己其實沒瘋，而是掌權者顛倒了所有的真相。「但他還是對的！」溫斯頓對自己發誓。「他們錯了，但他是對的。必須捍衛那些明擺在眼前、簡單而真實的事物。」[6]到了今日，這種保證的緊迫性更甚以往。如果在社群媒體的同溫層裡仍然頻繁宣稱種族大屠殺沒有發生過、相信阿波羅號從未登上月球、認為畢德堡會議（Bilderberg-Konferenz）的與會成員曾經計畫要發動世界性的獨裁專政等資訊：即使美國前總統川普曾在推特發文表示，生態崩潰是「中國人發明的」[7]，但這樣的說法既不符合事實，也不合理。

無論像中國這樣嚴密監視和控管的國家（非常接近真正的《一九八四》），或是其他像俄羅斯等國家的政府對（社群）媒體的監控都受到嚴厲的批評。但即使在西方國家，科技的能耐已經成為追擊和發現恐攻計畫的重要手段。如今，自二〇二〇年新冠疫情爆發以來，為了掌握病毒傳染途徑以管控疫情，追蹤確診者足跡的應用軟體大行其道。即便在最自由、最開明的民主體制下的人民，都在極短的時間內被政府掌握上街的行蹤或限制外出。他們在短短幾天內完成相關修法，限縮人民的基本權利，頒布施行細則。同時，為了保障人民和經濟以及整個社會的安全，接著便是結合演算法構建起來的警示系統，全面掌握人民的活動資料並即時掌握每個人的健康情況。這類預防型的全球系統和高科技應用乍看之下似乎合理。但若看到故事的另一面，顯然就應該知道任何科技都可能因為駭客攻擊、操縱和監控，遭到全天候、各種形式的濫用。這種國家等級的干預手段應該是建立在當局與人民之間的高度透明和信任之上。

「自由就是，可以說二加二等於四的自由。」喬治．歐威爾如是寫道：「只要這點得到承認，其他一切就會水到渠成。」相對於《一九八四》中的極權國家，身處西方民主國家的我們至少還擁有這份自由。**阻礙越來越多人看到最根本事實的精神與心理上的錯亂，對於說出二加二等於四的自由的破壞，其實更甚於外部指令。**二〇二〇年讓人感受起來根本就像是《一九八四》中呈現的世界。歐威爾到底是怎麼如此精準地預示出這樣的未來（也就是我們當前的處境）？畢竟《一九八四》這本書早在一九四九年就出版了呀！難道歐威爾有預言的能力嗎？肯定不是。他腦子很清醒，而且是個犀利的觀察家。他身為記者知道如何探查事實、研究趨勢和分析結構。而作為想像力豐富的小說作家，讓他知道如何進入潛意識，碰觸到那些潛藏其中的直覺感受。曾經是英國前殖民地官員，以及在西班牙內戰中作為自由鬥士的經歷，都讓他感受過來自國家機器的壓迫與監控。在這些因素的交相作用下，讓他有辦法勾勒出一片合情合理的未來景象。

就算歐威爾的《一九八四》是一部小說，你也該清楚，他虛構的未來根本就是寫出我們真實當下的主要樣貌。反之，若只是說出「他竟然可以預料得這麼精準，真是令人印象深刻！」這樣的話，然後又縮回無知無覺的日常生活中，其實也無濟於事。你要清楚知道，構建出合理的未來景象是做得到的。知道之後，再來刻意決定你想要為怎樣的未來而努力，以及為了打造你想要的未來，你願意做出怎樣的努力。不要說明天或什麼有朝一日了——現在就起身吧！

科技革命——社會的回應

人類的歷史也可以看作是一部資訊社會發展史。人類的語言越是變得更複雜、其間的差異更細微難辨，就越能傳遞更多的資訊——無論真、假、遭到扭曲的或是捏造的。文字的發展、莎草紙和紙張，乃至於活字印刷的發明，都是讓人類文明發展到今日水準的幾個重要里程碑。至於二十世紀影音與網路媒體的發展只是加速了這一種趨勢。我把這種趨勢稱為**致命的**資訊社會。依指數性加速定律，不斷在越來越短的時間內推陳出新的新科技讓蒐集和散布更多資訊變得可能——而且每一種可能性都會帶來重大的社會變革。例如，十五世紀中葉，古騰堡發明了機械活字印刷即是一個顯著的例子。

在那之前，人類只能以手抄的方式製作書籍的複本——這項工作不僅耗時費力，而且當時僅有極少部分的人有能力閱讀和書寫。這些有能力閱讀和書寫的人中，大部分又是天主教修道院中的修士。然而，傳播科學知識等於播下懷疑教廷智慧的種子，可能進一步損壞教廷自身的威信，所以教會當然對此興趣缺缺。即便如此，印刷術的發明仍讓那些不被當局認可的著作有機會得到新的詮釋和更廣泛的流傳。在這個例子中，社會的回應便是新教的改革運動。

這場科技發展大躍進要到大約三百年後才真正看得出其最強大的影響：老百姓在巴黎揭竿而起。他們貧窮、無權無勢，但已經受過啟蒙，清楚知道自己的機會來了。他們掃除帝制，宣告「自由、平等、博愛」。這起劃時代的大事件一般稱作「法國大革命」。事實上，或許稱之為對古騰堡革命性發明的「法國式回應」還更貼切呢！

德國最重要的哲學與啟蒙運動代表人物之一的萊布尼茲堅信我們「可以知道一切」（**alles wissen können**）。畢竟知識有限，而人類的理解力無窮。這種樂觀態度的推動下，讓法國的啟蒙思想家狄德羅（**Denis Diderot**）和物理學家達朗伯特（**Jean-Baptiste le Rond d'Alembert**）的成就得以更上一層樓。這兩人自一七五一年起開始合作出版充滿傳奇色彩的《百科全書》（*Enzyklopädie*）。這部《百科全書》可是把截至當時為止人類有史以來最完整的知識都匯集在一起了，超過一百四十位撰寫者，耗時近三十年才完成總篇幅長達三十五大卷的鉅著。

現在回頭看這兩人的著書計畫難免還是有幾分感動。但是就這樣？區區三十五卷書？如果是他們到了如今這資訊氾濫到要人命的網際網路時代，又會給出怎樣的評價呢？必然不會是理性的勝利——他們應該會說這是倒退到一種新的「不成熟」狀態，讓他們想以他們的作品解救人類。如今的我們其實都有辦法與彼此有效率的交流，只是我們早就被淹沒在數不盡的資訊中。這些過多的資訊，可能是文字、影像或聲音，在我們都無法盡數吸收的情況下，就更別說還有辦法加以處理了。

口袋裡的智慧型手機就像我們延伸出來的另一個大腦：這種說法聽來似乎很了不起，但實際上並不是特別管用。縱使由於網際網路的發達，讓我們可以無窮無盡地獲取資訊，但我們能夠吸收的資訊量畢竟有限。於是，網路也會讓那些受過教育、已經被訓練出有辦法終身學習的人一天天變得更笨：**結果，我們真正知道的和我們能夠知道的這兩回事之間的距離越來越大**。於是，沒有學過如何篩選、分類和判斷資訊的人，在每次瀏覽網頁、悠遊於浩瀚的網際網路之際，都會陷入被資訊淹沒的風險——只要有人和滑鼠、意識和理智——而這就是我所說的要人命的資訊社會。

當每個人都能使用網際網路，網際網路帶來無限延伸我們的世界和知識的承諾確實令人著迷。然而，這點早就被證實只是嚴重的誤解：網路世界中呈現出來和被信以為真的事實，一進到現實世界中往往馬上被人識出不是假消息就是無稽之談。

虛擬世界中缺乏的就是經由肉體和情緒體驗驗證的真實與合理性測試的機會。我到底該有怎樣的感受？如果我用頭撞上一大片玻璃，我會感覺到疼痛，並且不再相信只因我自己看不見某樣東西就不存在。由於少了具體、有形的真實測試，我們在網路上更容易受騙上當。而我們在線上世界認為真實可信的，我們又會天真地套用到類似的情境——畢竟我們都知道，網際網路只是有形現實的延伸。這可真是個後果嚴重的錯誤！

倘若我們能與他人討論，或許在判斷真相和謊言時就不會那麼無助、不安。遺憾的是，我們或多或少都忘了如何與真人進行真正的對話。無論在餐館、公園，在公車或地鐵上，我們總像個數位癮君子隨處低頭呆坐，眼睛只顧盯著正前方的智慧型手機或平板電腦看。其實同樣的時間，我們大可與鄰近的人交談，只是想要這麼做的前提，是我們自己必須先拿下耳機。我們其實可以和同車的人討論自己的旅行經驗，只是不知為何我們根本沒有真正進行對話的動力。甚至只需透過手勢和面部表情、語氣或氣味進行交流，以達到真誠、多方面相互理解的能力都沒有了。

人類厭倦了——厭倦經由所謂的社群媒體去體驗他們的夢想和想像。當未來的世代回顧起來，在社群媒體上看到我們迫切想要與人分享會跳舞的貓和擺盤精美的義大利麵這些內容時，他們會看到我們在歷史上有過這麼一段錯亂的年代。**當網際網路隨著不斷更新的內容越變越好時，作為社會動物的我們至此必定是越來越糟了。**對於別人告訴我們的事，無論我們是否相信，我們在真實生活中通常很快就會感受到——那些在網路上流傳的故事和影片，我們不是從來沒看到，就是太晚才看到。我們有必要捨棄把網路當作自身大腦延伸的幻想。

第三個系統錯誤：被馴化的思考

另一個對我們處理資訊能力的挑戰就是當前教育模式和機構的崩壞。我們的教育體制到底出了什麼問題？主要有兩點：這個教育體制在我們的腦袋裡填滿了過時的知識，並且告訴我們專家相信的事，而不是教我們具批判和質疑精神的思考。這種教育方式從為兒童與青少年設計的學校課程開始，進一步應用在依據「波隆納進程」（Bologna-Prinzipien）理念設計的高等教育，並延伸到為管理人員設計的培訓與進修課程。

終身學習而不是死抱著舊資訊

通常教材在引介給各級學生時，都已經是過時的知識了。而同樣嚴重的還有，在我們體制中的教育一直以讓人在生命中的前三分之一階段習得所需知識為重。因為昨日看似正確的，今日可能已經遭到多重否定，到了明日可能有新的知識遞補上來或是加以推翻——這種情形在自然科學和科技領域如此，在經濟與社會領域亦然。

瑞典的全球公衛教授漢斯．羅斯林曾以具趣味性又發人深省的影片揭示，西方國家受過高等教育的精英在某些方面是如何無知或受到誤導。全球在消弭貧窮和兒童死亡率方面的成就遠被低估了——而低估這些成就的人可能是做相關研究的高教學生、教授，或甚至是記者。提到關鍵字「中國」時，仍有許多人會聯想到飢荒或是以盜版產品崛起的山寨經濟（Copy-Cat-Wirtschaft）。[8]但事實上，中國這個龐大的帝國確實快速富裕起來，讓它在諸如電動車或人工智慧等未來產業的發展已經到起碼和美國不相上下的地步。至少在經濟層面，這不失為一種極為成功的模式。

這些誤判的原因來自於早已認定是錯誤以及／或過時資訊的成見。其結果顯而易見：**除了終身學習，以及以強進手段對學習內容加以整頓和現代化別無他法。**應該在所有的幼兒園、學校和大學院校教授實踐哲學。孩童應該像高階經理人一樣，必須先學會如何學習，以利之後教人學習。因為當我們自己教人學習時，我們會領受到一種超越只是牢記資訊、更深刻的學習體驗——讓它成為我們的永久知識，並進一步成為打造學問的基礎。

唯有如此，才能避免人類的腦袋塞滿了接觸到時已經過時或從此不再更新的資訊。未來，我們勢必每五到十年就得徹底改造自己一番。屆時所需要的便是新的技能、適應能力以及修辭訓練。

教育帶來富裕——還是反過來，富裕才有教育？

一個國家的經濟成長與正規的國民教育之間雖然存在有跡可循的關聯性——但實際上卻與一般認定的有所不同：國家要先富裕起來，然後才會有更多的資源挹注在教育設施上。[9]

此外，知識在今日和明日的世界裡面雖然會比過去任何時代都更為重要。然而，由於這些知識漸次轉移到「智慧型」機器和自動化作業流程中，所以比起幾十年前的從業者，平均而言，如今最先進經濟體中的從業人員所需要具備的知識和技能少得多了。於是，過往驕傲的專業職人變成多重功能的雜學小工，只需要監看自動化產線的運作，然後在必要時出手按幾個按鈕就好。

還有我們現在知道的商學院很快也會成為歷史。公司行號參與的建教合作方案必須徹底重新規劃設計。在不久的未來，人們在職場上應具備的能力中，社交技巧、情商、同理心和有道德的行為表現都只是其中的一部分。軟實力（Soft Skills）才是二十一世紀真正的硬技能（Hard Skills）。心理適應力，也就是遇到突如其來的情況也能以適當的情緒加以應對的能力，在如今仍是很大的例外，卻是未來在專業領域上非常搶手的能力。為了在量子經濟中成功，我們必須不斷發掘自己的新潛能。我們將不再為特定職業學習專業知識，而是訓練自己在各種不同情況下都能與人共事。同時，身為社會中的一分子，我們也必須學會為自己的行為負責。

因此，在進行為時已晚的革新時，不該只是著重於內容，而是更該關注對應的學習概念。學習者不該只是學習相關知識，更該有能力將所學加以分類，同時帶著批判眼光與創意地應用所學。為了打造未來的經濟與社會，我們不需要具備單一學科知識的專業白癡。我們需要的人才是能獨立思考和能為自己的行為負責，且能夠連結別人料想不到的地方，並在看似不相關的各學科間找到新知和新觀點。尤其是如果從網路上的YouTube或類似的影音平台上就能取得更好的知識內容，未來也將不會有人願意再花上幾百萬的高價去上什麼標準學程或是企業管理碩士（MBA）。如此一來，新的檢測形式和測驗中心也將應運而生，讓人們可以隨時隨地、隨心所欲地檢視自己的能力。

傳統的學校體制必須消失，而且未來也必然消失，然後被新的學習概念取而代之。截至目前為止，針對兒童與青少年的教育機構幾乎沒有納入科技應用，但未來在這方面也會像目前成人教育的做法一樣，使得部分需要教師親身現場指導和固定課表都會變得多餘。

從古代的雅典到明日的量子世界

特別要強調的是，即便未來教育體制必須進行激烈的改革，教師仍將持續扮演關鍵角色。這點非常重要。教人如何學習與如何教學，應該要成為從托兒所到管理進修課程的所有教育系統基礎。經常聽到要不斷獲取新知的終身學習概念，應以興趣和好奇心作為前提。對新環境和新開頭的適應力在量子經濟中扮演極為重要的角色，那就是：學習如何學習，以及學會如何教學。於是，和兩千年前的古希臘一樣，教師依舊無可避免地要擔任導師和榜樣的角色。

曾經是柏拉圖學院所在的雅典郊區，如今住著被雅典社會摒棄的人。我曾與那些人並肩而坐，思考古希臘人所理解的教育是什麼樣貌，想像古希臘人如何以說故事、對話和辯論來傳遞知識——以及，如何善用這些方法解決我們今日遇到的問題。

那次在雅典靜思的收穫之一，就是讓我決定投入年輕人的教育工作。我們需要為兒童和青少年安排新的教育設施，因為舊體制已經不適用於未來——而且時間非常緊迫了。**現今的機構著重於爬梳既存的知識，幾乎不會創造新的東西。**當然，這也和這些機構裡的人在過去幾十年來已經將這些機構的規則內化有關。他們深諳應如何舉措才有利於體制內的晉升。要命的是，他們的作法包含不去學習新事物，而且絕不承認自己對基本的新科技（區塊鏈也好、量子運算也罷）一無所知。

反之，二〇〇八年開始在印尼的峇厘島上，以全新、全面思維的學習和生活概念出發的私人綠色學校即是目前眾多有前景的新型教育模式之一。[10]從稚齡幼童到高中年紀的年輕人都在接近大自然的學校聚落中接受教育，並且這整個學校聚落全由可再利用的材料打造而成。這群教育先驅的目標是培育對環境和世界村有責任意識的領導階層後起之秀。在教授以未來為目標的知識外，也將正直、同理、永續經營、和平、共同體和信任等核心價值觀納入課程安排。

我自己曾在二〇一八年夏季到訪印尼的阿湧河畔（Ayung River），與綠色學校充滿熱情的主持人、學生家長和學童就他們具顛覆性的教育和教養模式交換意見。當時學校在峇厘島的烏布鎮（Ubud）剛開始運作時只有八十名學生，如今已經有約四百名兒童和青少年來到此地就學。這所學校的成功有目共睹：我能接觸到的幾位年輕人，以他們自信、富有企業家風範和負責任感的態度和行為舉止，讓我印象深刻。只是，事情的好壞總是一體兩面。比如在第一批學生畢業後，無法進入頂尖大學就讀，這也是綠色學校難以避免的事——只因為這些學生無法適應傳統的教育機構和在「舊」體制中的生活。不過，我確信，只要經過適當的調適，綠色學校的教育模式會是成功的。

無論是峇厘島上的綠色學校、以義大利教育家瑪莉雅・蒙特梭利（Maria Montessori）的理念發展出來的蒙特梭利學校、奧地利教育學家魯道夫・史代納（Rudolf Steiner）的概念發展出來的華德福教育體系（Waldorfschulen），或是其他諸如美國哲學家莫蒂默・阿德勒（Mortimer J. Adler）派代亞人文教育學校（Paideia-Schule），我們迫切需要推廣全人教育模式（Holistische Bildungsmodelle）。在數以千計的各種教育模式中，能夠結合更多的協作與共同創作的教育哲學，同時關注學生的需求與興趣的學校詢問度越來越高。

我確定的是：在柏林、巴黎或倫敦的綠色學校會很快吸引成千上萬的學生前來就讀。對過時的傳統學校和大學感到極大的憤怒和失望，而以腳來投票，或許終於可以讓感覺已經停滯太久的事情有點動靜。歷史悠久的歐洲學校體系很有可能在短時間內崩潰，像一座黯淡無光的老舊建築，只要一陣風就能讓它應聲倒下一樣。

第四個系統錯誤：不完善的資本主義

人類最後的宗教應該就是正處於當前惡質發展階段的資本主義。儘管附帶損害之大遠超過正面的影響，人類仍在世界各地崇拜這些偶像。

一如經濟自由主義之父亞當．斯密預言的那樣，「市場上那隻看不見的手」雖然在地球上播下了物質富裕的種子，但同時也散布了肆無忌憚的貪婪和利益最大化的毒。而且後者料將還要在未來幾個世代內，大大地破壞我們賴以安身立命的基礎。幾個以演算法起家的大企業瓜分了整個市場，而高達百分之八十的新創投資來自超級富有的「網路新貴」。[11]現在已經不說「競爭可以活絡經濟」，而是高喊「贏者全拿」。我們所有人都要承擔可怕的代價。來到最終狀態後，又會極力想要以操控廣告的方式榨乾資本主義這顆檸檬的汁液。無奈這些廣告又往往被我們這些消費者認定為垃圾郵件。我們狂熱地試著「跨過去」，以便從我們的媒體管道上獲得想要的內容。如果我們無法超脫現今的推播演算和垃圾郵件，發展出新的商業模式，我們就會進入被稱為「後人文資本主義」（posthumaner Kapitalismus）的時代。

這也是為何我們迫切需要新的世界觀、需要從根本以新的眼光看待我們所在世界的原因。我們習慣透過物質資本主義的濾鏡來看世界，這種方式已經帶給我們危險而扭曲的圖像。**市場自由派承諾，無止境的成長終將讓所有人受益，但進入網路時代已經證實這是無法實現的——而且這種無止境成長的理念在網路時代更被視為致命的系統錯誤。因為受到無法馴服的貪婪所驅動的全球資本主義，正處於摧毀自身根基的邊緣。**

即便在地球上最富裕、科技發展最先進的地區，在社會上層與下層的分裂狀態也已經達到具有殺傷力的程度。我們的社會在崩壞，中產階級漸趨瓦解。在「金字塔頂端的一群人」收入急遽攀升的同時，其餘九九%人口的薪資僅有極其微幅的成長，甚或處於停滯狀態。就在電視節目大肆宣揚青年創業者的創造精神和勇氣時，實際上早已過了新創時代。包含字母控股公司（Alphabet）、亞馬遜（Amazon）、蘋果（Apple）、微軟和臉書（Facebook）等企業在內的「五巨頭」，連同以阿里巴巴為首的亞洲新玩家早就觸及幾乎所有能貨幣化的東西，並加以數據化並瓜分了市場。新創公司已經沒有真正的機會再進入這場奧運賽事。這些新創事業就像戴夫・艾格斯（Dave Eggers）在《揭密風暴》（*The Circle*）一書中所寫的那樣，對比如同「大鯨魚」的字母控股公司、Uber或阿里巴巴，猶如「浮游生物」一般微不足道。[12]

這類發展在其他西方工業國也很類似。**資本主義意味著優化演算法，也就是那些進到〇・一%最富有的人口袋中的利潤最大化。**所以真正的系統問題在於那些不以傑出績效創造財富，而是以資本獲利致富的超級富豪。

由於認知到當前形勢的資本主義制度無法加以改革，使得托瑪・皮凱提（Thomas Piketty）變成國際暢銷書作家和明星經濟學家。[13]因為這個制度的唯一驅動力是最大化、索求更多、貪得無厭。

然而這種超級資本主義對少數超級富豪來說，也只是短暫的恩賜。畢竟我們所有人都只是地球這艘太空船上的旅客。你、我、臉書創辦人馬克・祖克柏（Mark Zuckerberg），或是Google的共同創辦人賴瑞・佩吉（Larry Page）。無論我們搭的是頭等艙、商務艙還是經濟艙，無論人類的狂妄或人工智慧是否會毀了我們賴以生存的基本要件：只要這艘太空船的供給系統崩潰，或是有超智慧機器關閉氧氣供給系統，反正都會結束。

所以現在就是釐清我們所在的這裡到底發生了什麼的最佳時機。目前為止，那個我們自以為的命運聯盟總是以某種方式讓我們遠離不完善的資本主義和科技進步，不過這次我們不該有所指望。至少，只要技術還掌握在超級富有的網絡寡頭（Internetoligarchen）手中，就無法有所指望。

那麼，社會主義會是另一種選擇嗎？好吧！至少到目前為止都不是。德國哲學家卡爾．馬克思（Karl Marx）曾經構思出一種用以取代資本主義的模型，企圖遏止對工人階級的剝削。結果反而造成「社會主義」是一種左派烏托邦，而「共產主義」和集權主義還有壓迫脫不了關係的錯誤認知。不過，幾個北歐國家嘗試結合資本主義和社會主義概念而成的混合模式，至少是可以視為部分成功的。但我們現在真正要做的，是在二十一世紀的背景前提下，重新思考馬克思寫的文章。因為我們需要為中產階級找到安定的力量，並且需要解決貧富懸殊拉大的問題。過去幾年來確實有幾位哲學家對馬克思思想越來越有興趣，比如自詡為「激進左派」（radikale Linke）和「有條件的共產主義者」（bedingte Kommunist）的斯拉沃熱．齊澤克（Slavoj Žižek）。[14]當前這個社會受到演算法推動，正逐步走向被超智慧主導的世界。所以我們有必要在二〇二〇年代的時代背景下，從馬克思、佛洛伊德（Sigmund Freud）和尼采（Friedrich Wilhelm Nietzsche），以及康德和黑格爾（Georg Wilhelm Friedrich Hegel）這些思想家的著作中，尋求新的解決之道。

過去幾十年來的科技進步，已經大大地改變了我們的現實。因此十九世紀，甚至是十八世紀的經濟或社會模型必定無法幫我們面對如今所面臨的挑戰。這種說法適用於社會主義理論，也適用於蒸汽機時代的資本主義理論。因為就像已經提過的：過去三百年來一直是相反的情況——技術革命催生了社會行動反應。而現在的問題是：接下來面對資本主義制度的嚴重失敗，又該出現哪些反應？**怎樣的力量有辦法打倒那些猶如現世「末代路易王」的網路貴族？而在這些網路貴族倒台後又會迎來怎樣的體制呢？**

無窮無盡的消費主義：我們正在摧毀賴以維生的環境

無止境的成長和利潤最大化是推動渦輪資本主義的力量，而大量、毫無節制又不經意識的消費則是渦輪資本主義的一體兩面。資本家和消費至上的人都認為，將獲利最大化，或盡全力滿足消費需求重於一切——於是，有組織的人類生活能否還能存續兩個世代的可能性變得越來越低。

唯物資本主義是我們的宗教，而我們這些消費成癮的人便是被催眠的信徒，滿懷慾望地膜拜著這些偶像。社會上絕大部分的人全然沒有意識到這種威脅，究其原因，不只是因為教育和啟蒙的不足。渦輪資本主義系統以越來越巧妙的手段誘導我們進行無意識的消費，從而癱瘓了所有物種為了生存缺之不可的自然動力：那就是，照護他們賴以生存的環境已經被我們大規模破壞的下一代。**消費主義造成全球生態的過度開發，導致全球性「最胖者生存」（Survival of the Fattest）的局面：**那些運氣好，出生在對的時間、對的地方的人，就能大肆消費，彷彿沒有明天、別無他處、不會有後代、沒有地方住著一無所有的不幸之人。

從心理學的角度來看，這是一種病態的成癮行為。消費成癮的人以為，買下了物品，就等同買到幸福、滿足、更多自信、更大的自我。但就像服下搖頭丸和使用海洛因一樣，效用無法持久。於是，人們面對新的事物會變得「軟弱」，再一次屈從於資本主義／消費主義這尊雙面佛前。

為了解決這種災難性的系統錯誤，我們就需要重新塑造馬斯洛的需求金字塔。最底層的物質需求造得太寬了。如果我們以消費者的身分快速爬向金字塔頂端，就可以無止境地滿足我們的需求，但只有一部分是以非物質形式得到滿足。沒有人願意因為任何規範使自己受限，尤其不希望這些規範來自於政府。

哲學家尼采早在他論及宗教與道德批判的著作《論道德的系譜》（*Zur Genealogie der Moral*）就曾提到，熱心奉獻的基督徒之所以實踐「利他行為」，是因為這樣做可以成全他愛自己的心意。[15]但這當然不是反對慈悲行為的論點，而是說明為何非物質獎勵比起物質獎賞往往更令人感到滿足。同樣地，我們付出時間做義工或是捐款做善事，可以讓我們學到，避免做出損人行為的同時也是做好事。這裡同樣也適用：**每個個體做出有意識行為的影響力其實遠大於多數人的認知。**

中庸之道

根據某些資料來源，早在近三千年前就出現第一個一神信仰——祆教。因此，在老子的哲學派系（道學）之外，祆教可能是現存最古老的宗教之一。當我們回頭看過去的歷史，會發現當時可能是人類發展進入一個探索哲學問題和思考形而上學與人類關係的新紀元開端。西方哲學也是在那時起了頭。哲學界另一個謎樣人物，畢達哥拉斯（Pythagoras），他結合哲學、數學和自然科學打造了一個讓我們可以憑藉新的科學知識和科技進步從許多方面加以回溯的時代。在接下來的十年裡面，如果緣起於東西方哲學的各學科，與當代科學進展相融合，我們將重新看到這有千年之久的學問基礎的延續。

早在幾千年前，東西方文化的聖賢就認知到，處於極度崇高的地位有害人類福祉和知識進步。可以避免向兩個方向極端發展的中庸之道，從各方面看來才是最合乎人類的天性。

釋迦牟尼，也就是佛陀，將此描述為感官奉獻的極端和個人苦行之間的中庸之道。對他來說，人類的任務即是在兩個極端之間找到平衡。古希臘哲人亞里斯多德（Aristoteles）也提到過稱之為「黃金中道」的類似說法。無論是聳動的消息帶來的壓力風暴，或是想要克服渦輪資本主義和消費成癮行為，採行「中庸之道」都是極為有用的作法。因為它告訴我們，我們應該依憑的是經驗，而不是先入為主的看法。倘若有立場對立的兩方人馬陷入口舌紛爭，那麼最好的方法莫過於來場折衷的對談。但是這樣一來對於理解的進展毫無助益，因為對立的兩方只會把堅持的信念像劍一樣舉起來指向對方。保守派人士認定，作為市場參與者的人會理性行事。而左派政界人士卻表示，人無論在心理或情緒面都很容易受到操控，因此應該加以保護，使其免受不懷好意的資本家之害。

選擇了中庸之道的人，恰恰不會相信「真相就在中間某處」這樣的說法。秉持中庸之道的人不會相信，真相就像俗諺告訴我們的那樣，是兩個極端之間曖昧不明的折衷方案。選擇中庸之道的人反而會認知到，兩個極端立場都是錯誤的，但是將兩個看似無法達成一致的立場結合起來，就能更接近真相。

中庸之道是哲學懷疑論者的方法。這個方法，讓我們需要新的經驗或重新思考某事時，能隨時改變我們原先認定的標準。這個方法，讓我們不斷質疑自己已經確定的事，盡可能培養不同的思考方向，並讓這些不同的思考方向產生聯繫。這個方法讓我們隨時保持意識，知道這個世界不僅充滿了未知，甚至還到處有我們不知其存在的「未知的未知」（unbekannter Unbekannter）。

具體而言，這對你意味著什麼呢？以下幾點建議供你在步上中庸之道旅途時可酌情參考：

—**相信自己的判斷**。當所有人都抱持相同看法時（比如在同溫層裡面），也不表示你必須把他們的想法分享出去。

—**養成「可能是這樣」的思考習慣，捨棄「必定是這樣」的思維習性**。世事無常，所有的一切隨時都在改變，你明天對一件事的看法可能就和昨天不一樣。所以你要學會，把自己的觀點看作是暫時性的想法。

—**沒有人是客觀的**。你不是、最厲害的學者或是最會思辨的哲學家也不是。每個人的來歷不同、偏好和喜惡也各有不同。無論我們願不願意，我們的主觀意識就是會影響到我們的觀點和判斷。你的個人偏好既不真實，也不是錯誤。這點同樣適用於其他人。

—**對於不同信念，不要去追究它們之間的歧異，而是要去找到它們之間可以產生連結的地方**。這點適用於宗教，放諸政治立場上亦然。養成聚焦在共同點的習慣就對了。

—**不要想著「不是……就是……」，你要思考的是「既……又……」**。世界並非非黑即白，而有五顏六色。持有不同觀點的人，不是你非打敗他不可的敵人，或是非要強拉著對方和你站到同一邊的對手。你該想到的是，因為他們不同的觀點，而豐富了你的世界。這些持不同觀點的人都是在幫你在中庸之道上保持開明的態度和創意。所以，學著愛你的敵人吧！

——**保持質疑的態度。**如果有人說：「這是真的。」不要回答：「肯定是。」也不要說：「肯定不是。」你該說的是：「可能是錯的。」姑且讓對方說明，為何他會認為是真的。要像我們小時候那樣不斷追問：「還有，為什麼會這樣做、這樣想？」

只要依循上面幾個建議的做法，就不至於落入任何教條的迷思，而且，即使面對那些來自缺乏意識盲從者的閒言碎語，也不再那麼容易受到影響。

第五個系統錯誤：失靈的民主

民粹主義運動在越來越多西方國家興起，象徵當今民主體制存在兩個最嚴重的系統錯誤：一是在演算法時代，對煽動情感做出決策的無線操控，以及一國政治人物在全球化世界中的失勢，誘使他們做出虛假承諾或試圖開倒車。

二〇一六年，美國雜誌《紐約客》（*New Yorker*）中有篇文章提出一個問題：「在多數選民都不了解情況時，該由誰來為公眾福祉做出決策？」[16]在那之後，這個問題似乎越見緊迫性。的確，我們如今在許多西方國家中看到蘇格拉底在民主萌芽的早期對我們提出的警示：嘩眾取寵、迎合人民的意願和偏見的政治人物，以及一群頭腦不清楚又沒思辨能力，只是一味反對改革和做出不理性行動的選民。[17]蘇格拉底最為人所知的學生柏拉圖（**Platon**）認為，民主是一種糟糕的構想，因此需要一個阻絕於公眾之外並且不受外界影響的獨立掌權者階級，如此一來才能夠做出理性的決策。為確保做出訓練有素又理性的決策，政治哲學家大衛．艾斯倫（David Estlund）於二〇〇八年曾在其所著《民主權威》（*Democratic Authority*）一書中提出一種更為先見、更實用的作法。當時他採用了「賢者統治」（Epistokratie）的概念，以由知識精英主導政府運作[18]為目標。

在民主投票過程中，選民容易受到情緒引導而做出決定並不是什麼新鮮事。人本來就不是純粹理性的生物。早在古羅馬時代，散發個人魅力的「保民官」會獲得多數選票。在古羅馬，也常發生受到蠱惑的民眾夾道為元老和凱薩大帝歡呼的情景，即便實際上這些人的政治理念與民眾自身的利益全然背道而馳。

但是在演算法和社群媒體時代，形形色色的意識形態理論家支配著比類比時代的政治宣傳者更為有效的機制。這種情況往往演變成一種弔詭的政治局面，部分左派人士開始轉向右派的意識形態，而右派民粹者又會為了自身的目的採納傳統左派議題。後者一個很好的例子，就是波蘭的執政黨法律與公正黨（PiS）。該黨以提供大學生更優渥的獎助學金、改善醫療系統並降低退休年齡等擴大實施的社會方案而獲得支持。就連土耳其的艾爾多安和美國的前總統川普，也像湯瑪斯·曼（Thomas Manns）知名的中篇小說《馬里歐與魔術師》（*Mario und der Zauberer*）中的催眠師[19]一樣，玩弄選民的恐懼和怨恨——差別只在於，他們的觀眾要不斷承受他們招來的壓力風暴。

如今Google和臉書的演算法機器在許多方面知道我們害怕什麼、想要什麼，已經比我們自己所了解的還多。民粹政治人物的服務過程中，可以透過高度精準地窺探如臉書這類社群媒體的使用者資訊，和針對性地應用社群機器人（Social Bots），隨意操控特定選民族群的立場與決定。隨著新冠疫情期間採用監控應用程式的論戰，以及未來應用生物與奈米科技技術將晶片植入人體內的科技進展，再加上人機介面技術，更是為這類場景創造了無限的想像空間。

國家政治劇院

世界上最富有的幾個社會多數仍採行民主體制。雖然邱吉爾有名言準確地批評民主是「所有其他制度外，最糟糕的政府型態」，但相較於其他社會制度，民主體制對自由權的保障更為可靠，也較不易受到貪腐問題的影響。即便如此，卻有越來越多人對民主失去信心。何以至此呢？

其中一個主要原因就是，以自有規則打造出一個子系統的政治階層越來越脫離現實。要想達到高位，需要的是與實際政治工作無關或甚至會造成障礙的技能。成功的政治人物善於贏過黨內的競爭對手，以爭取黨內高層的多數支持並收服足夠的選民，以獲得國會議員、部會首長或總理等想要取得的職位。只是他們承諾要解決的迫切問題，往往與實際挑戰鮮少關聯。**即使政治人物嘴上常掛著「氣候變遷」、「全球化經濟」或「數位化」等關鍵字，他們對於真正有關的挑戰通常知之甚少。**

這等大規模的挑戰遠遠超出一國政治人物的影響力。由於世界局勢錯綜複雜，多數問題只有上到超國家層級（supranationale Ebene）才有辦法解決——如果有的話。而政治人物則會被國內的政黨派去參與全國性或地方選舉，以任期四到六年進行服務。因此，他們常會在一些次要議題上大做文章，或刻意製造危機，然後再以滅火員的姿態出現，以掩飾他們實際上的無所作為。

如此一來，便使得部分選民覺得，越來越熱鬧的「國家劇院」越來越像一場騙局。反之，另一群選民則被民粹主義者誤導，以為只要國內的政治人物仍然牢牢掌握住國家這艘船的行駛方向，就有機會讓時間倒轉，讓過去更美好的時光再度回來。這兩種趨勢都會逐漸破壞對民主過程和民主結構的信任——而有利於那些在二十世紀的創傷經歷後終於走入歷史的專制獨裁型政治人物再度崛起。不知到了第二十二屆國會會期，亦即約莫在二〇二九年的大選時，德國是否會首次選出無黨籍候選人擔任總理一職呢？

專制資本主義作為未來的發展模式？

長期以來，民主體制和市場經濟似乎是為彼此而生：沒有民主機制，資本主義就無法運轉。西方世界有一個教條雖然是這樣宣稱，這個說法卻顯然與全球化世界的現實相衝突。然而，就在大型集團企業在全球運營時，民主制度選出來的政治人物，往往只能在一國之內的範圍採取行動。於是，在過去曾經是夢幻組合的民主體制和資本主義，就越來越難兌現它最重要的承諾——保障自由權和所有人的財富成長。

才不過幾十年前，以權力和資訊流（Informationsströme）的分散式分配為基本原則的民主和市場經濟，仍明顯優於集中式管理的政府制度與經濟體系。但這種關係開始出現逆轉：中國這個新興強權是一個以中央掌控的計畫經濟為核心的共產專制國家，而且以空前的速度追趕科技發展的腳步，已經快要躋身全球的經濟強國之列。

過去幾十年來，民主與資本主義的共生關係不只在西方幾乎被視為自然法則。新自由主義的教條甚至認為，市場自由化之後必然帶動民主化。這種說詞似是在合法化無限放鬆市場管制的作法。據專家預測，從渦輪資本主義的全球化中受益最多的應該是所謂的金磚四國（巴西、俄羅斯、印度和中國）。確實，由於保護主義和民族主義的回歸，現下全球自由貿易正嚴重受挫，而且這種情形不只發生在美國。而在金磚四國中，僅有唯一一個國家趕上西方經濟強國的腳步：既非普丁的「受控民主」，也不是長期因貪腐醜聞而動搖到民主國本的巴西，更不是全球最大的民主政體印度，而是憑藉由國家掌控，混合了計畫經濟和個體經濟的共產中國。

技術官僚

受惠於演算法技術，相較於類比時代，如今的紅色資本主義統治者自己也能大為精準地計畫和管控複雜的經濟流程。再加上社會信用評分應用程式讓他們可以更精確、無縫地監控十數億人民。其程度甚至比史塔西（Stasi，前東德國家安全部）能想到的有過之而無不及。中國的獨裁者甚至投入數千億美元進行一項名為「新絲路」的大型基礎建設計畫。該計畫預計以水路和陸路的方式打通在亞洲、深入歐洲及非洲的貿易路線，並且對港口、重要道路和鐵道以簽訂合約和貸款的方式，使鄰國的重要通道受到北京當局的約束。[20]與此同時，美國千瘡百孔的基礎建設正處於崩潰的邊緣。此外，中國與非洲諸國簽訂了長效期的原物料協議，同時策略性地投資西方國家的高科技公司，並且自行研發如生物科技和人工智慧等未來發展領域。

遠東地區的機器人和人工智慧企業，如阿里巴巴或是京東，這些企業除了主導他們自己國內的本土市場，也早已將目光投向美國和歐洲，並且隨時準備好要取代Google等大型企業的全球市場領導者地位。這也難怪支付平台PayPal創辦人和臉書大股東彼得・

提爾（Peter Thiel）在著作中盛讚創新壟斷的《從〇到一》（*Zero to One*）一書在中國暢銷了。[21]

就在西方社會幾乎還沒有注意到的時候，蘋果公司、字母控股公司、亞馬遜、臉書和微軟等美國企業「五巨頭」的強大競爭對手已經在中國出現了。中國國營企業，同時也是中國最大能源供應商的國家電網公司（SGCC）甫成立於二〇〇二年，如今已是美國企業沃爾瑪（Walmart）之後，全球營收第二高的企業體。中國國家電網公司除了為十一億使用者提供更安全、潔淨的能源，還有超過一百七十二萬名員工，年營業額逾三千一百五十億美元。此外，這家公司早在西方國家進行收購計畫，比如在葡萄牙，該公司就持有葡萄牙國家電網公司（Redes Energéticas Nacionais）約二五％的股份。[22]

二〇一八年七月，德國政府就阻止了這家中國大企業打算入股區域性輸電系統運營商五十赫茲（50Hertz）二〇％的投資計畫。只是，由政府介入干預的行為無論如何都違反了自由世界自己設下的遊戲規則。因此，僅由西方國家以政府干預的方式未必能阻擋下中方的擴張野心。來自中國、資本雄厚的投資者收購戴姆勒汽車（Daimler）這類頂尖企業，或在關鍵產業尋找收購標的。過不了多久，金融都會法蘭克福的銀行大樓群恐怕都要改建成給中國人住的度假旅宿了……

如果市場回復到成長模式，還有誰能與中國相抗衡？目前美國的國內生產總值計十九．四兆美元，目前還領先它的挑戰者：二〇一七年中國的國內生產總值已經達到十二兆美元的規模。但是中國的經濟成長明顯更有活力，而且，根據一份新冠疫情前所做的預測顯示，最遲到二〇三〇年左右，中國的國內生產總值就能超過目前為止的第一名。至於在千禧年之初還受到全球幾個位居領導地位國家追捧的印度，國內生產總值僅有二．六兆美元，而且經濟成長緩慢，已經無望地落敗了。歐盟雖然有十七．三兆美元國內生產總值，但在指數技術（exponentielle Technologien）的關鍵領域卻提不出什麼具體成果。同時也因為歐盟內部眾所周知的意見分歧，能在二軍拿個冠軍，並擔任新舊強權間協調者的角色就要很滿意了吧！

北京的專制資本主義當真比西方國家的民主與市場經濟的組合更有前景嗎？如果歐盟各國元首現在採取強硬做法，並以更專斷的方式將旗下所有成員國組織起來，會是更好的做法嗎？雖然馬克思所述的共產結構從未真正經過測試，但某種形式的社會民主似乎仍然是人類社會能想出缺點最少的選項。同時，中國可能在新冠疫情後的世界中也要面對經濟受挫的情況。這將迫使那裡的當權者（因為認知到，不可強求躁進又創造性的進步）必須在進一步擴大國家監管，或是進一步朝由創造性資本主義推動的市場經濟的方向進行開放之間做出選擇。換而言之，如果中國領導者試圖管控開放，這種模式就會失敗。

尤其是在新興的演算法支配時代，我們比之前的任何時候都更迫切需要的政府和社會系統是要能夠保障個人自由，並確保影響深遠、甚至是不可逆的科技發展不會落入獨裁者或技術官僚手中。

一個能讓公民參與決策過程並防止權力濫用，同時能擺脫當代偽民主政體這場笨拙又失能的大戲的後民主模式應該是什麼樣子？這種後民主社會模式又會帶來哪種經濟模式？肯定不會是如今這般糟蹋我們的地球，還不斷讓越來越多人成為消費成癮受害者的不完善的資本主義。

無論我們選擇哪種社會政治系統，提供我們越來越多資訊並協助當權者進行大規模監控行動的科技，似乎難免都要成為主要的推動力。在未來幾年，政治版圖很有可能因為數位通訊與政府服務相結合，甚至因為某些直接監控的形式而受到影響。在接下來的演算法支配時代，擁有能保障我們自由的政治和社會系統比任何時候都更為重要，而且這種系統還要能確保革命性、甚至不可逆的科技發展不落入自我任命的獨裁者或是特權統治者手中。

我們需要的是重新設計的資本主義政治和人文模式，讓公民得以參與決策過程，並防止權力濫用。但這種模式應該同時可以取代效率低下、官僚和功能失調的當代西方「偽民主政體」這場大戲。這種展示潛力並可能緩慢發展的政府模式是一種「技術直接民主」（technologische direkte Demokratie），藉助更安全、更快速的表決系統讓公民在民主意義上重新取回他們真正的權力。

這樣的基礎形成一個讓經濟穩定運作的系統，既能享受市場經濟的好處，又不會有目前資本主義嚴重破壞地球生態，而且讓越來越多人變成消費成癮受害者的副作用。這一切都必須在受到演算法控制的管理應用中，實現真正的治理以造福人類和社會的環境中進行。

第三章
改變未來的四大力量：全球依存、覺醒青年、女力時代、科技海嘯

到底要怎樣才能讓社會或經濟發生轉變？怎樣才能讓社會持續進步？無論是漸進式或突然發生，幾乎沒人預料到的新事物是如何出現的？

幾年來，我們一直想深入探究在我們尚未察覺或還沒真正理解的情況下，已經在形塑我們未來的改變的力量。現在就讓我們仔細檢視以下四股力量。地方上的團結結合與日俱增的全球相互依存關係、覺醒青年大軍、擔任管理職的女強人、快速逼近的科技海嘯。雖然在社會或政治對話中都已經徹底探討過這四股力量，但它們直接挑戰商業、政

治，甚至是媒體的當前做法，其影響程度，一直還是被低估了。

有鑑於新冠疫情之後，加速轉型將更形重要，我們現在就要來了解一下可能的後果，並且釐清其中的關聯。因為唯有如此，我們才能找到改善社會的方法和新的解決方案。

第一個改變的力量：在地身分——全球依存

全球化結束了嗎？完全相反：我們目前正在經歷的國家主義「倒退嘗試」（而且，無論我們到底想「退」回到哪裡去），不過是歷史上過時意識形態的最後掙扎。

民族國家是幾百年前的模式，已經無法解決今日或明日的問題。基本上，國家的概念本就來自各種不同程度的想像，其疆界是在歷史上某個時間點或多或少被獨斷定義出來的——從像我祖國挪威這樣僅有五百三十餘萬人口的小國，到像印度這樣擁有超過十三億人口（占全球人口約六分之一）的多民族人口大國。如今幾乎所有政治和經濟上的挑戰都需要用到全球性的手段，同時也要用到在地的方法。這並非是全球化與國家主義倒退嘗試的對立，而是需要同時在當地和全球中找到定位。這裡所說的是關於與世界的聯繫以及打造這個世界的樣貌，結合在地身分認同與歸屬感，成為最小程度的共識。這與大區域無關，而是關乎你所在的城市、你所在的鄉鎮，甚至是你加入的同好會組織。這是在地主義（Lokalismus）對上世界公民主義（Kosmopolitismus）。

民族國家在其原本相關的參與者之間，存在嚴格的界線：這樣的結果不僅妨礙人類去看到超越國境的共同利益，也會阻礙人類去面對合力才能解決的巨大挑戰。

想像一下，我們的地球某天像好萊塢科幻鉅片《ＩＤ４：星際終結者》（*Independence Day*）一樣受到外星人攻擊。各國的利己主義，無論是「美國優先」（America first）、「我們要匈牙利優先」（Für uns, Ungarn zuerst）、「義大利優先」（Prima l'Italia）等各國的利己主義，或是土耳其艾爾多安，或俄羅斯普丁式的專制獨裁都要被忘掉，因為這時所有人都會意識到，現在面臨的問題攸關地球和全人類的生死存亡。因為指掌之間，人類可能就要根據實際遇到的挑戰面臨重組問題。

聽來很科幻嗎？不。因為現下在我們腦子裡盤旋的正是這類威脅——雖然沒有外星人的太空船，但是氣候崩潰和醞釀中的人工智慧統治都至少有相同程度的威脅。這些問題也需要運用全球性思維才能解決，而這種全球性的救援網絡有賴連上大量既能在各自相對自治的情形下運作，又有辦法直接相互影響的區域性節點。

國民經濟不存在

受到渦輪資本主義驅動的現代世界在十九世紀末、二十世紀之初開始起飛。這部分歷史就是我們說的工業革命。聚焦國際化（後來稱作全球化）的技術創新即為當時的動力。早在一九一〇年，各國間的貿易就已經占全球經濟的三成。接下來是二次世界大戰，二戰前有經濟大蕭條，二戰後又有讓世界各國選邊站的冷戰，導致經濟體系的運作更加以國家為導向。這種情況持續到一九七〇年代，貿易比率（也就是進出口占國內生產總值的比例）才重新回到一九一〇年的水準。而且，這還是在新加坡、香港和盧森堡這些地區以三〇〇%至四〇〇%的高貿易比率帶頭的情況下。至於世界其他地區實則尚未真正全球化。甚至到二〇一四年，全球進出口總額也僅占全球經濟的三成左右。

自一九七〇年代以來，更民主、更為市場經濟導向的結構，同時結合科技創新的開放式貿易協定看似是真正成功的模式。一九八〇年代，西方富裕地區的人民開始前往世界各地旅行。與此同時，中國試圖對外開放，鐵幕倒下，柏林圍牆也被推倒了。這對西方國家的企業來說簡直機不可失：與其在地方上爭搶創新和市場占有率，往鄰近國家或前往新地區擴張似乎是更容易的方式。這讓經濟成長如虎添翼，並且彌補了創新活動停滯不前的缺憾。直到二〇〇七／二〇〇八年的金融危機才讓人想起（這是一次預警）區域性結構和自給自足能力，尤其是實體商品的重要性。當實體商品可以直接在現場、在客戶所在地由機器或機器人進行組裝生產時，不需花費高昂的物流和交易成本，也就不斷印證了將實體商品運往世界各地越來越沒意義。這樣的認知，加上金融危機之後不斷增加的成本壓力，造成第一波回流（Backshoring）和尋求內部資源（Insourcing）行動，將產能帶回自己國內。

難道我們現在又回到一九一〇年了嗎？新冠疫情猛力震撼了全球經濟，而且可能把全球經濟搖醒了。即便失敗的（市場）經濟機制幾年來已經顯現出去全球化（Deglobalisierung）的趨勢，這場危機只是曝露了躁動不安的到底是哪些力量。

在如今聯繫緊密的世界中，在地產製的終端商品多半是虛構出來的。在工業革命時代，像瑞士的製藥業或是德國的汽車工業和化工業這樣，各國著重發展特定產業有其意義存在。在前全球化（vorglobal）產業時代，各國政府鼓勵這類焦點產業的發展也有其意義。以這種方式產生具競爭力的行業，往往就訂下了世界級的標準。在全球競爭中扮演主導地位的世界級的企業，也就是所謂的隱形冠軍，就是這樣產生的。[1]而產品認證標章的出現，比如一八九一年開始採行的「德國製造」（Made in Germany）標章使得德國企業與產品以其高精準度、高度創新和可靠度聞名。

然而，今日像是智慧型手機或汽車這類商品在分散於世界各地的價值創造鏈中進行研發、製造與銷售。反正服務和資本是無國界的，所有當今商品最有價值的新商業概念就更別說了。這些新商業概念常在看似各種不相關領域的碰撞之間出現，而大都市結合了在地的流行趨勢、時尚和喜好，又為這些新商業概念提供絕佳的發展條件。有時地方上的炒作也能演變成全球性的成功故事，只是在這一點上就無關國家這個層級。

尤其是像德國這樣，到了十九世紀末才由十幾個規模不等的小國小邦組成聯邦制的國家，其國境內的地域性身分認同往往比一直宣稱和實際體驗到的國家認同還要來得深植人心、更為強烈。各地的草根性格不僅在大都市地區得以延續——現代化的地區也是城市中追求幸福的場景，像磁鐵一樣吸引著我們這些都市人和世界主義公民。

這種情況正巧也適用於邊界由當年幾個殖民強國劃定的許多非洲國家——而且這些國家的邊界常正好穿過傳統部落。或是像印度這樣的多民族國家，境內的國民講著十幾種不同的語言、信奉不同的宗教。印度雖然有不少人生活在像大孟買都會區這樣高度發展和已經城市化的繁華地區，但這個國家的其他地方卻仍處於工業化前的樣貌。

民族國家的結構大多有如人造的緊身衣，對於今日不斷重新被提到的「家鄉感」（Heimatgefühl）已經不再那麼重要。**如果現代遊牧民族會想在那裡扎根，那麼最可能的是在一個地區及其市中心。**所以也難怪像美國和英國這些在正式國名中有「United」（聯合、統一）這個字的國家，目前正因為強烈的分裂與瓦解趨勢而動盪不安。過去美國的「統一」（如果有的話），往往也只是因為個人自由和「無限可能」的共同理念。

與此相反的是，如今全球各地有許多大都會，都以個人自由和實現自我、多樣性和富裕作為承諾，吸引人們前往。相比之下，民族國家還有什麼能給的呢？在德國也不過是有八千三百萬人的「文化認同」，而這種文化資產恰巧就是融合了受到各地區多采多姿的特色文化才產生出來的。

在走向未來的道路上，各地區有必要發展成更有自給自足能力的實體。同時也必須強化更緊密的全球性連結，以使跨境的溝通和合作能更順利。當有形商品的製造重新移回地方，全球網絡的世界仍以固守陳規的步調行動。如果有中、小型企業被迫去全球化，依舊還有其他三方面會持續推動全球化：除了支離破碎的跨國大型集團企業，以及出現許多「超級專業化」（Hyperspezialisierung）的「微國際」（mikrointernational）公司。[2]這些「微國際」公司或許會對大型集團企業的發展造成阻礙，但這些微國際公司仍舊會維持極小的規模，而且幾乎無法創造新的工作機會。第三組則是與美國科技業五巨頭及其亞洲同業相關、立基於演算法的科技集團公司。這些公司會繼續成長、持續開發出新的技術、不斷擴併其他公司，並創造出新的科技精英。就這樣出現了更在地化同時又更全球化的新組合。

大型科技集團企業得以迅速發展，顯示國家結構正失去其重要性。二〇一八年，有兩家公司的市值首度突破一兆美元大關——先是蘋果公司，以及不久之後的亞馬遜公司。這兩家大型公司中，任一家的市值都超過美國包含網飛（Netflix）、康卡斯特（Comcast）、迪士尼（Disney）等所有娛樂產業的總市值。微軟公司也在稍後的二〇一九年四月晉身兆元市值俱樂部。隨著這些產業巨擘越來越壯大，有件事也越來越清楚：

在量子經濟中，以國內生產總值或一國經濟作為經濟指標已經不再有意義。我們該承認，如今衡量一國經濟已經沒有意義。因為現代經濟是相互依存的。在個別區域及其發展間存在極大差異的時代，以一整個國家的經濟情況作為衡量基準實在意義不大——特別是在我們看到微軟的「GDP」甚至領先西班牙或澳大利亞等國時。反過來說，這意味如果以這種方式衡量經濟表現，那麼微軟公司就會是世界第十三大經濟強國。可見國家經濟正往全球大生態系和區域市場的方向快速發展。這種轉變需要新的政治結構，而社會也將面臨變化。

這會帶來嚴重的後果：這些科技巨擘沒有受到監管和拆分，就會徹底破壞國家經濟結構。因為它們會影響政治、插手國家教育體制、控制全球貿易，並且有可能干預傳統上由國家掌控的產業：這些科技巨擘炒作全球數位貨幣系統、設立線上大學並打造自己的基礎建設。你想到任何一個例子了嗎？想想看，收購一家或多家陷入經營困境的航空公司，比如德國的漢莎航空（Lufthansa）、荷蘭航空（KLM）或美國航空（American Airlines）不是更輕鬆簡單的事嗎？為什麼亞馬遜公司還要投入時間和資源，組建自家的航運機隊？

我們需要有叛逆精神的市長

各大都會區，而不是國家，如今都已成為經濟和社會熱點。不過它們往往沒有相應的權利和資源可以進行有效管理和刺激創造力。那麼，有決心處理都會區面臨的真正問題，而不是坐等中央政府提供解決方案的市長在哪裡呢？如果十年後，目前的工作機會有一半都不復存在，而且特別是在都會區即將面臨大量的失業人潮，勢不可免要引進人工智慧稅和基本收入制度。所以現在是測試這些工具衍伸出來的各種方法是否可行的最佳時機了。那些首當其衝會遭遇這些問題的都會區首長，何時才能下定決心，願意進行第一場「田野實驗」呢？

在以一己之力嘗試推行那些其他政治人物憂心危及到自己的連任而不敢碰觸的議題時，或許其中會有一兩人因此有機會和司法機構打交道。但只要有一個勇敢的改革成功了，後續就會有更多人願意嘗試。到時，中央官員或代表各黨派的政治人物就不得不順應實際情況調整法令和決策。這不僅適用於基本收入的決策，對於試行新學校模式也是如此。在德國，敢在他們的轄區被批准設立「綠色學校」的「部落酋長」安在否？

如今在一些地方已經可以看到有建設性的都會政策的雛形：以總部設在黑措根奧拉赫（Herzogenaurach）的運動用品品牌愛迪達（Adidas）和Puma，或是落戶居特斯洛（Gütersloh）的媒體與出版大亨博德曼集團（Bertelsmann）為例，如果這些在地深耕的企業能與當地政府單位攜手合作，便可以在政治和經濟上面對各種具體挑戰，造福整個地方。

到這個世紀末，高達八〇%至九〇%的經濟交易行為都會發生在大城市和都會區。現今在某些都會區已經可以感受到量子經濟時代即將到來的氛圍。雖然大眾還不見得看得到，但「市長叛逆」（Bürgermeister-Rebellion）行動的準備工作已經在進行了。

未來將以人為本，不再以黨派為核心；考量的是地方上面臨的挑戰，而不是流行字眼或新潮的話題。**身為都會居民，我們希望我們的市長能對所在地的規劃有具體時程，並且能快速且以解決問題為優先考量地執行各項規劃。**如果這些市長處事公開、透明、言行一致，我們也隨時準備好原諒失誤。

這些市長作為新型態的「部落酋長」有助於化解我們當代的幾個最危險趨勢：如同大衛・古德哈特（David Goodhart）同名著作的標題《某地》（*Somewhere*）——「堅

持在地生活方式」的「某地」（Somewhere）概念崛起，在「不情願聯盟」（Koalitionen der Unwilligen）中聯合起來反對「任何地方」（Anywheres）、反對「游牧式的世界公民」。[3]據哲學家彼得・斯洛特戴克（Peter Sloterdijk）的說法，則是曾經的「沉默多數」（schweigende Mehrheit）早已打破沉默。[4]反全球化的左翼和右翼民粹主義運動，絕不只屬於那些出身艱困的社會環境、與社會脫節的人，越來越多的知識分子和受過教育的公民也參與其中。他們背離「老牌政黨」全然是可以理解的，因為全國性的選舉既不會造成全球性的影響，也不會為地方帶來改變。而如今，只有在這兩個層面能發揮作用的才是真正重要的事。也因此我們需要有自信的市長帶頭的叛逆行動，以為各自管轄的（同時也是你、我的）大都會區爭取到更多資源和更多創造空間。

尋找新的成長引擎

中國正試圖以管控式開放往市場經濟的方向靠攏，卻面臨如何整合計畫經濟、在地生產（lokale Produktion）和創新的挑戰。美國則是在全球性大企業和強烈保護主義思想之間的極端緊張局勢中搖擺不定。而在這兩者之間，歐洲挾其以自由民主和社會主義色彩的獨創組合，反而可能最具未來優勢。但同時，無論在共通語言或是歐洲共同的身分認同與中心思想上，歐洲在統一之路上也面臨巨大的挑戰。其中，語言就是一個至關重要的議題，而且過去在印度就有先例可循：印度這個國家有近十四億人口，有各種不同且獨特的文化身分認同、二十二種官方語言和一千六百五十二種方言——即便如此，還是有辦法以英語作為通用語言，由一個中央政府將整個國家維繫起來。

所以歐盟可以走的第一步就是選定一種執行業務和在學校作為主要溝通工具的通用語言——這些考量下的選擇應該就是英語了吧！同時，我們又能繼續保留各自的文化語言。以此作法應該在十年之內就能改善跨區溝通，並促進彼此的合作關係。這個做法不僅能使設在布魯塞爾的歐盟議會溝通更為公開、透明（毋須靠彎道經過複雜的翻譯過程），對於以信任和透明為成長基礎的歐洲夢（europäischer Traum）也會是一大貢獻。另一個可能的做法則是出手整頓金融結構，並導入真正的共同貨幣，尤其是數位貨幣，以創造更高的透明度和公平正義。

歐盟目前正處於抉擇的十字路口：成員國有必要拋下國界與狹隘的文化認同。愛國主義沒問題，但不能有民族主義，而且應該強化在地認同，因為這關乎一個統一歐洲的偉大、齊眾人之力的敘事願景。一如歐盟理念中提到的「多元團結」（Einheit in Vielfalt）。反之，則是瓦解成在世界經濟舞台上無足輕重的各自分立小國。但只要歐盟能克服這些障礙，就有機會成為聯繫美國和中國的重要骨幹。在東、西方兩大強國築起高牆的同時，歐洲可以做那個造橋人，提供一個結合地方差異、文化和結構的全球合作模式作為替代選項。肯定有許多人認為這個想法不過是個烏托邦式的夢想。但我確信，這個做法不僅可行，而且對國際社會來說非常重要也很有必要。因為唯有如此，我們才能打造一個既安定又公平的世界。

具體指的是什麼內容呢？我們以法蘭克福和奧芬巴赫（Offenbach）這兩座城市為核心組成的萊茵美茵都會區為例：這一帶住著來自世界各地的人，僅奧芬巴赫就有來自全球，包含歐盟其他會員國和世界上其他地區，共一百五十九個國家的專業人士、大專院校學生、難民和就業移民。而且，這個德國黑森邦南部的大都會生活圈並未因為與其他邦的行政邊界告終。其範圍一路向外擴張，東至巴伐利亞邦的阿莎分堡（Aschaffenburg），西至萊茵蘭普法爾茨邦（Rheinland-Pfalz）首府美茵茲（Mainz）。於是乎，由原本的在地人和近十年來陸續湧入的各種族群、不同語言、各自的生活習慣和習俗，融合成獨有的特色。比起在柏林、維也納或蘇黎世等地，在法蘭克福居住和工作會有截然不同的感受——更別說是與位居巴伐利亞邦東北角的上普法茲地區（Oberpfalz），或是整個德國最東北角的佛波門（Vorpommern）這些深具鄉村傳統色彩的地區做比較了。

這麼多人住在差異如此大的地區，到底是什麼將他們維繫在一起的呢？是共同的「國家認同」？或只是類似的生活態度？這點也幾乎不太可能——即便是那些因為持有的護照而有相同國籍的人，或是在學校學了同一種標準德語的人，這也都不是把這些人維繫起來的理由。若是因為西方大都會居民共享了類似的生活習慣、思考方式和有代表性的體驗，那麼住在柏林或法蘭克福的人，和住在巴黎、倫敦或紐約這些大城市的人可能還有更氣味相投的感受。

不過，每個大城市同時也有各自的在地文化和氛圍，以及只有當地獨有的在地企業、休閒活動和非主流文化組合。柏林和慕尼黑雖然都是德國的大城市，不過兩地卻給人天壤之別的感受。主要是兩地的在地文化比起德國這個僅一百五十年歷史的國家還要來得更悠久、影響更深，因而得以保留。早在升起第一面國旗之前，這片土地上就有黑森人、法蘭肯人、巴伐利亞人等各部族，就在這裡發展出自己的風俗習慣、傳述自己的歷史或寫下自己的故事。因此**「草根性格」依舊深深影響著每個歷史悠久的大都會區**——並由於在全球化超移動世界中不斷加入的各種因素影響，各都會區繼續以各自的方式發展下去。

往大都市移居的事情絡繹不絕地發生，而且湧入城市居住的人絕不僅止於學生、觀光客、找工作或尋求庇護的人，或是追求冒險刺激的人。各種科技、機器和想法也在繞過保守的鄉下地方後，移入大都會區。

第二個改變的力量：覺醒世代

像今日這般世代差異之大，過去未曾有過。雖然有些四十來歲的女性看起來像自己女兒的姊姊，或有些五十多歲的男性到自家兒子也會去的酒吧時，會穿上五顏六色的襪子，但這些都不足以表示，我們理解世代間的巨大差異：這代父母的思考方式、感情世界和生活環境，和現今二十歲以下世代之間的差異更甚以往任何時代。一個新世代必須成長並帶來改變。

據聯合國統計，全球年齡介於十五到二十四歲之間的人口約有十二億人，十五歲以下的兒童約有十九億人。[5]雖然目前預期全球人口成長不會再像之前那麼快速，而年輕人的整體比例預期也會呈現下降趨勢，但是許多發展中國家，其中又以非洲國家最甚，仍會因為其國內人口一半以上低於十五歲而面臨嚴重的問題。同時也因為平均壽命快速提高，預計到本世紀末十個人中就有八個人住在亞洲或非洲。

然而，以上提到的都不僅僅是數字遊戲。如同過去人類的歷史所示，激烈的改變往往是由年輕人推動的。所以我們明確需要奠定新的商業模式和新的全球結構，同時要克服生態崩潰的問題，並為即將到來的數位海嘯做好準備。要開始做這些事情只有一個正確的時間點，那就是：現在。

啟動意識革命

印度的薩巴馬蒂（Sabarmati）河在人口有好幾百萬的大城亞美達巴德（Ahmedabad）郊區，而亞美達巴德就是甘地（Mahatma Gandhi）於一九三〇年，和他的追隨者開始

「食鹽長征」（Salzmarsch），反對英國人鹽業壟斷的非暴力抗爭行動起點。幾年前，我有天坐在印度的薩巴馬蒂河畔，見識到一場另種形式的遠足：我遇到一群四十個孩子陣仗的校外教學活動。一群年紀從十一歲到十三歲不等的學生，由老師帶著來到我坐的河邊。所有的學生手上都拿著智慧型手機，正與全球社群產生「連結」，但還是對老師和地陪的解說表現得很感興趣。對這些孩子來說，那次的校外教學可是他們一年一度的重頭戲。

我請老師允許我和孩子們同行半個小時的時光。「你要教他們什麼呢？」女老師問道，而我的回答是：「我沒什麼要教的。我要當個學生，向您學習。」老師同意後，我們一行人就在河畔沙地上圍坐起來。接著，我提出一個又一個問題：「什麼是你們人生中重要的事？」、「你們以後想成為怎樣的人？」、「你們有什麼夢想？」他們的回答讓我感興趣的不只是他們的出身，而是他們說出了一個新世代的想法：和十年前或二十年前的同齡孩子相比，他們顯然有著截然不同的觀點。

最後我想知道：「當今社會最大的問題是什麼？」其中有個十二歲，名叫伊姆蘭（Imran）的孩子，他的回答最令我印象深刻。他用帶著印度腔的典雅英語說道：「叔叔，**今天這個世界最大的問題就是我們以自我為中心**。我不想變有錢，我想幫忙解決以自我為中心這個問題，無論是在我家中、在我住的社區或是我住的城市，然後及於整個世界。」伊姆蘭可比我年輕時成熟多了——年輕時的我只想盡快賺很多錢，好讓我買、買、買。

薩巴馬蒂河畔的那堂課，如今已是五年前的事了，而現今我們看到新世代動起來了。全世界有數百萬年輕人比他們之前任何世代的同齡人都要清醒得多了。這些年輕人精神覺醒，而且有著一種在過往的年輕人或是二十幾歲的人身上看不到，只有在資深的僧侶或精神導師級人物身上才找得到的覺悟。

在與這一個世代的人對話的過程中，我不斷感受到意識的轉變。「自我懷疑？」比如我聽過：「為什麼我要在這樣的概念上浪費精力？」如此自信很容易被誤認為自戀，但事實上他們並未沉溺於顧影自憐，而是以強大到近乎天真的安全感向他們認為重要的規劃邁進。而且他們知道，只有作為團隊的一員才有成功的機會。

這個世代裡面當然也有一些「迷失的人」，尤其是年輕男性。但我在絕大多數人身上看到了很大的轉變。那是一群非常清楚自己下一步要做什麼的年輕人。他們優先考量的是做某件事是否有意義和是否合乎價值觀，而非奢侈品消費的渴望。

這個世代了解到，物質和能量是我們所處現實的一體兩面。他們想要尋求肯定這點，和他們之前的每個世代都一樣，但他們知道獲得肯定的方式不僅僅是體現在擁有勞力士名錶或是保時捷跑車，也可以（並且也是更好的方式）在像是愛或社會安全感這類非物質層面中尋得。**從渦輪資本主義到聚焦在後物質需求和供給的量子經濟，世代翻轉會是推動經濟轉變的助力。**

最後一名也能成為第一名

我們要繼續走老路，讓現在的年輕人也在舊體制中長大？或者，我們現在就該進行激烈而且早就必要著手的體制改革？雖然至今為止每個新世代都在推動社會結構和性道德的改變，然而如今成長的這一代能將性與愛這麼分開來看待，卻是此前任何一個世代從未有過的情況。此外，許多年輕人都親身經歷過與自己父母糟糕的親子關係，知道用他們年少的聰明才智尋求更好的解決方式。過去幾十年來，離婚率快速攀升，結婚人數下降，非婚生子女出生率增加。[6]只要到世界各地的大都會區走一遭，就能近距離體驗到這股趨勢。以倫敦都會區為例，獨居戶已飆升到超過一半的人口。[7]

隨之而來的便是因為開放式的關係形式，而使傳統家庭結構受到質疑。這類例子，比如孩子在各種共同扶養形式中作為某種「規劃」被養大。這也難怪，即便是至今尚且稱得上完好的核心家庭社會機制也面臨崩潰的境地。這種趨勢背後也有一種冷靜而理性的做法。雖然年輕人在解決社會問題時，常表現出同情心和體貼，但在涉及個人人際關係層面時，許多年輕人卻又對強烈的情緒反應表現出不信任的態度。這是因為唯一讓他們體驗「為愛痴狂」（Amour fou）感受的來源是電影，或也可能是源於他們父母講述的內容。

事實是，這一代中有許多人都是懷疑論者：制度的懷疑論者、傳統家庭結構的懷疑論者，甚至是廣告宣傳中傳達出的愛的概念本身的懷疑論者。然而，我們正在經歷——並且會持續發展成一種趨勢的——是一個覺醒世代的出現。這個覺醒世代對意識和生命能量的重視高於超物質主義消費。他們知道，人生的目的不在於擁有第二輛法拉利跑車。他們之中甚至還有許多人會摒棄浮動不實的身分象徵。這一個世代的人更在意的是意識到自己對這個世界應盡的責任，並付諸相應的行動。

可是，過去不一直都是這樣嗎？這個世代和當年文化大革命中叛逆的嬰兒潮那一代有何不同呢？他們會發起真正的行動規劃：他們想要有所創建、有所為，想要成就比起自身所屬的那一部分加總起來的力量還要更偉大的成就。他們不相信個人的自我中心，而是將希望寄託於參與式的文化。因為參與式文化才有希望尋得更美好的未來。然而，這些都不僅僅是奢望和夢想：年輕世代以他們的質疑精神和行動力審視現存結構。我們只要看看「星期五救未來」（Fridays for Future），就能知道這類行動能發揮多大的影響力。二〇一八年，當年十五歲的中學生葛莉塔・通貝里（Greta Thunberg）發起「星期五救未來」活動，固定在瑞典國會前靜坐抗議。這個抗議活動很快獲得數百萬人的支持與響應，全球各地都有學子加入接力抗議行動。[8]二〇一九年，葛莉塔為此獲得諾貝爾和平獎提名。

如今的青年運動，確實在組織動員和集結資源上以驚人的速度開創出一番新的局面。他們善用社群媒體的力量，讓資訊得以較之以往更為快速並且能觸及更多人的方式散播出去。新的替代性融資管道，比如群眾募資（Crowdfunding）或小額信貸平台，讓他們更容易獲得金融資源。這是一九六〇年代後期的抗議人士只能做夢而不可得的資源。這種趨勢持續加速：據劍橋替代金融中心（Cambridge Centre for Alternative Finance）的數據顯示，全球群眾募資市場從二〇一六年約二千八百九十億美元規模，至二〇一七年已經成長到四千一百六十億美元。而且預期在未來幾年內將成長三倍之多。

這類群眾募資平台的基本理念恰恰迎合了新世代的核心信念：人應該經由幫助他人來成長，應該以成為能引領新商業概念的更宏大集體行動中的一個小螺絲釘來得到成長的機會。事實上，在近乎佛教的意義上，對這一世代的許多人來說，成為這場共同旅程的一分子似乎是極其強烈且至高無上的動機。在更進一步的意義上，哲學可以在年輕人從當前意識形態和政治秩序中解放出來的過程中發揮引導的作用：哲學可以協助這些年輕人對自身的價值觀和基本架構提出質疑，可以幫助他們獨立思考。鼓勵所有人構建起主觀、合理並且有事實根據的世界觀，在如今比以往任何時代都更具意義。換句話說：哲學可以幫年輕人成為具批判式思考能力和行動力的人。

這最後的一代、這個覺醒世代，確實可能是乘載和平與希望的一代。他們將幫我們克服近在眼前的存亡挑戰，協助我們打造一個更美好的世界。

第三個改變的力量：女性，未來是女力時代

在德國和世界上其他地方，爭取更多女性登上管理職的進度似乎不太順利，但真實情況可能有所不同。雖然目前在中、高階管理層男性主事仍占多數。然而未來十年內，這些男性管理人可能會在自動化過程中大量消失。其實，如今他們之中多數已經是多餘的了。

目前的趨勢明顯往「零工經濟」（Gig-Economy）的方向發展[9]：自由工作者和「微型企業家」（Micropreneure）[10]組成的團隊執行暫時性任務，完成排定的工作。而科技則負責流程的透明度、可靠度和掌握效率。新的主事者就是計畫本身。在這種模型中幾乎不再需要管理人。

為了因應全球性的挑戰，更需要有責任意識的管理人。這些管理人不僅要能夠駕馭動盪時代、做出合乎道德的長期決策，還要能掌握二十一世紀的關鍵領導技能。而女性就完全符合這些標準。如今全世界擁有高等教育文憑的女性越來越多，兩性在受教育程度上的差距加大，可能是造成這種情況的原因之一。從英國到南韓，女性上大學的人數

不僅高於男性，而且女性取得學位的比例也高於男性。[11]在不久的未來，我們在量子經濟時代會需要這些受過良好教育的女性，而她們也會上到陣前來。

為何女性幾乎所有事都做得更好？

甘地有言道：「稱女性為弱者是一種詆毀、是男性對女性的不公。如果所謂的力量指的是蠻力的話，那麼女性確實不比男性粗暴。**但如果以道德層面的力量來理解力量的話，那麼女性所占的優勢可就是不可估量的。**女性不是有更好的直覺、更願意犧牲自我、更有毅力和勇氣嗎？沒有女性，男性就無法成事。如果非暴力是我們存在的法則，那麼未來就要指望女性。」[12]

美國身心科醫師及名人指定醫師丹尼爾・艾門（Daniel Amen）在他的著作《釋放女性大腦的力量》（*Unleash the Power of the Female Brain*）中就分析了為何女性在神經系統上更符合今日世界的需要。[13]艾門列出了五項女性擔任管理職的特別優勢：同理心、合作、直覺、自制力和責任意識。

為何女性大腦在這些領域的表現比起男性頭骨下的內涵好得多呢？原因就在於兩性

荷爾蒙平衡的差異。女孩子的大腦早在母體內時，就已經受到大量雌激素影響。與之相對，男孩子的大腦則是充滿了被稱為男性荷爾蒙的睪固酮。根據目前的研究成果，額葉或前額葉皮質的發育受到雌激素的刺激特別強烈。因此，女性的前額葉皮質平均比男性的更大，也成熟得更快。

人類大腦在進化史上的最新發現，部分被認為與認知（見解）和決策有關——在日趨複雜、變化越來越快的世界中，這兩項又剛好是和企業經營行為以及普遍而言的領導力相關的關鍵要素。尤其是右側額葉與思考未來有關——這是一種對業務規劃進行前瞻性控管非常重要的能力。這樣說來，無論在學校、大學或是職場上，比起男孩子和男性，女孩子和女性往往較能提前完成工作也就不足為奇了。

由於睪固酮的作用，男性在攻擊性和性慾方面的表現較為明顯。平均而言，男性在體格上較女性更為強壯。然而，說到二十一世紀所需的能力，男性明顯是較不具優勢的性別。男性可以更輕鬆鍛鍊出較多肌肉，並且更勇於面對衝突場面。此外，由於男性更喜歡以壓力作為前進的動力，所以在面對期限壓力時，他們也比女性更能完成任務：時間壓力越大，就越能刺激男性體內諸如多巴胺和腎上腺素等神經傳導物質的釋出。反之，女性則依舊以一如既往的態度面對耗時又乏味的任務。當工作提前完成時，女性體內的壓力荷爾蒙便會下降。

為何女性在危急情況下還能保持冷靜？為此，研究大腦的專家學者也找到一個解釋：因為女性大腦中的杏仁核明顯較男性大腦中的杏仁核小。人類大腦中這個非常「古老」的部分，主要負責攻擊性和怒意等本能行為模式。在進入戰鬥或逃跑反應模式（**Fight-or-Flight-Modus**）時，我們的大腦會從額葉切換到杏仁核：我們會暫時變成原始獵人（或是奔逃的獵物）。男性腦中的杏仁核體積不僅比女性的杏仁核大，男性的杏仁核還帶有大量的雄激素受體。因此，當男性荷爾蒙濃度增加時，男性大腦中的杏仁核就會變得特別活躍。相對而言，女性大腦中的前額葉皮質是理性「自我」的所在，即使面對棘手的場面，也較能掌控這個古老腦區中應對攻擊和恐慌的設定。[14]

女性大腦中的保險絲不會那麼容易燒斷，其實也和前扣帶迴皮質（**vorderer cingulāre Kortex**）有關。在女性大腦中，負責管控衝動的邊緣系統（limbisches System）明顯大於男性大腦中的這一部位。學者專家認為，這項由解剖學證實的差異對於女孩子和女性較不會輕易涉險至少提供了部分解釋。女性大腦中杏仁核體積較小、前扣帶迴皮質較大，這樣的組合讓女性即使在高度壓力下也較能掌控自己的情緒，以思考出最好的解決方案。

此外，「配線」（Verdrahtung）的不同也很重要。男性大腦有較多神經元，不過女性大腦在兩個腦半球間卻有更多聯繫。男性較常用到負責理性、邏輯和圖樣辨識的左腦。因此，男性善於專注單一目標，以及有系統的處理任務。他們會給自己打氣，但是容易流於機械式反應，或不顧周邊情況就採取行動。

相對地，女性較常用到右腦。因此，女性較能同理他人的感受、更容易與他人產生連結、更能創造和維持社會結構，以及找到有創意的解決方案。此外，比起男性，女性的大腦更善於「跨區」運用，也就是左右腦同時工作。[15]

這還不夠，女性大腦中的島葉（Insula），或是學名腦島皮質（Cortex insularis），也比男性大腦中的同部位大。這裡是直覺的所在。同理能力、情感意識和由語言傳達的思考都由島葉負責。這也是為什麼相較於男性，女性（其他雌性靈長類也是）常具備較好的溝通能力、更善於臉孔辨識、更擅於表達情緒。此外，女性也較能意會他人的感受或理解言外之音等對男性來說常感受不到的訊息。

再者，女性的記憶力平均也比男性好。主要原因是，女性大腦中掌管記憶力的海馬迴比男性腦中的海馬迴大之外，還更活躍。所以女性有較佳的學習能力，而且對於所學也能記得更久。這尤其是因為女性大腦中負責將記憶和所學語言化的聽覺皮質（auditorischer Kortex）比男性來得大。[16]

這也難怪女性往往是思慮更為周密的領導者。挪威總理索柏格（Erna Solberg）、丹麥總理佛瑞德里克森（Mette Frederiksen）、德國總理梅克爾（Angela Merkel）、台灣總統蔡英文、紐西蘭總理阿爾登（Jacinda Ardern），還有南韓外交部長官康京和（Kang Kyung-wha）都是很好的例子：二〇二〇年初剛爆出新冠疫情時，就能明顯看到誰才是為這場新的現實和這場全球危機之後的時間點做了最充分的準備。在大約一百九十個受到疫情影響的國家中，只有七％是由女性領導人主政——但正是這些國家在醫學專家和大眾的支持下，給出了最有效的答案。這一切只是巧合嗎？難道是因為這些國家都是擁有最好的經濟結構和醫療體系且全球名列前茅的最富國嗎？如果我們不改變思維模式，繼續維持在男性的適者生存（Survival-of-the-fittest）邏輯思路上，可能就是人類終結的開端了。

為何我們該為男性感到憂心？

過去從未有過像現在那麼多年過三十的「大男孩」還住在爸媽家，在自己小時候就開始住的房間裡偷看色情書刊，而且所謂的社交圈就只是侷限在一堆社群媒體裡面。他們有滿滿的怒氣，所以對任何形式的民粹主義特別有感，還很容易被許諾社會認同的團體所吸引。過去從未有過那麼多二十來歲的男性性愛玩具。這些性愛玩具以發達的肌肉擺弄各種自戀又自以為陽剛的姿勢，其實也不過是成功女性的床邊玩偶而已。這些人中有許多人到了四、五十歲，明明歲月早在他們的外表留下痕跡，卻還在扮演年輕的種馬。只是，他們也不知道如何長成一個男人，畢竟沒人教過他們。於是，在那副永遠青少年的表象背後只是積聚了失望、孤獨和憤怒。

這些男性的孤寂感，遠比他們的父祖輩想像得到的還要嚴重。他們沒有朋友可以進行深度對話，也沒有可以表露自身軟弱和受傷那個面向的對象。一項在美國進行的問卷調查中，受訪男性表示，他們只有一位可以談及個人問題的密友——十年前該數據還有三位。[17]

不過，這也不表示這些男性閒暇時總是獨自一人待在家裡——更糟的是：他們會有幾個下班後一起去喝幾杯，或是到足球運動吧打發時間的友伴。但他們跟這些傢伙不會有深層的對話，他們更不會在這些人面前坦承他們會害怕或渴望與人親近。不然他們就會馬上被同儕視為懦夫——歸結到最後，用的還是社群領袖那一套古老的遊戲規則，即便這種模式早就過時了。

這類無法表達自己情緒的現象往往會帶來嚴重的後果。**沒有學會如何拒絕、如何面對焦慮或哀傷的人，同樣也無法感受到愛與忠誠。而這些空缺會被傳統男性強者的諷刺形象所填補，那就是：傲慢和自負、憤怒和仇恨。**這些不在常軌內的男性無法承認自己對親密情感的渴求，他們以（虛構的或真實的）過度暴力鞭策自己，直至全然迷失在真實人際關係的數位替代品之中——從在社群平台Tinder上造假身分到沉迷於色情網站。在當今社會中，色情成癮已然是發展最快速的成癮問題之一。[18]然而，更深層的問題在於成長過程中父親角色缺席的男性沒有能力面對親密情感。

在接下來的十年內，我們會見識到兩股矛盾力量的纏鬥：有些人遠離社會，回歸「自然」結構，過著以精神層面的人生觀打造出來的社群生活。這些人相信普世的共同價值觀、相信參與式的文化，不以自我意識為信仰。他們相信正向發展的社群力量、相信共同創造和合作。他們可以感受到親近大自然，不在乎民族國家身分認同。那是一群因為共同興趣發展出人際關係，而不是將人際關係建立在政治意識形態之上的人。他們會遇到一大群社會性不夠成熟的人，主要是那些自覺被社會和「體制」屏除在外的男性。他們會盡情宣洩挫敗感，只不過通常是以獨立行為人的姿態出現，而不是出於意識形態的恐怖組織式團體犯案行為——而且這種情況對於「舊左派」和「舊右派」一體適用。於是，「愛與和平」（Love & Peace）對上「仇恨與爭鬥」（Hate & Fight）。而我們在兩端之間就會發現一大群比較算不上或完全稱不上是自動化和科技發展下的「受害者」的人。這其中的挑戰在於提供這些人（正向的）視角，以維持我們社會的穩定。

第四個改變的力量：科技，一場寧靜的革命

我們身處一場科技海嘯的開端，而這場科技海嘯料將徹底翻轉我們的社會結構和我們的生活。哲學問題受到科技和科學改變的挑戰。過去科技進步的速度從未像今日這般

快速，但是真正的轉型才剛要到來。不同於目前為止人類史上出現過的存亡威脅，科技海嘯並不會引起任何情緒反應。我們或許會對可能到來的挑戰有所察覺——就像我們在一九七〇、八〇和九〇年代面對氣候崩潰議題採取的行動一樣。無論面對的是一條在挪威滿身淌血、受縛於各種塑膠垃圾的鯨魚，或是落淚的氣候少女葛莉塔，為了讓我們最終行動起來，我們需要用心和大腦、我們需要情緒上有所反應。科技世界不會帶來危機感，對許多人來說，這些都還像是某種令人欲罷不能的科幻影片情節。

「笨蛋，問題在經濟！」（It's the economy, stupid!）一九九二年，這句口號為柯林頓（Bill Clinton）在選戰中，擊敗當時在任的老布希（George Bush），順利入主白宮。但是，人們應該更有理由說：「是科技的問題啦！」畢竟在人類史上，從過去到現在，科技都是最具影響力的。從斧頭的發明到人類知道怎麼用火，再到今日各種平行並進的革命，在面對諸如語言、社會結構秩序、宗教信仰等所有實際層面的問題時，人類的聰明才智總是有辦法想出解決方案。同時我們也看到，科技在萌芽之初，常被低估或甚至被全盤否定。許多我們今日看來理所當然的技術，比如汽車、收音機，乃至於第一個網頁瀏覽器面世時，都曾被認為沒必要或沒有用。

即便歷史常告訴我們科技推陳出新這樣的事，但我們仍不斷低估新科技。對於這點，該如何做出解釋？非常簡單：原因在於我們無法指數性思考，但科技卻是指數性發展的。舉例而言，如果今天有人說，科學家要用七年的時間才能以數位方式模擬出一%的人類大腦[19]，有人就會想：「哎呀！要達到這個目標還久得很呢！」如果以線性發展的角度來看，確實還需要六百九十三年的時間。Google的研發奇才雷・庫茲維爾（Ray Kurzweil）對於在有生之年看到自己的大腦出現數位化複製品這件事則是不抱任何希望。然而，指數性成長意味資本存量在相同的時間內總是以相同的因素發生變化。假設資本存量每年加倍成長，那麼研究人員就無須還要七年時間才能達到一〇〇%的成果。

因為科技創新帶來的社會和經濟變革，通常被稱為「革命」。但同時，原來革命竟然是來自過去被低估的技術這點，大多會被忽視，或至少不被接受。唯有在發生權力轉移後，才會被政治界和大眾認為是「革命性的」。一九八〇年代，美國的產業動脈還有汽車之城之稱的底特律。當時的矽谷還只是言談中眾人嘲諷的創業人潮聚集的朝聖地。只是在十年之後，底特律已經成為充滿工業廢墟和高失業率的垂死之城——而矽谷已然成為新興技術官僚組成的壟斷集團的代名詞，早已把那些舊式產業企業遠遠甩在後面。

有趣的是，近年來在底特律似乎出現捲土重來的跡象。有一群小型創意新創企業致力於下一代創新，並挑戰矽谷夢。

依同樣要命的模式，人工智慧的顛覆性影響也會受到低估。十年後，傳統工廠將不復存在。隨之而來，也將不再有中階管理層職位或生產線的工作。不過，政治人物想的往往不出下個選舉日，或有部分出於無知，似乎更願意提到最低工資和缺乏專業人力等議題，即便「機器人同事」很快就會一舉把這兩個問題解決掉。

嚴格來說，這裡涉及的不僅止於一場科技革命，而是關乎更多領域的融合：自工業革命以來，除了人工智慧外，奈米科技和生物科技將比其他各種科技和社會領域的變革更徹底改變我們的現實。

生命設計師：生物科技革命

「生物科技」（Biotechnologie）是許多研究領域和科技的集合名詞。依據經濟合作暨發展組織（OECD）的官方定義，生物科技是「將科學及技術應用在活的生物上，包含其部分、產物和模型，以改變有生命的或無生命的物質，進而提升知識水準、製造商品或提供服務。」[20]其中，「綠色生物科技」主要應用於改良或開發農用植物；而「紅色生物科技」主要在於醫學領域的應用，特別是在新的診斷流程和療法方面；「白色生物科技」則是應用在工業產品的改良和研發上。

生物科技以現代基因體研究（Genomforschung）為基礎。現代基因體研究在二〇〇一年時，就以解密人類基因體取得了劃時代的突破。該研究計畫在一九九〇年開始時，就以十五年內完成人類完整的基因定序為目標。當時許多人認為那是不可能的任務。而事實上，倘若相關技術以線性速度發展，可能也確實如此。不過，由於技術的指數性發展，人類基因體首次完整定序甚至比計畫的時程還提前兩年就完成了。總計耗資二十七億美元，低於原本的研究預算。此後，人類基因定序的技術發展速度都明顯超前了摩爾定律。[21]

二〇一八年，但丁實驗室（Dante Labs）於黑色星期五以僅僅一百九十九美元的優惠價格向一般大眾推出他們的全基因體定序（ＷＧＳ）產品。[22]過去十年來，科學家已經找到如何利用細菌的免疫系統特定，以現今稱為「ＣＲＩＳＰＲ」的技術編輯各種生物體內的基因。[23]由於指數性發展，以及隨之而來的價格下跌，可以更精準地加工處理各種植物、鼠類，乃至於人類基因。這可能帶來從醫學到農業涵蓋所有層面的徹底變革。隨著基因定序和基因改良技術的代價越來越低廉，相關應用價格也會越來越便宜，因此應用範圍也會越來越廣。**隨著醫學領域「紅色」生物科技的快速發展，許多目前為止無藥可醫的疾病不僅在不久的未來都能治癒，甚至還可能以基因改良技術提前避免疾病的發生。**目前，醫美還處於起步階段。不過，讓人體變年輕，或「加以改善」的技術很快就會發展到無遠弗屆的地步。

就在德國的綠黨還在為綠色生物科技爭議不休時，生物科技科學家已經開發出一種很快就能讓畜養和宰殺農畜變成無功用的革命性技術：目前在實驗室，早就實現以培植細胞的方式造出非動物產出的肉品。研究人員已經能夠在活體外製造出雞隻、火雞和魚[24]。試吃的人都保證，烤出來的生技雞胸肉排嚐起來和真的雞肉一樣。[25]

目前新技術雖然還無法擴及到工業用途，不過這也只是幾年內就會發生的事情。或許在幾十年後，還會有美食家餐廳標榜提供「真正的屠宰肉品」攬客。不過這也只是給一些懷舊人士感受像他們「未開化」的祖先一樣的用餐體驗而已。畜養和宰殺動物的各種哀愁，以及對土壤、地下水和大氣層造成的生態汙染很快就會成為歷史。對綠黨政治人物來說，這是請他們重新思考是否還要繼續抵制綠色生物科技的好機會。

如果把基因體理解為共同創造特定生物的生物「程式」的「代碼」，那麼從資訊科學的角度來看，基因體結構可以理解為演算法。如此一來，針對生物和生物結構進行生物科技改造就能理解為「生物駭客」（Bio-Hacking）行為。在生物科技和人工智慧的接點處，跨學科的研究團隊正以數位應用程式研究如何「擴展」到生物層面。理論上說來，如今已經可能將人類的大腦連接上囊括所有世界知識的數據庫。在合成生物學（synthetische Biologie）領域，中國早已躍居領導地位，並且也將贏得這場比賽。

小矮人王國：奈米科技革命

古希臘文中「Nánnos」一詞指的是「小矮人」。由此推及處理這個領域事務的科學家和工程師面對的就是極其微小的粒子——從單原子到一百奈米（亦即一百個十億分之一公尺）的規模。在這些極其微小的尺寸裡面就能發揮量子物理作用：粒子也具有物理波的特性，無法精準地預測它們的行動，它們的行為可能因為被觀察而受到影響或諸如此類。

奈米科技如今已經應用在工業上，物體表面的塗層處理技術即是一例。奈米電子學（Nanoelektronik）在今日越做越小的計算機處理器製造流程中扮演舉足輕重的角色——及至開發供全球各地實驗室的高壓環境下使用的量子電腦也是。憑藉奈米技術，可以量身打造醫療用途的基因序，讓藥劑針對性的滲透到腫瘤內部，達到由內而外摧毀腫瘤的效果。

奈米碳管技術的進步同樣令人耳目一新。奈米碳管是直徑只有幾奈米的細長型空心物體。未來可應用在比如奈米植入（Nanoimplantat）手術——從心律調節器到擴增大腦——幾乎無所不包。[26]這個畫面，肯定讓一些評論家想起電影《科學怪人》（*Frankenstein*）中的幾個場景吧！

區塊鏈和加密經濟學

未來會持續突飛猛進的電腦性能和有學習能力、可以自我改良的演算法是下一次技術革命的兩大主要基石。至於第三個則是自從比特幣（Bitcoin）、以太坊（Ethereum）、瑞波幣（Ripple）等加密貨幣迅速崛起後，眾所周知的「區塊鏈」。不過，在對話中，我不斷發現其實真正了解這些科技的人屈指可數。區塊鏈到底是怎麼一回事呢？是否像某些追捧者說的那樣，區塊鏈會是「下一個網際網路」的基礎嗎？什麼樣的理由讓區塊鏈有資格作為知識社會的技術，讓我們有機會擺脫目前這個（去）資訊化社會的嚴重缺陷？──並因此帶來新的問題？

區塊鏈被追捧成「下一個網際網路」的幾個特點，讓我不禁想起一九九〇年代中期，我們對原始網際網路所寄予的厚望。「網際網路提供了安全傳輸數據的可能」，當年我帶著青春熱情，向每個有興趣了解的人這樣說明。「數據會被分組進網路封包裡，送到目的地後再重新組合起來。這是史上首次去中心化又民主的通訊方式。」

如今相同的溢美之詞又被套用在區塊鏈上：去中心化、民主、可擴展性……如同當年一樣，到處都可以看到新科技將改變一切的宣告。誠然：**區塊鏈潛力無窮──只是這次也取決於我們想拿它做什麼**。區塊鏈這項技術和其他人類已經發明或即將發現的技術一樣，都不是通往完美世界的路徑。由區塊鏈衍生出來的加密貨幣也是如此。

區塊鏈，顧名思義就是一串「數據塊」（Datenblöcken）。這些數據塊之間以加密方式連結起來。數據塊鏈可以不斷擴充。每個區塊都有前一個區塊的加密雜湊（Hash）

值、傳輸資訊和時間戳。在每筆交易過程中，進行傳輸的區塊就會儲存在分散式點對點網路（Peer-to-Peer-Netz）上的每台電腦裡面。

如此一來，不僅可以完整回溯每個資訊來源，而且由於分散式儲存使得駭客攻擊毫無用武之地。區塊鏈可以說解決了當前網際網路的根本問題。不過區塊鏈的創想者一開始卻有完全不同的願景：他們充滿熱情，想打造出一個加密交易的完美系統。他們希望這個系統是任何人從網路外都無法追蹤或審查的。所以區塊鏈最初只是為一個幾乎沒有人感興趣的問題想出來的解決方案而已。在獨裁體制下，區塊鏈或許是害怕政府追捕的人的福音。但是在民主富裕國家裡面，可能頂多只有為數幾千人的無政府自由主義者才會對這類做法懷抱美好的夢想。

如同歷史上經常可以看到的那樣，這場技術革命的動力不過就是一群入戲太深的發明家和宅宅。像對過去的網際網路一樣，這些人夢想可以出現一種完美的科技來改善這個世界。只是，在過程中很快就發現，人類本來就是不完美的生物，所以也只能創造出不完美的事物。

比特幣是史上第一個加密貨幣，它的創始人（至今尚未確認身分）找出一個區塊鏈發明者也沒想到的應用方法。多虧了比特幣和其他加密貨幣，款項可以直接從發送方寄送到接收方那裡——無須任何傳統交易所需的中央機構、銀行或是票據交換所。

在一個能讓我們所有人共享富裕的更美好世界中，比特幣和其他加密貨幣會是其中的基層民主貨幣嗎？不需要有未卜先知的能力，我就能預測到：**只要新科技掌握在少數人手中，那麼比起「贏者全拿」或是演算法競賽，這種新科技也不會帶來多好的東西。**

這種新科技最重要的部分也不是演算法、雲端伺服器或是任何使用者介面，而是我們人類，以及我們對待它的方式。目前提到「區塊鏈」議題常有許多嚴重的混淆狀況。這主要是因為它並非是一種可以籠統表達支持或否定的均一現象。

一方面，有各色各樣的加密貨幣。比特幣除了是第一個，也仍是目前為止最為人所知的加密貨幣。但可預期的是，在目前超過千百種的加密貨幣當中，會有另一款在「挖礦」（Mining）過程——以淘金為概念創想出來的貨幣單位——消耗較少能源的加密貨幣起而代之。虛擬貨幣遲早都會受到監管。即便如此，如今已經可以斷言：**加密貨幣不會是暫時現象**。因為它的基本理念是在平等的網絡中安全的傳輸金融價值。這種理念既合乎邏輯，又是目前為止的系統自然發展的結果。

關於網際空間資產（Cyber-Assets）的討論才正要展開，但必定會帶來虛擬貨幣的價值評估以及虛擬貨幣整合進流動性資產的標準流程。同樣可以確定的是，和其他技術革命一樣，加密貨幣的崛起會牽動權威的轉移：傳統貨幣和銀行體系會失去影響力，即便是透過像是臉書這樣的商業服務公司收購國家銀行，以取得發行當地貨幣的許可也是如此。

目前還有一些技術挑戰尚待克服。區塊鏈是消耗資源的怪獸，有必要節制它對能源的需求。虛擬貨幣的「挖礦」事業消耗大量電力。光是產出比特幣就要消耗供應美國兩百萬戶家用電量。二〇一八年一年中比特幣網絡消耗的電量比整個捷克共和國用電量還多——也就是相當於德國每年能源需求的五分之一。此外，隨之而來的區塊鏈電腦散熱問題也令工程師傷透腦筋。

但我確信，這些問題都會在接下來幾年內迎刃而解。矽就要被石墨烯、鍺（Germanium）或其他任何物質取代，可擴展模型即將出現。人類擺脫政府或其他約束以及更進一步民主化的渴望，將會繼續推動科技發展。**如同以往每一次技術革命之後，雖然威權和權力關係會產生變化，但最終並未出現完美、全然自由和平等的世界。**

第二次量子革命

如果今天我們有一部穩定的量子電腦，可以模擬像蛋白質這樣複雜的分子，並觀察它們是如何展開的？是否我們就有辦法在疫情爆發時，快速研發出新的疫苗？現今全球已經有許多科學家和工程師使用第一代的量子電腦工作。[27]目前這些量子電腦還是外型壯觀的機器，也僅能使用幾十個量子資訊的基本單位「量子位元」（Qubits）穩定運作。可以說，我們目前正處於類似一九五〇年代傳統電腦的發展階段。我們不只要知道如何使用硬體組裝這部機器，還要學習如何編寫相應的軟體。在接下來的五到十年內，第一批有足夠運算能力、夠穩定的量子電腦就要上市了。這些量子電腦屆時就要執行一些實際任務。與此同時，也會同步開發以上百個量子位元作為運算目標的量子電腦——直到最終完全取代傳統電腦。原則上，一台有三百量子位元運算能力的量子電腦可以同時進行的運算量，比能觀測到的宇宙中的原子數量還多。如果以Google量子人工智慧實驗室主任哈特穆特·聶文（Hartmut Neven）命名的「聶文定律」（Nevins Gesetz）成立的話，量子電腦領域的進展將以雙指數的速度往前推進。[28]

我們正處於第二次量子革命的起跑線上，而這一波量子革命將會把量子理論帶到生活中。如果這些機器很快就要真的出現，我們能用它們做些什麼？化工產業已經為量子電腦找到一個大有可為的用途：量子建模可以幫科學家以更甚以往的速度和效率開發出新的化合物。在材料科學領域，量子電腦也在發現具有劃時代全新特性的新材料上發揮了類似的潛力。此外，量子心電圖設備藉助量子資訊方法處理傳統的心律信號，有望提早診斷出冠狀動脈心血管疾病和其他疾病。

將量子力學特性應用在處理加密任務的「量子密碼學」（Quantenkryptografie），目前已經引起各國政府和全球企業的關注。一方面，開發量子密碼電腦有望破解目前的所有加密系統。另一方面，可以利用量子密鑰分發器（Quantenschlüsselverteiler）保護數據不被對手解密。

另一個大有可為的領域是用於量子量測和量子感應器上。隨著量子計算的進步，高解析度的感應器得以其高精準度量測物理參數。量子感應器的各種應用目前還在持續開發中——從高解析度的磁振造影到穿戴式腦部掃描儀，乃至於提前發現各種疾病的裝置等應有盡有。大部分情況下，這些新型感應器都被設計成以量子物理概念來對刺激產生反應，藉以改善傳統感應器難以量測的部分。[29]

此外，尚有其他用途持續開發中——諸如以量子建模處理氣候危機，或是以混合式或量子電腦進行金融領域的運算等構想。我們仍處於開始的階段，但隨著所有資源和精力都投入到開發量子科技，很快我們就會看到量子技術在生活中的各種應用。接下來就是要打造穩定的硬體和軟體，找出結合傳統電腦和量子電腦的混合式應用，然後組建出性能穩定、量子位元有效運作的量子電腦。

真正的新網絡

多年來，全球資訊網（WWW）的發明人提姆・伯納斯—李（Tim Berners-Lee）在他位於波士頓的車庫公司中，持續絞盡腦汁想著如何重啟更寬廣、更好的全球資訊網。他仍然相信會有數位烏托邦的到來。即使最初去中心化的網際網路早已集中到少數大型公司手中。伯納斯—李有著如拳擊手的耐力，積極為自己的復出做準備。確切來說，他的公司不是真的在車庫裡，而是在一座拳擊館上方。

他的願景是：一個不能再被渦輪資本主義掠奪者接手的真正去中心化平台。伯納斯—李和其他網際網路運動家未曾放棄打造數位烏托邦的夢想。在那個數位烏托邦中，我們每個人都可以控管自己的數據，而且網際網路免費開放給所有人使用。如果只看表象，伯納斯—李的新網路時代時機似乎已經成熟：二〇一八年底，伯納斯—李成立新公司Inrupt，用以吸引全球各地有志於去中心化新網際網路的開發人員，並擊退那些以中心化獲利的人。[30]

去中心化網絡確實有機會成為下一個網際網路時代，而且是以它們定義第一階段的同一個理由：因為它們會贏得那些早就不想遷就演算法專家壟斷的企業界人士和開發者理智和情感上的青睞。伯納斯—李把他的虛擬世界命名為「Solid」（Social Linked Data；社群互連數據）。「Solid」目前為止讓人感覺還像最初版的網景瀏覽器（Netscape 1.0），但以其結構，「Solid」有望徹底改變目前所有應用程式和功能，以及所有網際網路的作業和通訊方式。他的希望寄託在那些執著於不想為大型企業賣命，也不想進一步助長中心化的發展，且有造反精神的開發者身上。伯納斯—李能讓這些人大量動員起來，他的構想就可能成為新網際網路的種子。

我們需要穩定的去中心化結構，不僅是為了下一個網際網路時代，也是為了整個未來的量子社會。**去中心化是防止權力集中遭到濫用的最佳保障。**面對後人類主義不可預期的風險，最重要的是：我們需要有效的工具，以防止演算法中心化。因為在人工智慧時代，這樣的互連性無異於技術奇點（technologische Singularität）——或是電影《全面進化》（*Transcendence*）所說的「全面進化」。

這部二〇一四年發行的電影科幻片中所描繪的情節絕非不切實際。電影中，人工智慧科學家威爾（強尼戴普〔Johnny Depp〕飾）的大腦上傳到量子電腦中。虛擬世界的威爾經由網路連線到全世界，並在很短的時間內取得關鍵技術的掌控權。最後，這個奇點可以用電腦病毒的方式加以破壞。不過，這麼做會癱瘓全球電力供應以及全球電子機器設備。之所以說電影中的情節並非不切實際就在這一點：在演算法互聯之後，人工智慧就不再受到人為干預的影響。

新技術的潛力和風險

「主啊！問題嚴重啦！」（Herr, die Not ist groß!）在哥德（Johann Wolfgang von Goethe）同名標題敘事歌謠（Der Zauberlehrling）中的巫師學徒喊道：「我現在擺脫不掉我召喚出來的附靈了！」[31]三大技術革命是否會把我們帶進類似的困境（或甚至帶進更糟的絕境）呢？在哥德的歌謠中，再怎麼說總還有個學徒的師傅大巫師。只要大巫師說出正確的咒語就能擺平附靈。但是，只要人工超級智慧被釋放出來，我們就無法指望有這麼一位救星跳出來拯救我們。因為到時再也沒有人可以把附靈逼回瓶子裡封印起來。

就今日所見的推論起來，至少奈米科技和生物科技不會對人類造成世界末日的危險。如同歷史上每一次，只要用到新技術，都會出現一些失敗或甚至災難的事況。但無論是生物科技還是奈米科技都沒有使人類傾覆或滅亡的能力——而且正好相反。反之，目前我們也很難預測，在技術革命中，是否有辦法馴服第三方。最終，這將取決於作為社會一分子的我們是否能夠掌控這些發展——或是，人工智慧是否還像目前一樣掌控在狂妄的技術官僚壟斷手中。

我們到底想走到哪一步？我們真的想要數位化自己的大腦，將大腦轉換成二進位數據嗎？我們能確定這些數據涵蓋了完整的自我（包含我們的意識）嗎？只要對於意識的定義無法達成共識，我們都該對這種不可逆的「轉換」有所保留：一旦我們的大腦內容被下載到一個（人造或改良的）身體裡面，然後才發現意識在過程中不見，這時就再也無法挽回這個錯誤。

科技進步的速度越來越快，為我們帶來了全新的挑戰。截至目前為止，我們都還可以用上幾年或幾十年的時間進行研究，以便在研究成果的基礎上修正任何可能的不良發展。但如今我們已經沒有這樣的時間了：**世界已經變成唯一的巨型實驗室，而我們都是實驗室裡面的老鼠**。為什麼會這樣呢？問題是科技造成的嗎？除了緊追著快速進步的足跡外，我們別無選擇——即使風險會同樣快速提升，我們難道還是要像巫師學徒一樣，釋放出一種我們自己無法控制的力量？

我們該樂觀面對未來？還是該為未來感到憂心？我的答案非常明確：兩者皆是。科技向來既是解決方案也是問題所在。目前我們對新科技的機會和風險了解依舊太少，還無法預測可能的發展，就更別提主動創造了。

所以接下來我們該釐清的是，即將到來的技術革命到底會破壞什麼？以及，被破壞的地方該以什麼取而代之？我們有必要將目前令人錯亂的致命資訊社會，往一個讓我們可以指望數據和資訊的社會的方向發展。然而，同樣重要的是，我們要發展成一種社會，讓我們在其中——不是作為數位連動人，就是作為「類比人」（analoge Menschen）——對我們所創造的以及指數型科技真正的潛在影響力能有更深入的了解。

第四章
為瘋子提供更多力量：奇特的量子現實

量子科學研究最初的火花來自於重新發現古希臘哲學和十六世紀文藝復興時代的美術，以及十七世紀牛頓、伽利略、笛卡爾（René Descartes）與其他科學家在物理和人文科學領域的偉大發現，還有一六五〇年以降，「啟蒙者」（Aufklärer）在教育、理性運用和散布人權思維上的努力。

十六、十七世紀的物理學先驅研究了後來被稱為「古典物理學」的規律。後來牛頓在以他的名字命名的「基本運動定律」中總結了這些知識。在牛頓的理論中，空間始終是三次元的。而代表第四次元的時間，則是獨立於空間的存在。每個肉體

（physikalischer Körper）的位置和運動（無論是在地球上或外太空），總是可以被精確定位：**對牛頓和笛卡爾來說，宇宙是個巨大的發條時鐘。只要掌握所有的必要資訊，即可精準預測每個物體的行為。**這些力學、電動力學和熱力學領域的知識，至今仍在大學裡面教授，並應用在研究和實務領域。無論是電梯、雲霄飛車或是登月火箭——這些科技全部都建立在牛頓等科學家奠定的基礎之上。

不過，由於約自一九〇〇年以來的研究發現，「古典物理學」定律不適用於原子和次原子這般小的次元或是天文單位這樣的大次元。這要歸功於偉大的德國物理學家愛因斯坦分別於一九〇五年和一九一五年發表的狹義相對論和廣義相對論中提出的見解。[1]據此，空間和時間在天文量級的規模和接近光速的速度中，會結合成「時空」（Raumzeit）。愛因斯坦提出變形和彎曲的「時空」概念，無法對應到牛頓的萬有引力定律。[2]

科學發現和技術進步，特別是十九世紀末及二十世紀上半在現代物理學領域得到的成果，構成我們現實的基本框架：量子物理學——或稱量子理論，或是量子力學，以上三個名詞所指涉的基本上都是同一件事。整個世界都是量子力學概念：這是當今物理學界一致認同的基本說法。你和我、我們家裡的寵物、我們早餐吃的水煮蛋、各個行星，都依循量子力學定律。因為我們都生活在量子世界之中。

牛頓的學說並沒有被量子物理學駁倒，只是我們至今還沒理解它們之間的關係。很有可能，在古典物理學的範疇內還缺少幾塊能和現代物理學連通起來的基石。無論如何，都可以期待，那些空隙、那些已研究領域間空白處的關鍵知識，在不久的未來都能更進一步。

尋找世界公式

量子物理學可好用了！甚至在沒有全盤理解的情況下，都能運用它。只是有個小問題：即便是世界上最厲害的物理學家也沒有真正明白它的意義，以及，量子理論是否是理解我們現實的基礎。雖說如此，量子物理學已經應用在影響我們日常生活的許多地方：從個人電腦到半導體元件的電晶體（Transistor），再到雷射或是核能發電廠。然而，對於量子理論要告訴我們怎樣的世界，至今尚未有科學共識，反而已經有各種不同的理論。而且這些理論各自帶著不同又「無解」的問題。與此同時，量子力學的應用似乎也不符合我們感知現實的方式：在次原子或星際層面發生的現象，（尚還）無法完全以人類理解的科學來解釋。

追溯歷史，馬克思・玻恩（Max Born）在他一九二四年發表的著作《論量子力學》（*Zur Quantenmechanik*）中首次提到這個概念。[3]雖說在這之前量子理論的研究已經行之有年，代表性人物有普朗克（Max Planck）和愛因斯坦。但要到玻恩及與之共事的維爾納・海森堡（Werner Heisenberg）和沃夫岡・包立（Wolfgang Pauli）等人向哥廷根大學（Universität Göttingen）提交的學術論文中使用到這個名詞，才確定這個術語的存在。真可謂傑出思想家的輝煌年代！

一九二七年十月，第五屆的索爾維會議（Solvay-Konferenz）在比利時布魯塞爾的利奧波德公園（Luitpoldpark）召開。如今咸認為那場會議是物理學界和化學界重量級代表人物的歷史性聚會。堪稱量子力學界「奧斯卡金像獎」的那次索爾維會議以「電子和光子」為主題，空前絕後的讓幾位知名科學家和思想家齊聚一堂。與會者包含薛丁格、包立、海森堡、保羅・狄拉克（Paul Dirac）、路易・德布羅意（Louis de Broglie）、玻恩、尼爾斯・波耳（Niels Bohr）、普朗克、瑪麗・居禮（Marie Curie）和愛因斯坦等人。當年會議期間留下的一張照片，其中集結的智商分量可能再沒任何影像可以比擬：照片中的二十九人裡面，有十七位在當時或之後獲得諾貝爾獎。

隨著愛因斯坦和玻恩等人各自表達了不同的觀點、創建，並針對各種可能的解釋進行辯論，使得該次會議變成一場學界巨擘間針鋒相對的辯論會。愛因斯坦對海森堡提出的「測不準原理」（Heisenberg 'sche Unsicherheitsprinzip，又稱不確定性原理）提出質疑。而海森堡才在不久前說明過，粒子定位越精確，其動量就會越不精確。反之亦然。換句話說，粒子的位置和動量（亦即在「運動狀態」下）不可能同時精確。

愛因斯坦無法接受這樣的解釋。他曾在給玻恩的信中，以及和波耳的談話中提到：「量子力學的強大無庸置疑。……這個理論說了很多，卻一直沒有讓我們更接近『老傢伙』的祕密。無論如何，我相信他不是在玩骰子。」這段話最後被濃縮成另一個廣為人知的版本：「上帝可不是在擲骰子。」（Gott würfelt nicht.）[4]然而，玻恩和海森堡卻認為，科學終於解開描述現實這個幾百年來哲學家一直示警的問題了。波耳回應愛因斯坦道：「但是，告訴上帝該怎麼整治這個世界可不是我等該做的事。」[5]

薛丁格方程式（Schrödinger-Gleichung）描述量子力學系統的波函數或狀態函數，是量子力學的核心概念。基本上，波函數是描述一個粒子出現在空間和時間中某個特定點的概率的方法。因此，以薛丁格方程式作為計算孤立量子力學系統能階的方法，可以為我們提供對現實的概率描述。換句話說：經由一個粒子與另一個我們感知現實中的粒子的關聯，可能可以在某個位置找到這個粒子。

說到「『孤立的』量子系統」，你會想到什麼呢？簡單來說，它是整個宇宙（周遭或物理世界）的一部分、一個在量子物理學基礎之上的理論或實質系統。換句話說：是一個不相交的系統，而這個系統同時也是整體的一部分。不過在這部分，各家學者也各有不同的觀點和詮釋。那麼，到底有沒有所謂的普適波函數（universelle Wellenfunktion）——也就是，能代表所有存在整體的量子態（Quantenzustand），同時又是整體的一部分的孤立系統？[6]至於世界是確定性的或是隨機性的，各家說法也莫衷一是。

如果對於量子世界和我們真實世界之間的異同要達成一致看法，對地球上最有才智的科學家都是如此大的挑戰，那麼我們會覺得複雜或是對部分內容感到混沌不明，完全不會是什麼大問題。我們現在所在的世界是由粒子組成的，而這些粒子組成我們稱之為原子的小物質：我們的世界是藉由物質組成，所以才讓人感到堅實、牢固。我們可以感知周遭的世界、碰觸它，或甚至衝撞它。一個七十公斤的人體內約有7×10^{27}個原子。原子組成分子，而分子又是我們體驗有形世界的「實像」或「真實」的結構。古希臘人認為，原子是自然界中最小、最基本的成分。

進入二十世紀，當科學家知道原子還可以再次分裂時，就清楚應該還有更小的物質碎片。果然，後來就證實，還有一個有著許多更小的基本粒子（Elementarteilchen）的「次原子動物園」（subatomarer Zoo）等待發現。原子本身由三個部分組成：電子（Elektron），應該是宇宙的基本粒子，繞著原子核轉動——以及兩個分別稱為質子（Protonen）和中子（Neutronen）的粒子，原子核是由這兩種粒子組成的。然而，不久後又發現，質子和中子是由更小的夸克（Quark）所組成，並由被稱為膠子（Gluon）的黏性粒子束縛在一起。[7]膠子依循大自然的力量，不僅將夸克粒子維繫在一起，也是將中子和質子綑綁在一起的粒子。這些基本交互作用是：重力（Gravitation）、電磁（Elektromagnetismus）、弱交互作用（schwache Wechselwirkung）和強交互作用（starke Wechselwirkung）。在夸克和電子構成物質的同時，膠子則負責傳遞作用力。

不過，正如英國物理學家彼得・希格斯（Peter Higgs）在一九六〇年代就曾表示，論述還不夠完整。所有基本粒子都只能從與無處不在的「希格斯場」（Higgs-Felds）的振盪交互作用中獲得質量——唯有一種難纏的微粒除外。理論上，這種粒子應該存在，但是半個多世紀以來都無法得到證實，那就是：「希格斯玻色子」（Higgs-Boson），或稱做「希格斯粒子」（Higgs-Teilchen）。[8] 多年來，這個議題經常在媒體上陰魂不散，並常被稱為「上帝的粒子」（Teilchen Gottes）或「上帝粒子」（Gottesteilchen）。為了能夠以實驗加以證明，研究人員需要一個有足夠能量的粒子加速器（Teilchenbeschleuniger）。所以，一直要到二〇一二年，歐洲核子研究組織（CERN）的加速器中心才終於證實了「希格斯粒子」的存在，並加以量測。

此後，研究人員才有辦法估算相關的量測數據。這是過去幾十年來物理學界為數不多的真正成就之一——畢竟這僅僅證實了希格斯早在一九六〇年代提出的說法，算不上真正的突破性見解。

這次發現的粒子真的是所謂的「上帝粒子」嗎？這次發現的粒子真的是能直探我們所在的世界最深層奧祕的關鍵嗎？這個粒子有多重？尺寸又有多小？是否有可能，

研究到後來又發現在這麼小的尺寸裡面還能找到更微小的粒子？或許我們都生活在一個從最大尺寸開始探究，卻必須無邊無際地摸索最小尺寸的由上而下的現實（Top-down-Realität）裡面。

對於基本粒子的標準模型當然還有很多值得討論的內容。然而，如果被量測的波變成粒子，並從理論狀態或非物理狀態轉變為被觀察或量測的物理狀態時，就會讓量子世界和我們的日常生活之間的接觸面出現很大的問題。從「量子領域」（Quantenbereich）進入我們世界的現象被稱為波函數塌縮（Kollaps der Wellenfunktion）。這使粒子有了固定位置和固定動量的經典特性。至於造成波函數塌縮的原因，又是另一個謎。量子物理學領域對這部分的各家詮釋有時甚至會在根本上出現互相矛盾的狀況。舉例而言，對於到底有沒有波函數塌縮，或這部分探討的是否根本就是現象學的東西。僅就這點上的看法，就已經出現眾口難調的現象。

另外，一個粒子在量測和觀察波函數塌縮前可能存在的空間也是物理學界的另一個大謎團。玻恩定則（Born’sche Wahrscheinlichkeitsinterpretation）對在特定位置找到一個粒子的機率提供了解答。雖然玻恩定則已經在不同粒子上得到證實，但對於這部分的數學是否正確，或是為何會得出那樣的結果，物理學界也無法達成共識。[9]根據對量子力學的詮釋，對量子理論的其他解釋和計算也各有不同說法——無論如何，這個公式似乎可行，而且更重要的是，堪可使用。

所以，現代物理學告訴我們：次原子粒子的行為絕不是像牛頓運動定律和常理認定的那樣——全然相反：它們是以德國物理學家海森堡於一九二五年首次提出的量子力學定律那樣進行奇特的行為。以下簡短摘要海森堡的「定律」，可以讓一些常見的量子力學概念更為簡明易懂：

—**越地性**（Nichtlokalität）：粒子可以同時存在相距很遠的任兩地。

—**粒子與波**（Teilchen und Welle）：粒子無法確定是物質或能量，但可以同時具有典型粒子和典型波的特性。當它們在實驗中，因觀察者的觀察才「不得不」在兩者間「選邊站」。

—**相干性**（Kohärenz）：量子系統中粒子的相干狀態與典型波（比如電磁波）近似；粒子在不相干狀態會失去它們的量子特性。

—**疊加**（Superposition）：在量子系統中，個別狀態可能出現疊加現象，而得以將整體狀態描述為個別狀態的總和。粒子的波函數即是一例。粒子的波函數在疊加狀態下同時既可定位又不可定位。

—**概率而不是精確**（Wahrscheinlichkeit statt Exaktheit）：有別於古典物理學，在量測量子系統時，並不會每次都得到相同的結果，而是會得到在一個概率範圍內的結果。

—**模糊**（Unschärfe）：後來獲得諾貝爾獎的海森堡於一九二七年提出的「測不準原理」（Heisenberg'sche Unschärferelation）中即表明，我們對一個粒子的兩個互補特性無法知道太多。比如一個原子或分子的位置和動量（運動狀態下）：我們對其中一項知道的越詳細，對另一項所知就越少。

—**糾纏**（Verschränkung）：倘若兩個（或多個）「糾纏」粒子中有一個的狀態發生變化，無論這些粒子相聚多遠，這個狀態變化也會同時發生在另一個（或其他）粒子上。然而，根據古典物理學，任何作用必經由介質傳輸，亦即只可能出現延遲。因此，糾纏現象既不符合古典物理學，也不符合愛因斯坦的時空論（**Raum-**

Zeit-Theorie）。在量子糾纏的狀態下，如果改變的動量以超過光速的速度傳播，即可能同時發生狀態的改變——但是，依照相對論的論述，這點是不可能發生的。

愛因斯坦遇到蘇格拉底

至今在各大學的課堂上仍會教到的哥本哈根詮釋（Kopenhagener Interpretation）是波耳和海森堡於一九二七年提出的，旨在嘗試說明量子物理學及該領域的認知。哥本哈根詮釋中表明，量測的行動會對系統本身造成影響。在量測後，機率會馬上減少到只剩所有可能數值中的一個。

一九三五年，薛丁格以一個思考實驗說明哥本哈根詮釋與牛頓運動定律的衝突。如果我們的宏觀現實受制於量子力學的疊加原理，就可能發生，舉例而言，我們把一隻貓隔絕於牠的周遭環境，使這隻貓同時處於活的**和**死去的狀態。直到取消隔離狀態時，貓才必須「選擇」是活的**或**死去的狀態。

這種類似薛丁格實驗的貓態（Cat States），從古典自然科學角度來看是令人困惑、甚至無恥的。愛因斯坦以他生命的最後二十年探究量子力學的奇異成果。他曾確信，自己有辦法找到一個根本錯誤或是發現有助他理解這個領域的其他定律。畢竟，他和牛頓等科學家一樣，都相信世界的可預測性。

這個公式的問題在於：如果不是進入一個對於何時該量測或觀察有不同定義的狀態（然而，這又會帶來必須重新定義的問題——亦即重新定義「描述」和「觀察」，以及這兩種行為會帶來哪些影響），就是會陷入一個可能性的量子波函數分裂成一個潛在無限多不同世界的不確定結構的現實裡。

量子糾纏尤其讓愛因斯坦感到頭疼。愛因斯坦將之稱為「幽靈般的遠距作用」，並投入他所有的聰明才智，只為了找出其中的錯誤，或缺少的（或隱藏起來的）變量。[10]後來在一九三五年，愛因斯坦聯同鮑里斯・波多爾斯基（Boris Podolsky）與納森・羅森（Nathan Rosen），共同發表了一份關於一項思考性實驗的論文。這個思考實驗後來以「愛因斯坦—波多爾斯基—羅森實驗」（Einstein-Podolsky-Rosen-Experiment）著稱，或也簡稱為「EPR實驗」（EPR-Experiment）。

在三位物理學家聯合提出的思考實驗中，觀測一個量子系統中兩個糾纏粒子

（Ｔ１、Ｔ２）的位置和動量。由於互補特性，據海森堡的測不準原理，兩者都無法被精確測量。愛因斯坦和論文的兩位共同作者都認為，當人量測Ｔ１的動量時，受到糾纏的第二個粒子狀態也會出現變化，使得Ｔ２的動量測量出相同結果。同樣地，如果量測的是Ｔ１的位置，也會隨之確定Ｔ２的定位。愛因斯坦、波多爾斯基和羅森三人由此推論，量子力學並非「完整」的物理理論，因為量子力學無法滿足古典物理學理論的條件。在完整的理論中必須涵蓋所有實際尺寸，在不干擾系統的情況下，可以精準預測並量測其值。直到愛因斯坦於一九五五年辭世前，他用了二十年的時間想要找到量子力學可能的錯誤立論，但他始終沒有成功。

可惜焦點隨著二次大戰爆發轉移，當時具領導地位的物理學家都捲入了建置第一波核武的軍備競賽之中。時任洛斯阿拉莫斯實驗室（Los Alamos Laboratory）負責人的羅伯特．奧本海默（Robert Oppenheimer）尤其首當其衝，因為該實驗室執行的「曼哈頓計畫」（Manhattan-Projekt）為美國研發出原子彈。奧本海默堪稱史上最重要的物理學家之一，可惜無法繼續進行他在量子物理學方面的研究。他說過一句廣為人知的話：「現在我成為死神，成為世界的毀滅者了。」[11]這句話引自印度教的重要典籍《薄伽梵歌》（*Bhagavad Gita*），道出了原子彈襲擊廣島和長崎那段悲慘又可怕的歷史。美國數學家暨理論物理學家理查．費曼曾在奧本海默手下做事，並以在量子電動力學（Quantenelektrodynamik）領域的研究成果於一九六五年獲得諾貝爾獎。費曼是將量子理論重新導回正軌的第一批思想家之一。如今他被認為是開發第一部量子電腦的先驅。

直到一九八二年，才由經驗性實驗證實，有誤的並非量子力學理論，而是EPR實驗。量子系統中，粒子的越地性是真實存在的。[12]愛因斯坦堅持不懈的努力反而出現了與原本意圖背道而馳的結果，為這個新的科學領域的知識進展做出了貢獻。儘管有EPR效應的論述，也顯示沒有任何資訊的傳輸可以比光速快。這個相對論公理（Axiom der Relativitätstheorie）也適用於量子世界。因為兩個粒子糾纏時，對第一個粒子進行量測，第二個粒子的狀態雖然會馬上隨之出現變化，但是要直到實際量測第二個粒子的交互關係出現，並且（以古典的方式，也就是低於光速的速率）進行交流時，才能在技術上進行相應的感知和計算。

無論如何，愛因斯坦是錯了：這個世界比他願意承認的還要更為奇特。[13]不過，應該有一種像是共同第三者的連結，可以解決目前古典物理學和量子物理學間看似無法克服的矛盾。畢竟，肉眼看不見的量子世界挾其奇特效應，存在於所有看得到的物體的每個原子之中——無論是在我們坐的椅子上、在我們體內，或是遙遠外太空裡面的每顆星塵碎屑中。

只是，在量子世界中，我們必須面對無限大的概念。如果我們無法以科學解釋，而只能運用結合了不同領域的知識和哲學思考方式才能接近「真相」，會怎樣呢？我們到底生活在哪一個世界呢？我們是否了解我們認同的感知宇宙呢？至少現在你該意識到，我們必定並非生活在牛頓和笛卡爾所認為，由固體物質建構起來的穩定世界之中。

美國物理學家艾弗雷特三世早在一九五七年就提出「多重世界詮譯」（Many Worlds Interpretation；MWI）。[14]他在「多重世界詮譯」中主張，量子系統的每一個可能的測量結果都已在各自的世界中成為現實。而結果，就是一個有無限多平行世界的「多重宇宙」（Multiversum）。據此，我們將生活在一個潛力無限的宇宙中。多重世界詮釋到底只是一個瘋狂的理論？——或者是讓愛因斯坦幾近絕望的量子事件「鬼魅般」的隨機組合？

艾弗雷特三世的支持者認為，這確實是接近薛丁格提出的方程式，並且能正確描繪出量子物理定律的理論——只不過，條件是必須面對可能無窮多的平行世界。近年來，由於一些具領導地位的二十一世紀初思想家的努力，「多重世界詮譯」又熱門了起來：英國物理學家大衛・杜奇（David Deutsch）是量子電腦先驅。杜奇已經提出一個量子圖靈機（Quanten-Turing-Maschine）的架構，並開發出一套可以在量子電腦上運行的演算法。量子圖靈機是一種通用型的量子電腦（universeller Quantencomputer）——是一種可用於模擬量子電腦效果的抽象機器。量子圖靈機以一個簡單模型就能展示量子計算的全部能力。也就是說，所有量子演算法都可以在形式上表示成特定的量子圖靈機。杜奇將他對多重宇宙的觀點和他對量子計算的看法，發表在他具開創性思維的著作和TED演說中。其中，尤以他於一九九七年發表的《真實世界的脈絡：平行宇宙科學及其寓意》（*The Fabric of Reality: The Science of Parallel Universes and Its Implications*）[15]，以及隨後於二〇一一年發表的《無窮的開始：改變世界的解釋》（*The Beginning of Infinity: Explanations that Transform the World*）[16]這兩本書最為著名。

克里斯多福・弗克斯（Christopher Fuchs）與呂迪格・沙克（Rüdiger Schack）兩位學者自二〇〇二年起，開始以今日簡稱為「量貝論」（QBismus）的「量子貝氏論」

（Quanten-Bayesianismus）作為量子物理學的另一種解釋。[17] 量貝論也被稱為量子理論的實用主義觀點，因為量貝論試圖讓量子物理學的數學表述變得有意義，以解決它們的一些抽象挑戰。弗克斯批評多重世界詮釋毫無實質內容。他認為，平行宇宙或像「貓態」這類物理學的神祕主義也是沒必要的。此外，量貝論還主張，以其解釋觀察者角色和如何面對挑戰等關鍵問題的方法，可以修正和擴充哥本哈根詮釋。

很長一段時間以來，科學家認為，必須在「可以預測的一切都是隨機的，因此薛丁格方程式可以用來變更或代換概率」這樣的假設下審視量子物理學。量貝論認為，客觀地看待世界，並穿過量子力學的概率世界以達到對宇宙的基本認識是不可能的。科學無法描述整個大自然，只能描繪出我們收集到的關於大自然的知識。就像弗克斯說的：「生活中可以被視為基本的東西，是無法以數學方法在一個算式中描述出來的。」[18]

因為我們所有人都是宇宙和薛丁格方程式的一部分，我們會利用自身經驗和所知來進行概率分配，然後再添上代表人和主觀性。因為我們不能自外於宇宙（以將已知的數學應用於世界），而且因為你的經驗和知識和我的不同，所以量貝論由此認定，兩方代表沒有一方是對的。所以量貝論並非確定性的模型。

目前對量子力學有很多解釋，而且對於模糊性和概率的爭論正逐步升溫。因此，如果我們從許多解釋中拿出任一個說法套用到我們的世界，那麼，除了我們生活在一個概率和可能性的世界這點外，我們幾乎無法確定任何事。因此，我們所有人都是薛丁格方程式的一部分，以任何對我們開放的形式做出選擇，並以做出的選擇影響著世界。

一九六一年，匈牙利裔美國籍理論物理學家尤金．維格納（Eugene Wigner）提出一個極具挑釁意味的思考實驗。維格納的思考實驗今日被稱為「維格納的友人實驗」（Wigners Freund-Experiment）。他在量子力學實驗中加入了第二位觀察者：維格納的朋友在實驗室進行正常的量子量測時，他本人則在實驗室外觀察實驗。如此一來便造成量子系統中的悖論。因為這樣的話，波函數的塌縮是什麼時候發生的呢？是在他的朋友作為觀察者進行量測時發生的呢？或者是在維格納得知量測結果時？雖然這是個有趣的思考實驗，但普遍認為維格納的友人與經驗量子力學（empirische Quantenmechanik）無關。直到維也納大學的帢斯拉夫．布魯克納（Časlav Brukner）提出，該實驗可用於證明量子力學量測可能取決於觀察者而出現主觀的、也就是不同的結果。二〇一九年，隨著一篇題為〈地方觀察員獨立性的實驗測試〉（Experimenteller Test der Unabhängigkeit lokaler Beobachter）的文章發表，英國愛丁堡赫瑞瓦特大學（Heriot-Watt-Universität）的亞歷山德羅・費德里茲（Alessandro Fedrizzi）、馬西米利亞諾・普羅埃蒂（Massimiliano Proietti）得以證實，在同一個實驗中，兩個觀察者確實可能觀察到兩個不同的結果。這表示，主觀性在我們對現實的解釋確實起了作用。因此量子物理學不只是理論上令人感到「大開眼界」，實務上的實驗也確實如此。

從玻恩定則和哥本哈根詮釋到艾弗雷特三世的多重世界詮譯，再到近期的量貝論和其他一些解釋——關於量子理論一直無法取得共識：波函數是真實的嗎？或只是一個數學概念？是否存在隱形變量？以及，當觀察者的角色影響現實時，波函數到底會出現塌縮現象或只是發生分支？量子理論可以告訴我們一個確定性世界的樣貌嗎？還是，量子理論只是受制於概率論？還有一些尚未釐清之處。甚至連薛丁格也沒能正確解釋他自己的方程式。因為薛丁格認為，他的方程式要呈現的是電荷。新方法即將出現，或許屆時我們可以更接近答案。不過理查・費曼在一次演說中為這趟旅行做了最好的註解道：「這（指薛丁格方程式）到底哪來的呀？根本不可能從我們所知道的事情之中推論出來的。這方程式就是出自薛丁格的大腦。」

面對無限大

人類的旅程既奇特又扣人心弦。對我們要走的路探索得越仔細，越不清楚這條路到底把我們帶到何方。但我們似乎正從看得到的表面深入我們宇宙的內部——進入帶有能量和力場的最小尺寸——並從我們幾百年來一直固守的固體物理領域抽身。這讓我們開始接受無限的概念，包含尺寸上難以想像的小和想像不到的大，雖然我們依舊企盼能有一個（最好是優雅的）公式，可以描述所有的基本結構。

啟蒙運動的經典思想先驅堅信，我們的世界可以完全以理性解釋，並用數學公式描述出來。無論是無限大或無限小、遠的或近的、有生命或沒生命的——一切事物和每個人對這些思想先驅來說，都只是順應了相同的自然法則，也就是順應了機械式宇宙的合理建造計畫。主體性、情感、模糊概念、願景、直覺——這些在前科學時代被認為是重要知識媒介的人類經驗，都被啟蒙運動的思想家貶斥為誤解、偏見和迷信的源頭。

一如量子物理學研究所得出的結論，我們身處的世界本就非理性，而是遵循我們至今還未了解的奇異的、「量子式」的定律。為了要能獨立以理性邏輯完全理解這個世界

——並在技術上複製它——我們必須揚棄古典物理學思想先驅和啟蒙者的想法。因為正是這個錯誤把我們帶到了人類文明曙光的臨界點，帶到一個被理性主義邏輯的可怕產物主導的超人類主義時代的開端邊緣。所以現在正是開始新的、現代啟蒙的好時機。新的現代啟蒙同樣可以開闊古典物理學的眼界，讓現代物理學得以加入古典物理學之中。

我們活在量子現實當中。粒子可以是波，而波也可以是粒子——實際上，粒子就是波。物理學家認為「量子場」（Quantenfelder）可能是我們宇宙的基礎，並持續推動一種能將原子與物質世界結合起來的單一理論。[19]於是，問題就出在粒子根本不是宇宙的基本成分。甚至希格斯玻色子也不過是呈現了能量場撕裂的情形。目前被視為宇宙基礎的是肉眼不可見的液態狀物體，也就是所謂的量子場。這是和電場一樣，在外太空隨處都有的存在。劍橋大學的粒子物理學家哈利．克里夫（Harry Cliff）寫道：「本質上，粒子就是波在不可見的基本場中所產生的小幅振動。」[20]「量子場論」（Quantenfeldtheorie）的理論架構將經典場論（狹義相對論〔die spezielle Relativitätstheorie〕）與普遍接受的空間與時間關係和量子力學結合起來。這種企圖結合所有概念的理論架構是一場曠日廢時的實驗。因此，宇宙的基礎並非物質的，而是場及其能量本身。[21]

但在非常基本的層面，仍然有些我們無法解釋的事情。所有的一切從何而來？我們的有形世界、我們的智識、我們的思想和我們的感知體驗、我們的意識都從何而來？如果所有的一切都只是一種剛興起的現象，那這一切到底從何而來？

愛因斯坦直到他生命最後的日子都還在努力嘗試探索和理解量子世界到底有多奇異，並中肯地做出評論。「要想看到上帝手中的牌似乎很困難。」在給匈牙利數學家與物理學家柯涅流斯．藍佐斯（Cornelius Lanczos）的一封信中，愛因斯坦如此寫道：「但如果說上帝在擲骰子，還使用心電感應的手段（一如當前的量子理論認為的那樣），我是一刻都不相信的。」[22]

這取決於：你認為，現實需要某種有意識的觀察者，並因此會因為觀察受到影響，於是最後你會得到行為奇特且以「貓態」存在的粒子嗎？如果是的話，是否也意味著意識在某些層面可能也與形成我們的宇宙有著根本上的關係呢？或只是一種我們用來描述量子層面上的事物其概率的工具？或者我們活著的世界，有無數個我存在於不同宇宙，且這些數不清的我無法互相影響？

或許聽來令人詫異，但事實是：這些彼此間相互矛盾的各種說法，卻是物理學界幾顆最有聰明才智的腦袋對我們宇宙所能想出的最佳解釋。

在選出我們認為最合理的模型時，我們能用的只有直覺了。我當然可以選擇最簡單的方法，然後把一切交給一股更高的力量，而把問題提升到其他（元〔Meta〕）層級——不過這樣做未免太簡單了。或許現在是時候使用康德哲學仔細研究，如果從空間和時間的角度來理解我們所謂的「經驗」和「觀點」會得出什麼結果。是時候，把我們的思想與科學進步結合起來，讓自己成為新啟蒙運動的一部分。

歡迎來到量子典範（Quantenparadigma）

乍看之下，量子現實的規則不僅是在嘲笑一些經典的物理定律，也在嘲弄我們的日常生活經驗：畢竟生物不是活生生的就是死的，大概就像不是物質就是能量，一個物體不是在此處就是在那處，不是這樣嗎？至少我們多數人看來如此。那又如何要我們能夠接受，在其他世界同時還有無限多個我的存在呢？

但仔細想想，像是疊加現象和越地性等量子效應與我們人類的典型體驗又是那麼吻合：我們自身既是物質又是精神的存在。我們的肢體順應牛頓的運動定律，可是我們在精神上又可以不費吹灰之力地讓我們同時出現在多個場所：在思想上、記憶裡，或是願景中。正如我們今日所知，我們主要也是建立在量子力學的原理上——換句話說：我們所有人都是世界量子波函數的一部分，而且所有人都是各自的量子力學系統。

相反的，量子研究猶如到另一個奇特世界的探險——那是一個直接位在我們可視現實表面下的平行世界。研究人員越深入探究，他們觀察到的效應就越奇特，而且討論到的不同觀點和理論就越有爭議。我們是否真的可能經由思考、刻意觀察和反思，把能在量子層面改變我們現實的能量脈衝發送出去，進而影響到我們自身的現實？

對傳統自然科學家來說，這是一個令人不安的概念。**反之，哲學家一直教人，經由思考、言論和行動，我們可以對自己的現實造成比自己認為的還要更強烈的影響。**諸如奧匈帝國出身的德國哲學家與數學家埃德蒙德．胡塞爾（Edmund Husserl）或是法國哲學家茅里斯．梅洛龐蒂（Maurice Merleau-Ponty）等現象學家認為，我們的每一個感知（Wahrnehmung）都是由我們意識的「意向性」（Intentionalität）（胡塞爾）打造出來的：原則上和量子研究沒有什麼不同，當我們關注一個物體時，這個物體的「行為表現」會依我們的意圖和期待而有所不同。胡塞爾以典型的幻象和鏡像圖說明，我們絕對無法「純粹」感知物體，而是一定會經過主體性的過濾。[23]意識可能對量子理論的描述層面造成影響這個概念，在科學界並未廣被接受。

從哲學的觀點來看，精神和物質如何與彼此產生關聯，以及兩者間又如何相互影響這個問題特別有趣。二元論（Dualismus）認為，精神與肉體並存，但彼此分離。另一種觀點則認為，除了有形物質的現實再無其他可能。唯物主義和物理主義（Physikalismus）是當今另一派哲學主流觀點，特別受到那些主張一切來自有形物體的技術官僚的推崇。因為大衛・查默斯（David Chalmers）這樣的現代思想家和哲學家才開始熱門起來的第三種觀點則是泛心論（Panpsychismus）。依泛心論的說法，萬物皆有靈或具有靈性，而意識無所不在。意識除了是人類獨有的主觀經驗和特性外，也遍及現實。意識是宇宙的基礎，無所不在，在每個粒子和每個有形物質之中。這種從一枝鉛筆到一塊石頭，所有的一切都有意識的概念，近年來在學術界得到認可。如今泛心論開始普及，而泛心論的傳承更可往回追溯到古希臘哲學大家泰勒斯（Thales von Milet）和柏拉圖。

此間，量子研究的成果也稍略引起大眾的注意。在與領袖人物和年輕人的對話中，我越來越常感受到一種對我們現實的新觀點。這種新觀點（至少是無意識的）受到量子力學啟發的同時，也與古老的精神與智慧有所連結。即便身處要命的資訊社會中的我們常常感覺不到，但確實有越來越多人不再問我們的思考、意識和我們與周遭的聯繫方式**是否**會對世界產生影響。現在越來越多人問的是，我們的思考、意識以及與周遭的關係是**以何種方式**對世界產生影響。這些人隨時願意透過對話和資訊交流來創造新事物。而且他們會尋求方法，更有針對性、更用心地調整他們的意識，好為良好、有建設性的發展做出貢獻——並且共同形塑我們的量子現實。雖然缺乏實證的證據可以佐證意識和量子力學的關聯性，這兩者仍是二十一世紀的基本概念。

雖然革命一詞多半與政治事件脫離不了關係，但事實上康德正是將革命的概念與科學結合在一起的第一人，並寫下兩次思想革命的紀錄。[24]

薛丁格自己也在哲學中找到他的直覺和靈感。康德的科學理論是他闡述薛丁格方程式的重要哲學依據。孔恩以他獨有創見的論文《科學革命的結構》（*Die Struktur wissenschaftlicher Revolutionen*）又為科學史和科學哲學史立下另一個里程碑。雖然「典範轉移」（**Paradigmenwechsel**）一詞並非康德所創，但讓這個詞彙廣為人知，康德絕對功不可沒。附帶一提，「典範轉移」中，源於希臘文的「典範」（paradeigma）可是亞里斯多德「論證理論」（Theorie des Arguments）中的重要元素。

由於即將到來的科學突破和哲學的文藝復興，現今我們似乎處於新典範的邊緣。量子典範可以是一種直覺，就像是康德、薛丁格的早期著作，或是孔恩的出版作品中可能出現的錯誤或不完整的論證那樣。正如孔恩所說，有創見的想法和在既成學科之外出乎意料的研究成果，還有如今越來越多的協作方法、可以快速取得資訊、使用開放原始碼的技術，以及結合哲學家、心理學家、藝術家和物理學家的跨學科合作等，都深深影響了我們現今的發展與進步。

為瘋子提供更多力量！

將這場競賽帶到學術界之外的世界的人，是數學家與物理學家史蒂芬・沃弗勒姆（Stephen Wolfram）和「知識分子暗網」共同創辦人艾利克・溫斯坦這兩位叛逆的知識分子。這兩人都宣稱，正朝著在普遍理論（universalen Theorie）上，也就是在世界公式上，取得重大進展的方向邁進。而且兩人也都相信，我們對於宇宙基本原理的理解也將取得突破。[25]

或者，到時我們可能才會明白，我們的物質世界原來只是一場幻夢？或許，幾千年來我們所知道的東西方智者明訓是我們感知現實的基礎，而不是明確的數學理論？目前不只量子物理學家和數學家在爭論我們宇宙的宇宙本質，還有來自哲學家或宗教界狂熱分子的各種異想天開或激進臆測。**理論物理學吸收了精神世界觀的模型。於是，精神領袖開始對量子研究的進展表現出興趣。**跨學科的共同點（由所有「瘋子」所驅動的信念）似乎是讓我們到最後談論起能量和人際關係。一切就是那麼奇怪。

瑞士共振科學基金會（Resonance Science Foundation）的創辦人納辛・哈拉美茵（Nassim Haramein）提出一個結合精神與科學，卻有高度爭議性的「場論」。在哈拉美茵使用的方法中，空間並非是空的狀態，而是充滿了純粹能量的結構性「真空場」，是所有存在的源頭。[26]他的目的不在於探索物質結構的組成，而是要更深入了解能量場。他認為，世界是九九・九九九九%的空無組成。這樣的說法為黑洞和量子事件（亦即極大與極小的現象）提供了包羅萬象的解釋。

哈拉美茵被學術界嘲笑，因為他的模型不夠深入。但是他還是可能為未來指出一條開創性的道路：哈拉美茵使用的方法，無獨有偶地應和了德國哲學家海德格（Martin Heidegger）的形而上學和他的名言：「虛無虛無化。」（Das Nichts nichtet.）。哲學家以這句話暗指存有（Sein）和虛無（Nichts）密不可分的關係。虛無並非平白無故地虛無，而是主動與「存有物」（Seiendes）分開。只有經由這樣的行動，虛無才成虛無，虛無才會虛無化。無論如何，哈拉美茵至少為針對各種宇宙論不時陷入僵局的論辯帶來一股新鮮的空氣，也提供了新視角。

和哈拉美茵、沃弗勒姆以及溫斯坦一樣，我也確信，我們有必要引用質疑當前宇宙論教條的新概念和新典範，而且迫切需要把科學和精神方法結合起來。因為在我們世界的數學研究之下，是以哲學思考作為基礎。

當我們看量子力學與它在宇宙間扮演的角色時，目前的我們甚至還不知道該從何說起。光是這個理由，我們就應該鼓勵有著非傳統思維的「橫向思考者」（Querdenker）。而我們能做的就是關注他們，並為他們的研究計畫提供必要的資源。畢竟，因為歷史告訴我們所謂的瘋子往往會引發開創性的推動力。雖然到最後，可能只有極少數的大膽方法能夠再往前推進——但我們就是無法提前知道，能更進一步的到底是哪些。

進入未知之境的探索之旅仍在繼續。或許我們不會抵達最終的目的地。無論如何，重要的是，我們越來越清楚，在我們相互依存的量子世界中，所有的一切是如何與彼此產生連結的——無論是經由宇宙能量場、某種集體意識，或是透過某種精神概念。

透過量子主權統治世界？

一九八一年，理查．費曼在一次演說中提出了這個問題：傳統電腦是否可以如實地模擬量子物理學呢？[27] 費曼得到的結論是，量子電腦是解決這項任務的最佳方法。他以此成為最早一批設計出量子電腦模型的人。同年，五十位居領導地位的電腦科學家和物理學家在麻省理工學院（ＭＩＴ）進行一場會議，以推動量子電腦的開發。費曼也是這場盛會的發起人。一九八八年，這位德國諾貝爾獎的物理學家死後，他的墓碑上刻了這樣一句話：「我不能創造的東西，就是我不了解的。」（Was ich nicht kreieren kann, verstehe ich nicht.）[28] 這不僅是他最後留給全球學子的消息，也是他對所有科學家的呼籲，希望他們化理想為現實，並將所想付諸實踐。雖然可能還要用上幾十年的時間，但如果費曼看到如今的量子技術終於為實務應用勾勒出具體輪廓，他應該會感到很驕傲。

量子科技應用將推動第二次量子革命，引領我們進入量子典範。量子電腦的運作方式不是建立在古典物理學定律的基礎上，而是利基於量子力學原理。特別是糾纏與疊加等量子系統中的特性。傳統電腦以一或〇的位元形式儲存資訊。相較之下，量子位元會因為疊加效應同時處於兩種狀態——因此每個時間單位可以處理更多資訊。

二〇一九年，Google在一份報告中表示，已經取得所謂的「量子霸權」（Quantensouveränität）——這是一種電腦性能超越傳統電腦表現的狀態。Google報告中的電腦，僅以五十三量子位元就能進行六千「千秭」（Oktillion）次的量測。那是一個在六萬後面加上四十八個零的大數。依此，Google的電腦能夠在兩百秒內完成最先進的傳統超級電腦要用上大約一萬年才能做到的運算。[29]

在可以使用新科技前，科學家還有一些障礙尚待克服。目前在廣泛應用層面，量子電腦的錯誤率仍舊太高。只要有一點溫度波動，就能破壞量子位元的相干性，也就是量子位元同時處於兩種量子狀態的能力。因為瞬間出現的不相干導致的錯誤率，會隨著量子位元數量增加而提高。目前，研究人員積極尋求提升相干時間和降低錯誤率的有效方法。此外，由於能源消耗一直居高不下，因此這方面也有些問題需要克服。

基本上，目前還沒有人確切知道，量子電腦會如何應用在商業用途，以及屆時會如何運作。即便如此，已經有一些公司開始開發量子電腦系統的首批應用案例和軟體。以總部設於瑞士的量子技術公司「泰瑞量子」（Terra Quantum）為例，該公司已經研究出一款混合型的量子演算法，可以應用在像是量子加密這類的技術領域。[30] ＩＢＭ也打造出一個名為「ＩＢＭ量子體驗」，所有人都能登入的開放式雲端平台。如此一來，工程師就能測試連續使用下的量子技術如何運作。誠然，為了確保運作的穩定度不免做出妥協的決定：線上使用者可以對電腦提出問題，但程式設計並不會因此個別調整。也就是說，可以讓外部人員使用所有案件來改善技術的階段尚未到來。二〇一九年初，ＩＢＭ推出第一代商用量子電腦「Q System One」——在將近二．七公尺高的雅緻玻璃罩內的是人類史上第一台可以在實驗室以外使用的量子電腦。[31] 這部「Q System One」的作業系統是二十量子位元。

在第一部傳統電腦組裝出來時，當時的人也認為這只是專供科學家使用的技術。事實證明這種認知是很大的錯誤——未來在量子電腦方面也會出現類似的發展。這項技術雖然一開始仍然非常昂貴，且因體積過大，只能在實驗室使用或應用在雲端伺服器上。但是經過不斷調整和改良，價格會相應降低到終端消費者也負擔得起的程度。

這場競賽如今越演越烈。就在你讀這幾行字的當下，Google的七十二量子位元紀錄也再度成為歷史。決鬥持續進行中——二〇二〇年和二〇二一年是進一步發展的關鍵年份。除了Google和IBM，其他美國科技巨擘像是微軟和英特爾（Intel）也都投入開發這項迄今最重要的新技術。然而，這場競賽早就不再是矽谷科技官僚之間的事了。中國大企業阿里巴巴也著手量子處理器的開發。其他國家，比如澳大利亞也有相關投資。二〇一八年九月，為了「加速教育、研究和開發的進展」，美國政府也提出「教育、研究和開發加速發展」法案，稱為《國家量子倡議法案》（National Quantum Initiative Act），以「大力推動」相關領域的教育與研發。這樣就提升了各界對這項新技術的關注，同時也會因為在相關領域湧入更多投資而提高對這種技術的接受度、成長與進步，但也會帶來更多混亂。二〇一六年，中國在習近平的領導下，確立了技術自給自足、超越美國以及成為全球高科技領頭羊的國家策略。習主席啟動了一項數十億美元的量子電腦大型計畫，目標是在二〇三〇年前在量子技術發展上取得重大突破。除此之外，已經挹注數十億美元資金建置了一個中國的國家量子資訊實驗室，希望把這個實驗室打造成全球量子研究的樞紐，並吸引在量子研究領域的未來人才。

量子通訊（以應用量子物理學防止資訊遭到竊取的加密技術）被視為「第二次量子革命」的支柱。這方已經在理論上小規模範圍內有所突破。不過，在實務應用上仍有待開發出更扎實且更有經濟效益的模式。為了實現此一目標，歐盟滿懷抱負地啟動了一個以「人人都負擔得起的量子通訊：從製造到應用徹底改變量子生態系統」（Affordable Quantum Communication for Everyone: Revolutionizing the Quantum Ecosystem from Fabrication to Application）為理念而名為「量子獨角獸」（UNIQORN）的先導研究計畫（Leuchturmprojekt）。[32] 歐盟以十億歐元的預算打造歐盟量子研究旗艦計畫，企圖將相關研究機構、大學院校、企業和政策決策者匯集在一起。而「量子獨角獸」研究計畫正是這個旗艦計畫的一部分。「量子獨角獸」研究計畫的目標是擴大歐盟在量子研究領域的領導地位，並將量子研究的成果落實到商業應用和創新科技上。

這些努力的目的不外乎爭取「量子主權」（Quantenhoheit），意即量子電腦相對於傳統電腦在技術上的優勢。二〇一九年年底，Google宣布，某個性能最佳的超級電腦要用上一萬年時間才能解出的數學問題，自家電腦可以在幾分鐘之內解出，並據此宣稱將搶占量子主權的先機。即便如此，量子電腦要到何時才能真正迅速解決具體問題仍未可知。雖然有些科學家認為這個時程應該是二〇五〇年，也有另一派科學家認為二〇三〇年達到這個目標是合理的時程。然而，不管是哪種說法，科學家一致認為，最新掌握這項技術的人就等於握有「統治世界的權力」——至少就理論上而言是如此。因為現今許多政治上的領導人不再將焦點重壓於此，而是希望與貿易夥伴建立一個運作良好的市場機制。

在創造我們未來量子世界的過程中，壟斷、主導市場走向的大型企業和國家間的競爭只是發展的阻礙，且會對我們人類帶來威脅。對於新知識，我們需要一起多加測試、進一步發展並與彼此共享研究的成果。就如過去傳統電腦成為二十世紀最重要的技術一樣，因為無數古典生態系統的成員共同參與，造就新的多樣化生態系統也將使量子電腦成為二十一世紀最重要的技術進展——兩者間的差異就在於新的生態系統是有「相互連結」（interconnected）的。也就是說，這場競賽不再是依循陳舊而錯誤的「贏者全拿」

規則。至少理論上，身為人類的我們所有人都有贏的機會，也都有進入量子烏托邦未來的可能。因為無止境地擴展運算能力確實可能在諸如癌症或阿茲海默症等疾病的治療上另闢蹊徑，或者開發出超乎意料特性的新材料，或帶來進一步研究的契機，甚至可能讓我們對宇宙有新的理解。因此，對我們而言非常重要的是鼓勵合作、匯集各方觀點，並且建立起對話的文化，讓無論是物理學家、哲學家、政治人物和商業巨擘和造反者、科技宅、科技怪咖和局外人都能集結起來，在即將到來的量子典範中，共同面對這些即將出現的最大的、最重要的問題。

第五章
機器人也會發展出意識？走向技術奇點的數位超智慧

量子物理學是第一個觸及我們宇宙重大問題的專業研究領域。第二個則是意識研究領域，或也稱為**意識科學**（Wissenschaft des Bewusstseins）。何為意識？意識是宇宙的根本嗎？如果是的話，意識又為何是宇宙的基礎呢？意識只是一種偶發現象嗎？或者，意識的發生僅限於人嗎？關於意識，還有許多疑問有待解答。過去幾十年來，會對意識研究相關問題與知識感興趣的只有基礎研究人員和科幻迷。而會針對黑格爾於一八〇七年出版的作品《精神現象學》（*Phänomenologie des Geistes*）提出問題，或者就我們世界的意識史或精神哲學有所疑問的主要還是哲學家。由於人工智慧和應用量子物理學的快速進展，過去幾年來，人們對意識的興趣有所提升：無論是關於意識的形成或是意識的運作。

此間，對於意識與（人類）意識的關係已引起熱烈討論。量子物理學與意識的基本定義或許是二十一世紀最值得期待的研究領域。因為這兩個領域對我們對現實的感知，以及生而為人的意義提出質疑。我們如何與為何會有這種主觀經驗或是哲學中所謂的「感質」（Qualia）呢？「當一隻蝙蝠是什麼感覺呢？」一九七四年，美國哲學家湯瑪斯・內格爾（Thomas Nagel）在一篇論及意識障礙與探討身心問題可能無解的文章中就提出這個問題。[1]

在人工意識（künstliches Bewusstsein）方面，目前為止我們還沒有得到任何值得一提的進展——然而，倘若如今我們做好決定，要打造人工肢體並將我們的理智連上雲端，這就有必要了。諸如研究連接腦神經元的神經連結科技「神經連結」（Neuralink）、Kernel和Google等公司，目前都持續研發各種不同概念。但這些企業的研究都不足以找到我們人類主觀意識經驗的「現象學特點」（phänomenologischen Merkmale）的精髓——或是藉助科技以描述出意義、作為何物以及作為特定的有意識物是何感受。

是否有朝一日機器也會發展出意識呢？如果會的話，會是在何時，又是在怎樣的條件下發展出來的呢？目前看來，機器在解決多數任務上超越人類的潛力終將走到盡頭，目前看來似乎是不可避免的趨勢。無論是波士頓動力創意公司（Boston-Dynamics-Kreation）推出的「大狗」（BigDog）、「小小花」（SpotMini）、電視影集《黑鏡》（*Black Mirror*）裡的殺人機器狗，或是漢森機器人公司（Hanson Robotics）一手打造，如今已經成為沙烏地阿拉伯公民，還是世界知名談話性節目明星的索菲亞（Sophia），於此都不是主要探討的議題。這裡根本的問題更該是：作為這樣的狗或機器人是什麼感受？它們會有自己的主觀意識經驗嗎？

確定的是，比起我們所預期的，目前許多諸如此類的研發計畫都還在非常初始的階段，但至少給了我們人類可以做出什麼的一點想像空間。比起前面提到的索菲亞的女性美，現今世界上人造的物品裡已經有複雜得多的東西。既然如此，我們為何還要嘗試做出完美的人類複製品呢？無論我們採取哪種方法，人類如何面對這些技術，以及意識是如何產生出來的這些基本問題，都是現今我們需要關注的重大挑戰之一。

為什麼有意識？

澳大利亞哲學家查默斯早在一九九五年就針對大腦與意識研究提出了一個根本的問題。查默斯認為，目前為止，科學家只研究了「意識的簡單問題」。但是，只要「意識的困難問題」沒有解決，科學家就無法取得真正的進展。[2]查默斯並補充提到，這個「意識的困難問題」不僅目前無解，而且可能是完全無法解。

到底是怎樣的「難題」？查默斯認為，這個「難題」正是理解機器意識的關鍵。只不過，我們可能永遠無法造出這把關鍵之鑰——而且，極有可能這反而是好事。

被這位來自哲學界的挑釁者、坎培拉的澳洲國立大學意識中心（Center for Consciousness）主任指稱自己的研究工作為「意識的簡單問題」，這可讓許多研究人員高興不起來。而事實上這些科學家確實還面臨了極大的挑戰。只不過，與「難題」不同的是，這些挑戰來自於如何在科學標準範式的範圍內描述出這些任務，並且加以解決。這裡所指的是比如感知、辨識圖樣或是口述之類的學習、記憶、整合等大腦的認知功能。因為這所有的一切都依循眾所周知的物理和化學規律運作，所以「容易」加以說明和複製。

為了模擬出這些功能，研究和開發人員必須找出執行這些功能的神經機制和數學演算法。因此，教會機器從錯誤中學習，或教機器將個別資訊組成較複雜的模式後，還能辨識出來，這些細節固然繁瑣，但因為基本上我們知道（並且因為認知科學的研究成果知道越來越多）這些過程如何運作，所以這裡沒有無法解決的問題。反之，無論過去或未來都能在這些領域取得亮眼的進展。

至於「難題」這部分，自從一九九五年查默斯點出問題後，科學家至今毫無進展：大腦中的物理程序是以何種方式引發主觀經驗？為何像是學習或綜合認知等行為功能會伴隨著意識呢？如果一個系統被設定成可以客觀地執行任務，為何人類還會有某種主觀意識？為何還會想到，如果自己是這個系統會是什麼感覺呢？

查默斯的這個問題直擊我們大腦的（客觀）神經特性與由於大腦活動造成的（主觀）內心世界之間的差距。查默斯堅信，電腦科學和神經科學在沒有解出「意識的困難問題」前，無法創造出具有「強大」或「通用」的機器。他還認為，或許永遠無解，因為從自然科學的公式和客觀事實無法導向主觀經驗。

二〇一八年，查默斯試圖以「後設問題」（Metaproblems）的新策略解決「意識的困難問題」。這個新策略著重在描述出為何我們會認為我們有「意識問題」這個問題。[3]查默斯希望這種方法可以讓我們更接近「難題」的解答，進而解出所有「簡單問題」。這個方法或可成為如今投入時間與資源的主要哲學工作的一部分，因為這關乎我們作為人類存在的未來。

當前的意識理論

就如我前面已經明確提到：我們迫切需要的是以全新眼光看待我們所在的這個世界。比起畏懼瘋子和犯錯，其實我們更該害怕的是教條主義和專業小白。因為後者會阻礙我們擺脫前人走過的舒適道路，但或許那些瘋狂和犯下的錯誤才正是通往創建一門新學問的道路。

我們所有人都比我們自己能意識到的，還要像量子世界中的粒子和波。**生而為人意味同時有著理性與非理性、物質層面和精神層面、邏輯和直覺**。在夢境和想像中，我們甚至有辦法讓人死而復生，而這也正是各宗教幾千年來對它們信眾的承諾：我們死後還會繼續活著；我們雖然由物質組成，卻同時有靈魂的存在，擁有不朽的能量。

無論我們相信與否，我們都無法排除這些說法的真實性。因為我們世界的核心是「充滿量子想像的」（quantastisch），既無法解釋，也無法計算。典型的人類經驗並非經由牛頓式的「非此即彼」決定，而是像量子世界一樣取決於多元的「既是……也是……」。

但是，到底是什麼填補了我們大腦和主觀體驗之間的縫隙呢？柏拉圖以降的智者都告訴我們，是「意識」、是「靈魂」。[4]然而，「意識」和「靈魂」又是兩個我們無法解釋、甚至無法完整表述出來的名詞。

目前，技術研究的重點聚焦在嘗試描述出「系統的現象意識」，並以數學建立模型。這裡所指的「系統」可以是自然生物，也可以是機器。這個有「現象意識」的「系統」不僅會接收感官刺激，還會有意識地體驗這些感官刺激。舉例而言，你受凍、覺得冷、感到疼痛或害怕，這些都是你的現象意識。有些大腦結構較為複雜的動物可能也有現象意識。於是，就會讓人感到好奇，我們是否有辦法打造出有現象意識的技術系統，讓這個系統因為自身特殊的感知能力而發展出自我認同感。

資訊整合理論（Integrierte Informationstheorie）如今在科學界得到的認同與日俱增。這個理論最初是由威斯康辛大學麥迪遜分校（Universität Wisconsin-Madison）威斯康辛睡眠與意識研究所（Wisconsin Institute for Sleep and Consciousness）的朱利歐・托諾尼（Dr. Giulio Tononi）和他所帶領的團隊開發出來的。[5]根據這套理論，不只生物有意識，甚至所有物理實體（physische Objekt）都具有某種程度的意識。也就是說，不是只有像你我這般有著聰明腦袋瓜的人才有意識，而是果盤上的果蠅，甚至是用來盛裝水果的盤子都有意識。總之就是一切萬物都有意識。當然，根據這套理論，石頭和單細胞生物的意識微乎其微，但仍有不少資訊整合理論的擁護者認為，所有物理實體的意識程度可以精準地用數學方法量測出來。

就資訊整合理論的角度來看，個別系統的運作是否與大腦有關並不重要。依此觀點，自然生態系統也可以有意識。比如融合了植物和動物的森林就是這樣的系統，即便這個系統不是太高階：系統中植物與動物間的關係不會有更高層次的發展，而是取決於因果關係或隨機性。

相對來說，有著高度複雜性和整合性的網際網路是人類打造出來的系統。其中所包含的電晶體數量比人類大腦中的突觸還多。只不過，與人類大腦類似的是，網際網路也只有在特定時間、執行特定指令才需要這些連結。如此說來，網際網路也有意識嗎？如果是依資訊整合理論的說法，這個問題無疑會得到肯定的答案。

為了檢驗這個理論，必須在性能相同的電腦上模擬兩個系統，且兩個系統的設定只有在內部連結上有所區別。如果這個理論是對的，那麼內部連結較為複雜的系統理應比另一個系統表現出更高層次的意識。這會是一個極為繁瑣的實驗——而且如果結果推翻了資訊整合理論，科學家也可以馬上省下不必要的工夫。

依資訊整合理論的說法，系統本身（無論是大腦、森林或是電腦網絡）以其複雜性產生意識。這個方法的根據是因為觀察到大腦的不同部位，或是腦區之間的連結具有不同程度的複雜性。資訊整合理論認為，複雜程度和整合程度越高，越能激發出意識。因此，應該可以依據一個生物大腦的複雜程度準確測定該生物的意識。

不過，有別於其他檢驗方式，資訊整合理論的優點就在於可以用數學模型呈現出來。有研究人員仔細探究其中的意涵，並得出一個值得深思的結論：無論採用性能如何強大的電腦，資訊整合理論描寫的人腦歷程都無法經由電腦模擬得到證實。

在我們結合過往的各種經驗，試圖描繪出我們對新體驗的印象時，我們會壓縮所有參考資訊。在這個過程中，就會略過所有被認為不相關的資訊。

科學家試著以數學方法描述一個系統，這個系統首先要能以這種方式將資訊重組，其次還要能保留在過程中被略過的那些資訊。在人類思維中，這符合兩點：其一，是當前有意識的思考行為，以及其二，我們對於個別經驗的最初始記憶。研究人員於是得到結論，那就是：如果不是過去所有對整合意識的概念有誤，不然就是意識是無法以電腦模擬出來的過程。

神經生物學家本哈德·巴爾斯（Bernhard Baars）於一九八〇年代提出的「廣域工作空間理論」（Global Workspace Theory）採用了另一種方法：「廣域工作空間理論」在一個模擬人類工作記憶（Working Memory）的簡化認知模型中，觀察分別由無意識與有意識部分組成的大量感知與思考過程。[6]

我們以這種方式在那些腦區處理最近主觀體驗過的事件，讓我們得以繼續編織我們的人生敘事。這就是巴爾斯提出的「意識劇場」（Theater des Bewusstsein）——由「選擇性注意力的聚光燈」照亮的「舞台」。[7]意識察覺不到幕後的無意識活動，而舞台上的聚光燈每次只會敞亮幾秒鐘時間：根據廣域工作空間理論，我們只會在這短暫片刻感知到自身思考過程中的一小部分。

「意識時間片段理論」（Time Slice Theory）也認為，我們有意識的感知不會像流水一樣源源不絕。瑞士神經生物學家米榭埃爾・赫佐格（Michael Herzog）和法蘭克・沙諾夫斯基（Frank Scharnowski）也在一次研究中證實，在我們有意識地感知到資訊前，會先在無意識處理這些接收到的資訊。[8]這些無意識的「時間片段」極其短暫，最長只有四百毫秒。在進入第二個階段，也就是意識階段裡面把接收到的資訊加以整合前，我們會在這些階段粗略地處理周遭的資訊。因此，我們感受到持續意識其實只是一種錯覺：事實上（至少研究人員如此認為），我們感受到的是一連串瞬間感知的破碎片段，在後續處理時，我們才會將這些破碎的片段拼湊成流暢的整體。

「多意識理論」（Many Minds Interpretation）是量子力學的「多重世界詮譯」的延伸。「多重世界詮譯」認為，每個事件會創造出脫離我們現實的各自獨立的現實。「多意識理論」則是以有意識的觀察者的角度檢驗這種世界的多重性。依據「多意識理論」，新事件不會改變多重宇宙本身，而會改變我的觀點。所有想像得到的行為結果早就存在多重宇宙的某個分支。我的感知只是隨著每個新的事件改變或擴展。我自己有幾百萬個我的版本存在於幾百萬個替代宇宙中，而且這些版本的我都是實質的存在。「多意識理論」由此得出，我的大腦必然與多重宇宙中幾百萬個我的腦袋相連——因此我的意識不僅是在空間上，就是時間上也是無限存在的。或由此得出，和量子理論的關係，比許多科學家認為的還要近，而且這種連結確實存在。

史都華・哈默洛夫（Stuart Hameroff）和羅傑・彭羅斯（Roger Penrose）提出的量子意識理論（Quantenbewusstseinstheorie）在學界引起高度爭議。[9]美國退休醫學教授哈默洛夫和英國物理學家暨數學家彭羅斯試圖以「微管」（Mikrotubuli）的量子力學作用解釋意識。微管是細胞骨架（Zellskelett）以及神經系統和大腦神經元介面中的管狀蛋白結構。

彭羅斯是備受推崇的量子科學家和宇宙學家。但是他和哈默洛夫一起提出的「協調客觀還原理論」（Theorie der orchestrierten objektiven Reduktion）卻同時受到神經學家和物理學家的大力抨擊。就「協調客觀還原理論」的說法，因為微管的存在讓大腦得以和量子電腦相同的方式處理資訊。批評者卻認為，大腦「溫度太高、太潮濕、太熱鬧」，難以進行棘手的量子過程。[10]然而，在彭羅斯和哈默洛夫公開他們的理論二十年後，一個日本研究團隊成功檢測到大腦神經元內微管中的高溫量子震動。[11]不過，至今仍然沒有物理證據可以證實量子態在大腦的資訊處理中起到任何作用。

儘管有種種的挫折和不確定性，我們還是必須在這條看似少有人走的路上持續研究：在那些看起來毫不相關的領域中尋找和嘗試可能出現「短路」的連結。

物理和哲學、自然科學與人文科學間的距離越來越近。即便如此，我還是不認為它們會融合在一起。如果真有那麼一天，啟蒙就臻於完善，我們人類也就玩完了。那時我們就取得一切成就，也不再有需要發掘的事物了。整個世界都可以用演算法描繪和複製出來。到處都不再有待解之謎、沒有祕密。我相信，而且希望這一天不會到來。只要在人文科學和自然科學間、在物理學和形而上學之間沒有一座承受得了負荷的橋樑，那麼一些類似平行世界的論述就會一方面受到學術界的批評，另一方面卻被精神上更為開放的同代人所推崇，讓我們得以持續探尋合理解釋。

（人工）智慧的意義

人工智慧剝奪就業機會，讓我們的生活方式發生天翻地覆的改變，並賦予我們前所未有的潛力。最初只是渴望類人「思考機器」的哲學概念，如今在牽涉到演算法、自動化和學習系統時，卻成為科技世界中對所有新事物和複雜事物的統稱。但是，在我們談到人工智慧時，我們指的到底是什麼呢？

如果你不認為，人工智慧和人類思考是建立在物理和生物學原理基礎上新崛起的物理現象，那麼簡單的答案就是：我們一無所知。

或許對於「人工」一詞我們還知道其意義，但即便是神經學領域治學嚴謹的專家學者也必須承認，我們對於「智慧」的理解還不夠精確。神經元在次原子層面到底發生些什麼事，比如如何運念思考、如何做出決斷等，我們尚無所知。

「人工智慧」一詞的起源可以追溯到一九五六年的「達特茅斯人工智慧夏季研究計畫」（Dartmouth Summer Research Project on Artificial Intelligence）會議。這項研究計畫的發起人是出生於美國波士頓的電腦與認知科學家約翰・麥卡錫（John McCarthy）。誠如麥卡錫曾經提到，他之所以採用新術語，主要是為了避免讓人聯想到用於控制輸電網絡並維持電網穩定性而較為人知的模控學（Kybernetik）領域。[12]如今，被我們普遍稱為「人工智慧」的這個領域，主要是麥卡錫、提出模控學的數學家諾伯特・魏納（Norbert Wiener）、現代資訊理論之父克勞德・向農（Claude Shannon），以及英國邏輯學家與數學家艾倫・圖靈（Alan Turing）等人的智慧結晶。

圖靈早在一九五〇年代，就曾發表過一篇探討機器的思考能力的論文，至今仍被視為這個領域的基礎：想像一下，你正和兩個對象交談，其中一個是真人，一個是機器。你向兩者密集地提出問題後，還是無法猜出哪個是機器。依據圖靈的說法，這樣的情況代表機器通過測試，而且「智力和人類不相上下。」[13]不過，圖靈的測試只是證明了模擬人類的能力，並未深入研究「智慧」這個實際議題。圖靈測試及其他各種延伸試驗的批評者認為，這不是在考驗機器的智力，而是在測試人類提問者如何容易被騙。

現今人工智慧方面的研究大多將重心放在研究人類行為、如何讓機器複製人類行為、嘗試騙過其他人或對其他人造成影響。即便圖靈的測試只是在測試機器面對真人時所做出的反應，仍然具有關鍵性的指標意義。如今人工智慧研究明顯受到限制並不奇怪，因為：對於智慧一詞一直沒有做出令人滿意而且廣為接受的定義。

部分問題在於，（至少目前為止）沒有科學家能貼切地用純數學表述出我們的思考過程。**也就是說，如今我們稱為人工智慧的技術，距離模擬出人類的智力還要幾十年的時間，就更別說還要造出人類的智慧了。**當初如果沿用魏納提出的「模控學」這個拗口的術語說不定還更好呢！近年對人工智慧的認知，多半指的是機器學習（machine learning）：讓機器得以在統計數據、神經網絡、演算法、回饋迴路和模式識別等的輔助下進一步學習，以模仿和／或模擬人類做出即時的決斷。如果我們對智慧有個明確的定義：而人工也是大自然的一部分時，我們又該如何定義人工？對於如何用詞在學界已經引起激烈的辯論。所以我們這裡會以自然發生的（人類的）智慧和（工程師造出的）開發出的智慧稱之。雖然從專業的角度來看，在本書中採用「機器學習」的稱法可能更為精確，但我仍會使用較廣為人知的「人工智慧」這個措辭，而在提到機器類人智慧的發展時，則沿用一些常用的術語，如「弱人工智慧」（schwache KI）、「強人工智慧」（starke KI）、「通用人工智慧」（allgemeine künstliche Intelligenz）等。

強與弱人工智慧

你所知道的智慧和認知系統是什麼呢？最理解這個領域的人，或在這個領域具領導地位的思想家都有各自主觀認定，並且或多或少合理的定義。簡單說來，人工智慧指的是具有與人類相同能力的東西，只是這樣的東西目前裝載在演算法中，而且（尚還）需要外部實體來安置它。

所以基本上，所謂弱人工智慧和強人工智慧的定義差別在於所指的是人工和人類（或說是自然發生的）智慧。我們或可選用另一種定義方式將兩者做出區隔，那就是：把弱人工智慧定義為解決具體應用問題的程式，比如臉部辨識系統或是導航系統。而在強人工智慧具備相當於人類智力或甚至超越人類智慧的情況下，把強人工智慧也稱為「通用人工智慧」。如此一來，弱人工智慧的功能就在於為人類增添新技能，而配備通用人工智慧的機器則有能力進行邏輯式的思考、制定計畫、從錯誤中學習、做出決策、以自然的語言進行對話，並能整合這些能力以完成它們的目的——進而在許多方面完全取代人類。至少這是目前理論上認定的說法。

倘若有人工智慧的智力程度遠超過人類的能力，就具有被稱為超智慧的能力，並把我們帶向技術奇點或後人類主義。人工合成的智慧就是這樣創造出來的：一種人類生物學和外部機器之間的化學融合，或是一種由自然人類智慧和人工智慧合成出來的全新形式智慧。至於人類的平均壽命在即將到來的後人類或超人類時代，是否真像一些充滿激情的專家學者預料的那樣會得到跳躍式的延長，或到時超智慧決定將人類視為可有可無的干擾因素而加以消滅，目前尚無定論。

目前，我們是否有能力打造出具有人類智力的機器都還充滿疑問。諸如休伯特・德雷福斯（Hubert Dreyfus）、史蒂芬・平克（Steven Pinker）、保羅・艾倫（Paul Allen）等一些哲學家、心理學家、科學家和經濟學家都不確定技術奇點是否真的會到來。然而，事實是全球各地許多研究人員和技術專家都充滿熱情而樂觀地進行開發，期待打造出通用人工智慧或強人工智慧——至於定義就不是他們關心的重點了。

二〇一八年辭世的霍金早在一九九六年就曾說過：即便我們沒有能力創造出真正強大的人工智慧，即便技術奇點沒有像理論上設想的那樣發生，只要最終創造出來的技術達到相同的結果，那些也都不重要了。[14]就像我們今日已經可以看到的，弱人工智慧甚至已經在許多方面超越任何人——無論是在棋弈、導航或是解數學算式上。所以哪天，我們因為足夠的自動化和愚蠢可能設計出足以令人害怕甚至帶來災難性後果的系統，也就無庸置疑了。因此只要我們不顧可能的後果，只想著創造出外部數位超智慧，那麼相較於人工智慧，或許人類的愚蠢才是更大的挑戰。

演算法的詭計

香港商漢森機器人公司創造出來的類人機器人索菲亞於二〇一七年十月十一日完成在聯合國的參訪行程。[15]當日，索菲亞與聯合國副秘書長進行一場簡短會談，並以她看起來像人類的外表和行為舉止令人印象深刻。索菲亞可以辨識人臉和模仿人類的手部動作與臉部表情。二〇一七年十月二十五日，索菲亞又在一場隆重的典禮上被授予沙烏地阿拉伯的國籍。這位女機器人現身晨間電視節目，以其幽默、生動活潑又歡樂的談話方式受到觀眾喜愛。

無論我們是因為索菲亞講的笑話笑出聲來，而對她印象深刻，或者在看到波士頓動力公司開發出來的機器狗「小小花」或機器人後空翻的畫面，聯想到網飛的電視影集

《黑鏡》中的情節而感到害怕：我們都必須認知到，這些機器都還只有簡單的技術，經過優化執行個別、但有時還算重要的任務，未來要執行帶有部分重要內容的個別任務時還有待加以改良，而且這些任務往往只限於用在某個精準定義的場景。這些機器人當然都是極度繁複的機器，讓工程師的才華得以施展。但最終還是少不了行銷，才能讓世人看到機器人技術和自動化技術在未來即將取代人類執行某些任務的各種應用。

因此對於我們將機器人格化，亦即承認它們具有人類特性的那一天很快到來，也就無須感到訝異了。是我們內心深處的某些東西，讓我們自己將最簡單的機器狗、家中的掃地機器人，甚至是智慧型音響人性化，而以像對待動物或兒童的態度那樣，提高音量訓斥這些物品。順帶一提，這裡說的是出於我的個人經驗。因為每天早上，當我太太嘗試讓她的智慧機器人朋友控制燈光照明、廚房家電或撥放音樂卻無法如她所願時，我太太就會很不高興。這件事證明了要影響人類並改變他們的行為毫不費力。

任務最佳化是否是推動人工智慧發展的主要動力，是新近受到熱議的話題。二〇〇三年，哲學家尼克．博斯特倫（Nick Bostrom）發表了一項思考實驗，以說明通用人工智慧最終可能如何摧毀人類——即便這個人工智慧只是被設計成有個將迴紋針生產最大化這樣的明確目標。[16]實驗中通用人工智慧的目標是將其所屬的迴紋針數量最大化。當機器開始具有某種人類智力，就會以這個目標賺錢，好購買更多迴紋針或開始自行生產迴紋針。作為思考實驗，迴紋針量產最大化器說明了，一個實體無須具備人類特性，也能成為效能強大的最佳化器（一種智慧）。如此，這種通用人工智慧就能以不斷創新自行發展。它會先把整個地球，然後是宇宙的其他部分都變成製造迴紋針的工廠。以推廣友好人工智慧概念聞名的美國人工智慧專家與作家伊利澤・修洛謨・尤考夫斯基（Eliezer Shlomo Yudkowsky）對這個實驗總結道：「人工智慧不會怨恨你，也不會愛你。只是你是原子組成的，而他可以用原子來做其他事。」博斯特倫本人不認為迴紋針量產最大化器會變成現實場景，而是想要以此勾勒出超智慧可能造成的後果，並讓我們看到這些以嚴謹計算打造出來的機器可能帶來哪些傷害和風險。這種帶有以數學計算出來、嚴格定義目標的中性機器，就像是知名導演史丹利・庫柏力克（Stanley Kubrick）於一九六八年推出，具傳奇色彩的科幻電影《二〇〇一太空漫遊》（*2001: Odyssee*）中的機器人HAL 9000一樣。

另一部探討擁有超智慧的通用人工智慧問題的電影是亞力克斯・嘉蘭（Alex

Garland）自編自導、並於二〇一四年上映的《人造意識》（*Ex Machina*）。故事是關於建造出一部帶有人類意識、有感知能力的機器——一部無法讓人替它做決定或受人控制的機器，即便這個人工智慧或說這部機器人本質上是好的。女機器人艾娃（Ava）是企業家納坦．巴特曼（Nathan Bateman）造出的最新版人工智慧。巴特曼邀請程式設計師卡勒．史密斯（Caleb Smith）到他位於深山中的招待所，為他最新版的人型機器人進行圖靈測試（Turing-Test）。沒想到，卡勒竟然對艾娃產生感情。這就引發了複雜的哲學問題。因為雖然一方面有些人將艾娃視為惡意機器，但另一方面，艾娃也可以被看作是為了爭取尊嚴和自由，而想逃出牢籠的俘虜。就這點而言，或許導演本人也將艾娃看作在道德層面良善的機器人。這兩種可能的觀點——把艾娃看作怪物或是追求自由的存在，反而更讓我們看到，意識是什麼，以及作為一個人或是一個機器人分別有什麼意義，這些議題的複雜性和我們的無知。但可以更確定的是，後者不僅檢視一種演算法和資訊處理的現象。

繼宇宙觀點受到哥白尼的挑戰、生物學由達爾文（Charles Darwin）提出的創新概念，以及佛洛伊德改寫心理學史之後，人類現在面臨最新的自戀傷害是：因為後人類超科技（posthumane Hypertechnologie）什麼都比我們強，我們的自我價值感受到嚴重的傷害。

就如今看來，這個發展將以如下兩者之一的方式展開：倘若不是經由整合進外部機器的數位超智慧，就是經由人類與科技完全融合，將人類的心智與數位介面連結在一起，希望從中獲得神性、幸福和不朽。我們的挑戰在於，如何確保這些發展不會讓我們付出被征服或甚至交出我們的意識為代價。**如果開發數位超智慧，就會有毀滅我們人類的風險。**即便我們有辦法控制數位技術，並開發出某種合成智慧而與之相融合，我們仍然處於失去生為人的關鍵意義的危險中：我們個人的自我意識，意思是我們感知到自己作為能思考、有感覺的存在的能力。換句話說：不朽的代價可能就是我們的意識本身。

即使是我們現今擁有的「簡單」基本形式的人工智慧，可以明顯看到將有意識的決策外包給演算法和數位系統的持續趨勢。Google地圖規劃出的每條路線、用到定量演算法的每一項投資決策，以及每一則以病毒式傳播最大化而達到最佳效果的社群媒體發文，都再再證實了，我們已經將多少控制權交給這些系統。但是，如果與即將到來的局面相比，就算是現今應用人工智慧最先進的功能也只是小兒科而已。

二〇一六年三月，Google的DeepMind團隊以其開發的AlphaGo對戰世界排名領先的韓國棋手李世乭（Lee Sedol）。人類與機器對弈——李世乭，在這場大約兩千五百年前就發明出來的中國策略遊戲中，代表了全人類。圍棋可計算出的棋位走法大約有一個數字二後面跟了一百七十個零這麼多種。這是一個比我們宇宙中的原子數量還多得多的數字。由於圍棋的複雜性，需要人類的直覺才能下得好，且賽前李世乭有信心以五比〇或至少四比一的結果贏得比賽。因此當李世乭落下第一子時，全世界都在看。然而，即使包含開發這套軟體在內的全球許多專家都預料，這場棋賽將由李世乭勝出。但後來還是由AlphaGo在前三場連勝取得領先地位後，最終以四勝一負的結果贏得比賽。AlphaGo的棋法並未被設計成特別有攻擊性或比較保守，這個系統只是被設計成以贏得比賽為目的。在對戰AlphaGo落敗後，李世乭繼續投入棋賽，並在接下來的二十場賽局中贏過所有人類對手。但是對於這位百年難得一見的圍棋奇才來說，一切都不一樣了：二〇一九年十一月十九日，李世乭宣布從擔任棋士的職業生涯退役。他表示，由於人工智慧技術的進步，他已經不再可能成為最好的棋手，並稱AlphaGo是「無法被擊敗的對象」。[17]

DeepMind團隊在幾年後又開發出新一代的AlphaGo，名為AlphaZero。AlphaZero是一套功能更強大的人工智慧系統，它的重點在於所謂的「深度強化式學習」（Deep Reinforcement Learning），也就是自我學習的能力。[18]找出如何讓機器自己玩，並從自身經驗中學習，是當前人工智慧開發中最具挑戰性的任務之一。AlphaZero最初被DeepMind工程師設計為能學習和掌握三種棋藝遊戲（日本將棋、西洋棋和圍棋）的系統。但是當這個系統獨立運行後，卻發展出全新的玩法，而且是超越至今為止人類的想像力和理解力的玩法。

二〇一七年年底，Google的自學程式在未受到大眾關注的情況下，其西洋棋棋弈在短短幾個小時內達到超越人類的水準。為了擊敗當時世界上性能最強大的西洋棋程式，AlphaZero持續鑽研棋藝。

二〇一七年，中國科學院對AlphaGo進行了一項改良過的智力測驗，得出AlphaGo的智商為四十八，相當於一個小學一年級學童的智力。[19]如果我們將這項測驗結果當作是AlphaZero的智力指數性成長的指標，而以AlphaZero的智力每兩年增加一倍的速度來看，到了二〇二二年，Google的人工智慧應該要達到一百左右的智商，且到了二〇三〇年將達到智商三千二百的水準。當人工智慧的智商是人類的百倍，甚至上千倍時，其中的意義是什麼呢？是否意味，人工智慧機器內部發生的變化，正在以某種方式達到堪比人類智力的程度？

二〇一九年十二月，西洋棋界世界排名第一、世界冠軍寶座衛冕棋手馬格努斯・卡爾森（Magnus Carlsen）在莫斯科舉行的超快棋錦標賽中取得兩勝。一開始，他下了幾步不循常規的棋。一度被認為是過於大膽的冒險，或是根本下錯了，但不久後又翻轉成勢如破竹的優勢。卡爾森參酌演算法，並在這場錦標賽中運用了所謂的「AlphaZero棋法」。之後，他甚至稱AlphaZero是他「最好的朋友」與導師，原因是他與DeepMind接觸過後，很早就開始以一種全新的玩法下棋。[20]

我們大腦的演算法

現今我們在電腦上創造出來的智慧，不一定和人類的智力有關係。與其說開發出像電影《人造意識》中的艾娃這樣有感受能力的機器人，目前的發展更著重在智慧型冰箱或智慧型吸塵器上。但最終目的都在於由人打造出讓機器可以像人一樣處理事情的功能和結構。或是像不久前《富比士》雜誌（*Forbes*）中有篇文章提到：「最好把人工智慧看作一個完整的研究領域，著重於開發能處理原本需要人類智慧才能執行的任務的電腦系統。」[21]

如今的人工智慧是在演算法的基礎上發展出來的。就這個意義而言，智慧型機器不做思考，只是單純執行運算。至於人類智力雖然沒有明確定義，但人類智力結合了諸如定量思考、提前規劃、用創意找出決策、記憶力、溝通或情緒深度等多種能力與特性。但是把這些「功能」都複製在機器上，還不足以讓機器變成人類。許多推動人工智慧發展的研究人員相信，我們大腦的運作也是以演算法為基礎。因此，這些研究人員假定，一旦這些心智模式被完整解密，就有可能以數位代碼完整呈現涵蓋我們的性格、思想、情緒和記憶在內的人類精神狀態。這一點再結合我們大腦的介面——「腦機介面」（Brain-Machine-Interface）——就可能讓我們長生不死：我們只需將自身的智識「上傳」到數位層面的電子大腦中，或者，我們也可以選擇「下載」到另一個機器人軀體中。這樣我們就有辦法獲得幾乎無限量的資訊。

然而，這種觀點的問題在於：即便是最厲害的學者往回追溯他們自己的論點，在碰到要處理極大型系統或進行量子物理描述，而這些系統或描述間又沒有相干性時，也要面對古典物理學的極限。在早期，學者或許還能專門研究物理學的離散領域，但到了今日，要精通某個特定領域，就必須要經過多年的訓練。但即使熟習了這項技藝，學者也還是缺乏對世界奧祕的通盤了解，或是連對理解本身意義的基本認識都還無法掌握。

在我們嘗試打造出能力遠優於人類的類人數位認知系統或是具備各種技能的外部通用人工智慧時，其實我們正在玩弄一些讓我們成為真正的人的重要哲學依據。倘若機器可以學會模擬主觀感知，而人工智慧能夠發展出某種形式的自我意識——那還算得上是真正的意識嗎？那麼，機器自身又是什麼感受？我們又會變成什麼樣子呢？在我們讓自己進入到虛擬情境時，那個虛擬情境是否會完美到讓我們的虛擬自我產生混淆，而讓我們以為一切都沒有改變？或者，會不會讓我們失去當前這個版本的人類意識？再者，當我們完全失去意識後，又會發生什麼事？

我們對主體與客體的理解會受到非常大的質疑，甚至陷入危機。我們是在進行加工製造的機器，或是某個物理現實的有意識觀察者？關鍵在於，要像掌握技術一樣，對人體結構、人類的能力和極限，了解越多越好。**如果我們在意識之外造出外部或合成**

智慧，卻不知道造出的是什麼、不知道造出的智慧如何運作，就只是在操弄那些讓我們之所以為人的要素。我們必須將人性與科技結合起來。因此我們需要文化設計師和工程師，因為我們從自身的意識經驗中學到的，對這部分的理解至關重要。

智慧和意識

智力是意識的前提嗎？黑猩猩可以辨識出不同的字符，還能解計算，所以黑猩猩有意識嗎？或許必要時，我們還願意認黑猩猩這個毛髮茂密的近親——那烏鴉呢？烏鴉不僅能做出工具，還能快速改造同類的新「發明」。所以烏鴉也有意識嗎？那魷魚呢？植物呢？如果說，植物學家已經有足夠的經驗可以證明植物有學習能力，並能對各種刺激做出反應呢？

假設，我們很快就有辦法百分之百複製出人類的大腦和人類的軀體，並將這一切傳輸到功能強大的量子電腦上：這個人造人算得上人類嗎？這樣的人造人會知道自己是誰，知道自己在做什麼嗎？就像HBO影集《西方極樂園》（*Westworld*）中的「接待員」（Host）機器人一樣，這個人造人和真人幾無差別。但是這樣的人造人有意識嗎？又該如何進行檢驗呢？

歐盟執委會的「人腦計畫」（Human Brain Project）是一項企圖將有關人類大腦的所有知識彙整和聯繫起來的大型實驗。[22]目的在於以觀察和數據蒐集為基礎，針對人體的中樞器官進行逆向工程（Reverse Engineering）。做法是藉由電腦創建的模型和模擬複製人類大腦。二〇一八年一月，這項研究計畫達到現有的發展階段，稱為「藍腦連結」（Blue Brain Nexus）。這個數據平台旨在推動對人類大腦進一步的認識，並對新型電腦與機器人技術的研究與發展做出貢獻。

就這樣的背景前提來說，好消息是，科學家還要幾十年時間，才有辦法開發出「超智慧」。甚至他們或許永遠都做不到，不過就目前的情況看來是無法預測的。但無論如何，要讓這項技術維持在可控範圍，並協助我們把地球變成適合人類居住的地方，至少也需要那麼長的時間來進行設計。所以，讓我們開始動起來吧！

可能有智慧沒意識嗎？

因此我一向對以人工智慧來解決「意識的困難問題」的實驗不抱任何希望。無論替代大腦的神經網絡或演算法多複雜——機器都無法像人類一樣有夢想或是思考有深度的哲學問題。為何這樣也有好處呢？**為什麼我們容許機器去破壞那些讓我們人類生命變得更有趣、更有價值的難解之謎呢？**

對此，我們必須定義人工智慧執行哪些任務可以且應該造福人類。並依此設計這些機器，以讓它們能夠（而且只能）實現這些目標用途。而困難之處就在於此。

超智慧系統再過幾年就會成為現實——屆時，機器將具備超越人類的知識和運算能力，而這也將反應在智商量表上，即使它們是非人類、無意識的智慧。然而，這些機器能夠累積經驗或嘗試新的解決方法，並不代表他們在各方面都比我們好。幾乎可以確定的只是我們無法預期這樣的「智慧爆炸」（Intelligenzexplosion）會帶來哪些影響。就我們人類而言，智力和意識息息相關。然而，**隨著超智慧機器的開發，我們將創造出遠超出意識的智力，以至於屆時甚至無法解釋意識到底是什麼。**

這個問題已經讓東西方的哲學家和精神啟蒙導師探究超過兩千年之久。相較之下後起的各種唯物自然科學不能再自我封閉而不進行對話。因為它們自己是找不到答案的——而它們的各自領域隨著量子物理學的發展，已經開始出現一些物理學和形而上學之間像是橋樑的新領域。曾獲諾貝爾獎殊榮的普朗克是量子力學的奠基者。在他身後百年，該是時候以創意和勇氣縮短橋樑兩端的距離了。

「我認為意識是基礎，」普朗克解釋道：「而物質是意識衍生出來的。我們無法超越意識。」[23]這段話具體是什麼意思呢？關於縮短距離，普朗克早在一九二六年就已經樂觀地表示：「過去哲學和自然科學確實曾經形同陌路，對彼此懷有敵意。但這樣的時代早就過去了。哲學家已經意識到，不能硬性規定自然科學家該以哪些方法或制定怎樣的目標來執行工作。而自然科學家也了解到，不僅只是他們研究的出發點是建立在感官知覺上，同時也因為自然科學沒有加上那麼點形而上學是行不通的。」[24]

即使過去百年來，這樣的見解在物理學和形而上學兩方或許都有所進展，在理論和用語上仍然沒有共同的基礎。量子物理學家、哲學家和精神導師在詮釋意識和物質間的關係時，似乎有愈趨殊途同歸的趨勢。但若說到因為有共同往前再邁進一步的意願而進行對話的情況仍然非常罕見。

量子世界的奇異、全球的意識革命、同樣在全球蓬勃發展的精神運動、科技和科學的快速發展，以及依循佛洛伊德、卡爾・榮格（Carl Gustav Jung）和雅各・拉岡（Jacques Lacan）等人傳統一脈相承的心理分析師和泛心論哲學家的見解，全都指向同一樣方向。泛心論這種哲學概念認為，所有物理實體都具有精神特性。但是如果精神、心理和意識是所有事物普遍且原始的特性，那麼唯有透過承認相互依存關係，且涵蓋神經與電腦科學家、古典與量子物理學家，以及哲學家、心理分析師和精神思想家的跨學科研究，才能在知識鑽研上更上一層樓。

在不久的將來，機器人擁有的知識不僅會比我們豐富，它們還將累積更多的經驗。但我還是相信，它們不會有第六感、直覺、感官體驗以及人類「從錯誤中學習」後創造出新事物的能力。**藉助科技，我們有望複製所有人類史上曾經建造過或計算出來的所有事物：把歷史當作唯一的巨型演算法。但未來，作為一趟有意識的旅程，在被馴服的技術的協助下，有待我們的即興創作。**如果我們讓機器為我們計算出最好的未來，也就意味著將人類的創造力交給演算法，那麼後果將不堪設想。

因此我們需要一場意識革命：我們終究必須面對「我們是誰」這個問題。必須思考「什麼造就了我們人類的天性」——相對於智慧機器人而言。為了迎合人類的需求，該如何謀劃經濟與社會事務。如果我們終究醒不來，繼續在夢遊般的無意識狀態中朝向深淵踉蹌前行，我們人類的命運會面臨哪些威脅？

為了讓這種情況不會發生，且讓我們一起即興創造量子經濟吧！

我思，故我在——或是，我剛好在，所以才思考？

「我思，故我在」，這句名言出自笛卡爾，幾乎每個人都聽過。啟蒙運動的重要人物笛卡爾是有史以來最傑出的思想家之一，「現代哲學之父」的美譽當之無愧。但是他的推論正確無誤嗎？在思考過程的有意識感知之後，是否真的是因為思考這件事才產生了「我」？

笛卡爾將思考的作者歸於「我」，也就是主體——並以此提出了身與心的二元論。他認為存在兩個獨立實質（實體）的論點，影響及於今日的大腦與意識研究。這裡可能有邏輯上的問題。有可能我的「我」只是思考過程中極小部分的觀察者，而且這些思考過程大部分在無意識中進行，幾乎不會被「我」所影響。然而，在現今透過複製大腦和身體以產生意識的科學實驗中，笛卡爾的假設和命題前提仍舊發揮了極重要的作用。

法國啟蒙哲學家笛卡爾分別賦予每個實體（心靈與肉體）對它們各自的身分和功能最重要的一些特性。三百年後，同樣出身法國的尚—保羅．沙特（Jean-Paul Sartre）提出了與這樣的本質論（Essenzialismus）相對立的存在主義（Existenzialismus）概念。根據存在主義哲學，每個人都作為自由行動者存在，每個人的「我」都各自以自發性的意志行為為基礎。對沙特來說，就像他的名言中提過的，「我」是一個「被扔到世界上」的「身體—客體」（Körper-Objekt）。[25] 因此存在主義哲學家會反著說笛卡爾的本質論名言：「我在，故我思」（Sum ergo cogito）。沙特指稱的「我」不再是這些思考過程的創作者，而意識和理性也絕不會一直為這個「我」所用。在這裡，神經科學正好可以派上用場，並加以證明。神經元開始放電，而我們將之投射到現實中。[26]

這兩種方法中，哪一種比較接近事實呢？笛卡爾將人類的身體定義為機器。從這個角度來看，整個世界就像一部大型機械，而且是上帝這位最高層級的工程師創造出來的大型機械。不過，笛卡爾也早就意識到這個模型有漏洞。比如，在他一六三七年發表的作品《談談方法》（*Discours de la méthode*）中討論到的創意語言的呈現問題，就無法以機械理論加以解釋。這裡設定的前提是，無生命物體的所有行動都來自於與其他物體的碰撞——這個假設就與天體運行不一致。

這個問題後來被牛頓以萬有引力定律解決了。在笛卡爾提出「我思，故我在」五十年後，牛頓以其著作《自然哲學之數學原理》（*Philosophiae Naturalis Principia Mathematica*）助力了笛卡爾的機械模型。在那之後，雖然可以（相對）精準地計算出其運作方式，但是牛頓的這個理論並未解釋造成重力的原因，以及重力如何擴散。牛頓本人也認為，穿過空曠空間的直接遠距作用是不可能的。只是，牛頓雖然直到生命的最後都還在鑽研這個問題，卻始終沒能為知名的「超距作用」（action at a distance）找到解答。

這個問題不僅至今無解，隨著量子糾纏的發現，在次原子層也出現類似現象——那就是讓愛因斯坦耗時二十幾年研究卻徒勞無功，存在兩個或多個粒子間的「如幽靈般的遠距離作用」。在那之後，科學家沒有再進一步的發現。科學家沒有再深入探究這個謎題，而是發展出把這個世界描述得越來越精確的理論與模型——然而，仍舊沒有解釋這個世界為何是現在這個樣子。

無論如何，隨著牛頓發現萬有引力定律，笛卡爾提出的心物二元論（Geist-Körper-Dualismus）也得到定論：**身體既不是機器——而心靈也不是具有上帝賦予特性的實體。**或許沙特的存在主義概念也無法給出解答，但畢竟也提出了正確的疑問：當「我」自認在思考時，「我的」大腦和身體會發生什麼變化？

意識從何而來？意識的基礎又是什麼？意識如何在我們的大腦裡面坐穩根基？又有哪些腦區參與意識過程？究竟為什麼會有意識的思考過程？為何在大部分神經處理歷程在無意識下進行的同時，我們仍會感知到諸如疼痛或恐懼這些刺激？對於這些疑問的研究早已不限於神經科學家、電腦專家、物理學家和心理學家，如今包含哲學、心理分析和靈性學在內的其他領域也有不少知名思想先驅和橫向思考者投入相關研究。

在未來幾十年或是二十一世紀末，我們對人類大腦的了解會有多少進展？至少目前我們對人類大腦運作的了解還有很長一段路要走。甚至於對意識的研究，我們還只是在非常初始的階段。

了解人類意識的生物學，也就是我們自我認知的神經元相關基礎，被許多具領導地位的研究人員視為科學界最新的重大挑戰。如今我們都知道，我們大腦中的神經元會先

「放電」，然後才讓我們意識到相對應的感受。這就好比，在你注意到行人專用號誌轉綠前，已經一腳踏上行人穿越道一樣。因為你的神經系統早就有所警覺，並及時向你的身體發送出相應的信號。這樣一來，你就不是「自家的主人」。你的意志有所求，但至於你的意志是否是自由的，就非常值得存疑。

這麼說來，我們有意識到底有什麼好處呢？反正我們接受到的資訊和經歷過的事件，絕大部分都會在不經意間被我們儲存起來，並且大部分成為人類的潛意識。那麼，我們思考意識是什麼，甚至為此感到困擾，到底有這麼重要嗎？

人是獨一無二的存在。我們是唯一一種可以對抽象概念進行思考並提出疑問的動物。金魚不會因為擔心事業前途或是思考未來發展而游來游去。長頸鹿也不會想著，自己如果脖子再長一點，是否更能吸引其他同類的注意而來回踱步。小狗不會反省牠們過去曾經犯下的錯事，更遑論思考如果相同情況再次發生，牠們是否會做出不一樣的決定。這種思考抽象概念的能力，也讓我們能夠想像一個沒有我們的世界會是什麼樣子。**這種憂心自己不再被需要的焦慮，或是對死亡的恐懼，都驅使我們懷揣著延續下去、永恆不朽的想望。**

追求科技進步、渴求永恆和長生不死，以及得到認同的需求都推動著我們前進。由於科技（到目前為止）還無法為我們提供萬靈丹，所以我們寫書、鋪路、蓋大樓，讓我們的名字得以流傳下來，或是留下在我們身後仍能留存下來的創作和藝術。美國文化人類學家歐內斯特・貝克爾（**Ernest Becker**）在其於一九七四年獲普立茲獎（**Pulitzer-Preis**）殊榮的著作《死亡否認》（*The Denial of Death*）中就曾探討到這種行為現象。在佛洛伊德和齊克果（**Søren Kierkegaard**）的研究基礎上，貝克爾認為，人類對死亡的認知乃是一種出於人性、複雜且具象徵意義的防禦機制。[27]而這種防禦機制正是我們感性與理性行為的基礎。我們本來就活在有形物質世界和抽象概念世界的二元性之中。我們在這個有形的物質世界中吃東西、睡覺，而在抽象概念世界中，我們定義所見所聞、致力於身分認同。

在我們意識的某個層面上，我們感受到，並且也接受我們的肉體中有消逝的一天——而且，我們為此惶恐不安。汲汲追求進步的力量以及害怕我們肉體的消亡都在推動著所謂的「不朽工程」（**Unsterblichkeitsprojekt**）。我們憑藉著概念上的自我建構起能夠超越肉體消亡的身分認同。諸如此類的例子，比如英國文豪莎士比亞（**William**

Shakespeare）、法國的拿破崙（Napoleon）、挪威畫家孟克（Edvard Munch）、耶穌基督或是伊斯蘭教先知穆罕默德等，這些人如今與他們還在世時一樣備享盛譽。藉由一段以不朽計畫為條件的人生，人可以得到驗證，成為英雄和永恆的一部分——這裡指的是那些相較於肉體，永不消亡的事物。於是，反過來又讓我們覺得，人生有其意義所在，而且在事物的偉大規劃中很重要。這是最後一次自戀傷害的推動引擎——因為我們完成這項工程的意願，我們可能會在超越意識的情況下，更希望透過科技來實現。然而，一個讓我們脫離有形肉身的自我，並在演算法中以人工產物的形式成為永恆的技術介面，就好像沒有把燈點亮的房子。

我們不想這樣結束——我們需要意識。這是我們現在要處理的根本問題，即便我們才剛踏上這趟旅途的開端。當我們能夠像過去心理學和經濟學那樣，從哲學裡面將意識抽離出來，視為一個獨立學科，方才可能在這個領域有真正的進展。但在那之前，我們有的只是更多我們人類要面對的哲學思考和問題。

即便我們或許沒有，或只有極其有限的自由意志——我們可以透過知識和相互依存影響現實，進而打造我們的未來。這既非線性，也不是命定的。我們的判斷力、我們的感官體驗以及雖有創意卻會犯錯的進步概念，都是我們人性旅程的一部分。倘若我們只試圖透過演算法和超智慧來理解這趟旅程，就會忽略了直覺的作用。正如齊克果曾經一針見血的指出：「哲學說的沒錯，人生必須**倒著理解**。但這麼一來，就會忘記另一句說的是要**往前活下去**。」[28]

第六章
最後的自戀傷害：人類會成為沒有意識、體驗和感受能力的生物？

「讓地球臣服於你們！」舊約聖經中的上帝以這樣的指示把祂造出的兩腿生物派送到這個世界。幾千年來，人類也確實奉行著這個指令——許多人類以外的物種因而面臨遭到滅絕的窘境。

其他物種？根據天主教的說法，我們人不是動物，而是「神照著自己的形象」造出來的——是一種在肉身死後，會褪去獸性肉體，以不朽的靈魂永遠活下去的天使。為了順應這樣的信念，幾千年來，人們也認定地球就是宇宙的中心。畢竟上帝並非把祂所造的「萬物之靈」（**Krone der Schöpfung**）——也就是我們人類——隨便拋在宇宙角落的某個不起眼星球上。

直到西元一五〇〇年左右的中世紀末期，絕大多數的人都對這些基督教教條深信不疑。但後來卻發現，信眾認定的事竟然全是幻想和誤解。這一系列的痛苦認知，被神經生理學家同時也是心理分析學創始人佛洛伊德稱為人類的「自戀傷害」（**narzisstische Kränkungen**）[1]。愛戀自己的概念——或說較為負面的自戀概念——是這位奧地利學者論及人類心智時的核心概念。在一九二〇年《精神分析引論》（*Einführung in die Psychoanalyse*）系列講座中，佛洛伊德將這個概念套用到全人類，寫出科學對人類及其「天真的自愛」（**naive Selbstliebe**）所造成的一系列共三種沉痛的傷害。

人類受到的傷害

第一次傷害：醫師兼天文學家的哥白尼經由觀測天體和數學運算發現，天體運行根本不像亞里斯多德時代以來人們相信的那樣：太陽不可能繞地球旋轉。確切地說，我們的地球更像是一群繞著太陽轉的天文物體中的一個小星球。這位學者把這些認知寫進他具革命性意義的作品《天體運行論》（*De revolutionibus orbium coelestium*）中，由於忌憚教會的勢力，這本書在哥白尼辭世後才得以出版發行。[2]

對佛洛伊德提出的「宇宙傷害」（kosmologische Kränkung），教會的信仰者一開始同樣也以審查和採行嚴厲的強制措施等手段對外祕而不宣。因為一旦沒有了這些信仰，人類在宇宙秩序中的地位就會突然受到質疑：如果上帝沒有把我們的世界擺在祂系統正中心的位置上，這樣的訊息對我們人類有何意義？那表示在宇宙排行榜中地位嚴重下滑——而這也為愛因斯坦的廣義相對論到太空旅行，乃至於哈伯太空望遠鏡等具劃時代意義的科學新知和革命性技術掃除了開發過程中可能面臨的阻礙。

第二次傷害：大約在哥白尼身後三百年，英國的科學家達爾文發現，人類並非依照上帝的形象造出來的，而是演化的結果。他認為，人類和猴子有著共同的祖先，而人類是經過「性擇」（sexual selection）產生出來的。[3]佛洛伊德提出的這種「生物傷害」（biolische Kränkung）也將人類拉下像神一樣的萬物之靈寶座，重新將人類劃入「動物」的範疇。這是對人類集體自我又一次的沉痛打擊——不過這同時也為諸如基因工程和人類基因組解序等知識進展和重大新技術爭取了發展空間。

第三次傷害：如果我們人類不是活在動物軀體裡的天使，而是進一步演化的哺乳類動物，那麼也可以合理推論，教會對於自我意識和人類靈魂的信仰經不起嚴格的檢驗。佛洛伊德在他的「潛意識的力比多理論」（Libidotheorie des Unbewussten）中證實，有意識的意志大部分是無法觸及「精神生活」層面的。佛洛伊德認為，我們的自我就如同浩瀚汪洋中的島民。在這個汪洋深處發生的事情，有意識的自我多半無法察覺，就更不用說左右它了。

就精神分析的觀點而言，相較於理性思慮、道德禁制和有意識的意志行為，我們受到無意識的本能和感受的影響更為強烈。值此人類將自己全然納為「更高等哺乳類動物」之際，佛洛伊德將這種現象稱為人類的「心理傷害」。[4]同時也是皮膚科與性病醫師的德國詩人戈特弗里德·本恩（Gottfried Benn）就曾在詩作中寫到「萬物之靈、豬、人」[5]描繪出我們人類從教會塔樓墮入豬圈的情景。這種階級的巨大改變也對人類的自我價值感產生了極大的影響——反而又為知識的大躍進和科技創新（特別是在醫學和心理治療領域）挪出位置。佛洛伊德的幾個知名弟子，比如榮格和阿德勒（Alfred Adler）

等人都證實了他的學說，並且加以發揚光大。

佛洛伊德的論述也對社會科學和知識論產生非常大的影響。在此僅舉出一個重要的相關例子：法國精神科醫師和心理分析學家雅克．拉岡將佛洛伊德的方法和語言學等其他科學領域相結合，並與其他研究人員開發出主體與客體間、能指（Signifikant）和所指（Signifikat）之間無法填補的「空缺」（Leerstelle）概念。[6]神經科學家業已證實，我們的神經元在我們做出決定前其實就已經啟動，而且我們採取反向投射（Rückwärtsprojizierung）的方式，為我們的無意識行動加以圓說。從技術的角度來看，可以說我們只知道已經處理過和計算過的事情。因此，我們的行動其實是從無意識到有意識變化的過程。

未來的人文主義

全知、永恆不朽、更高層次的存在：後人文時代已經帶來一些奇蹟，而且未來必定還有更多奇蹟出現。但當然也要視情況而定，總之，這可能意味著我們人類都不再是注目的焦點。我們或許能達到更高的意識狀態，也將發現全新技術。但是後人類主義意味著，我們的結構和信仰將不再建立在今日我們所定義的人文主義基礎上。於是，未來做出的決斷和採取的措施將會超出我們的理解。我們需要的是對於一些基本問題深入地進行跨學科對話：進入二十一世紀，我們真的還需要人文主義概念嗎？我們需要由科學進步引導、以藝術為靈感、以同情心為核心推動的理性哲學嗎？是那種以我們的經驗、感受和求得的知識為基礎進行決斷的哲學嗎？在一個越來越看不到全貌的世界中，參與式民主和個人自由的最大化，真的是我們心之所嚮嗎？我們是否會以更理性、更富有道德價值觀和基本共同人性的態度看待人生？或者，現在終於是時候，應該把我們的生命交給一個更高層次的智慧、更高層次的意識狀態、在機器中的神或諸如此類的其他事物，好讓它／祂們來實現我們達到烏托邦狀態的夢想，並賜予我們幸福、長生不死和神性？

因為在日益複雜的世界中缺乏明確的方針，才使得過去幾年許多民粹主義者有機會躍上舞台——印度總理莫迪（Narendra Modi）、英國前首相強生（Boris Johnson）、前菲律賓總統杜特蒂（Rodrigo Duterte）、美國前總統川普等人都屬此流。這些人的成功並非因為他們以事實來打造更好的現實，而是這些人提出返回過去的理想狀態，這樣看似對腐敗的體系的解答。只要涉及社會認同的議題，人就容易受到操控。我們往往會陷入數位推播系統所創造出來的濾泡當中，使得我們在這個要命的資訊社會中僅得到單方面的說詞。因此，今日政治上的政黨民主會流於為反對而反對的矛盾概念。結果，為了在下次選舉中贏得選票，他們不會站出來對具體的事情表達支持的立場，而只採取投機和短視的行動。許多更複雜的挑戰和技術上與日俱進的可能性不僅化身成各種智慧型機器為我們所用，甚至成為我們身體的一部分。或許不久的未來我們就會看到，透過這些技術的應用，政治領導人或政治活動能更有效地操控我們，即便他們早就那樣做了。與此同時，自由市場、企業競爭和民主選舉都將失去意義，因為個人的決定不再是個人的想法和感受，而只是受到外部的操控。鑒於當前民主體制的狀態，可以確定我們早就走上一條危險的道路。但這只是開端。

短短幾年內，當模控學和生物科技真的整合進我們自己的體內，我們才要真正面臨來自人工智慧的嚴峻挑戰。早在二〇〇二年，紐約州立大學（State University of New York）的科學家就在老鼠體內植入電極（Elektroden），並以此開發出類似真正的生物機器人或機器動物這類的技術。他們可以利用外部刺激激發老鼠的反應和獎賞機制，並進一步發出指令讓這些老鼠向左或向右轉、爬到樹上或梯子、競相爬上瓦礫堆，再從不同高度一躍而下——而這一切指令都是從遠在五百公尺外的筆記型電腦上下達。這些科學家甚至可以將這些老鼠引到牠們平時不會去的光線敞亮的場所。[7]之後，這類測試又被應用在其他哺乳類動物身上。這種程度的操控運用在人腦的案例則有當前以病毒式行銷或是俄羅斯社群媒體上的發文，讓這類大規模操控看起來像是兒童生日派對上無傷大雅的魔術戲法一樣。

從哲學的角度來看，這裡又展開了一個全新的問題：這些被實驗的老鼠會感受到這些操控是來自於外部嗎？如果套用到人類身上，人類受到這些神經元的不明刺激時，會知道是受到外力控制的嗎？我們會意識到這些控制嗎？或者，我們會覺得無異於我們的自由意志，覺得是我們自身意識的決斷所做出的行為？這會對我們目前對意識的定義造成怎樣的影響呢？如今的我們到底還有沒有自由意志可言呢？

即便我們以某種方式創造出某種人工智慧取代主流的廣義人工智慧（人與機器的結合），我們依舊要承擔完全失去人類獨有的自主決策能力的危險。前面已經提過，如今簡單的人工智慧應用就能在許多領域讓人類決策變得多餘，而這種趨勢未來只會繼續下去。極端情況下，我們的理智和數位超智慧結合後可能完全消除我們的意識經驗：這樣一來，我們就會成為哲學殭屍的思考實驗——沒有意識、體驗和感受能力的生物。就像是屋子裡明明亮著燈，卻沒人在家一樣。

那麼，這最後的自戀傷害——亦即人類因為數位超智慧的廣義人工智慧或是因為人工合成智慧被剝奪權力，變成像僵屍般的存在——和此前佛洛伊德提過的三種自戀傷害有何不同呢？在這種情況下，人類不會有任何好處。而這將成為史上第一次，科學進展和技術進步無法造福人類，而是成就了人類新創造的神、數位超智慧，或是堪稱人類最後成就的任何能感知的機器，或是即將接替我們成為這個星球新主宰的人工超智慧。

最後的自戀傷害應該是出於一個如此顯而易見又悲傷的理由：因為我們可能不復存在了。如果不是因為我們的繼任者消滅了我們，使得我們確實不在了，就至少是不再能夠自己創造自己命運的人類。在希臘神話中，虛榮的少年納西瑟斯入神地凝視著自己在泉水中的倒影——但是再也沒有人能夠映照出倒影了，因為一旦溺水就會失去我們的意識，就像燈熄滅了，我們也看不到倒影了。幸好未來還在我們手上。只要徹底改變觀念，並深入理解我們真正在做的事，我們仍舊能夠打造出一個讓人類和機器共存的未來。

往前還有其他路可走嗎？

讓我們在某個時間點一起坐下來，同聲說道：「科技足夠了！進步足夠了！到此為止吧！從此保持現狀就好。」這樣的場面似乎不太可能發生。尤其是我們都知道，我們可能已經過了阻止這種進步的時間點。「讓我們將這種進步移交給世界上的其他國家，讓我們一起為進入烏托邦社會而高興吧！」或許二〇一九年是西方富裕國家的幸運精子社會成員還能說出這句話的最後一年。

但面對最後一次自戀傷害帶來的威脅，對於造出超智慧，也就是在機器裡面的神或是廣義人工智慧，我們顯然應該有所保留。因為我們對這類機器的內心「生活」毫無概念，只是不斷透過嘗試來考驗自己的能耐。這就好像我們帶著希望和夢想，玩著一局每個彈槽都有子彈的俄羅斯輪盤一樣。

即便我們難免著迷於科技、人工智慧及其有用的潛力，我們仍須全面探究這個議題。我們必須優先選出一條絕對安全、經過充分測試並深刻了解可能後果的道路。**面對人工智慧，我們不能只是盲從技術的進步。**我們有必要對想達到的目標給出全面性的定義，思考諸如以下問題：人性對我們有何意義？我們想保留、優先考慮和強調的人文價值觀是什麼？

考量技術發展的方向，唯一的解方似乎是找到能將我們的理智和外部超級電腦融合在一起的方法。如果我們採行這種方法，至少還有機會更加理解我們的心思，並在神經科學領域更進一步，好讓我們在融合的過程中，仍能保留個人意識、主觀經驗和個人意志。與其將所有的權力都交給科技，甚至希望以烏托邦的結果取得最佳成果，無論就科技還是道德的觀點來看，我們都不如齊聚全世界最聰明的腦袋，讓這些人為人類與機器的融合一起努力。

事實上，我們許多人早就在我們的生物系統中植入物理技術，已經是名副其實的電子人（Cyborg）了：心率調整器和人工電子耳植入人體的應用只是其中兩個例子而已。就如同電影《人造意識》中的艾娃已經很難找出人與機器的界線。如果我們真的有能力造出一個幾乎和人類一模一樣的複製品，又會怎樣呢？當然，這還需要幾十年，甚至上百年時間的開發研究。即便如此，我們仍應了解，自身模控發展的下一步很快就會到來。因為弱人工智慧一直在進步，而長期處於起步階段的強人工智慧研發，如今也要正經地邁出第一步。我們正走在讓我們的大腦直接與數位連線的路線上。

二〇一六年，科技企業家和特斯拉創辦人馬斯克成立一家以「神經連結」為名的新公司就是為了實現這個目標。[8]馬斯克不諱言地表示，避免創造出在我們大腦外的危險數位超智慧的唯一方法，就是與這個超智慧融合在一起並成為超人。這可能是我們作為人類的發展過程中一個新的演化腳步，而且可能可以幫我們進入更高的意識層面。在「神經連結」這家公司和其他公司的做法之間，如網路先驅布萊恩·強森（Bryan Johnson）和他的公司「Kernel」，或是Google公司和他的同行在這個領域的研發，人腦與電腦連結的這場競賽早就如火如荼地展開了。初次在人體上進行試驗早已準備妥當，只是礙於各國的批准流程，短時間內進入商業應用的可能性不高。即便如此，有遠見的人仍會盡他們所能推動改革，試著加速政府官僚的作業時間。比如馬斯克和另外一些人都曾提到，針對特定疾病如阿茲海默症，或是針對心理疾病患者的輔助系統，這類改善大腦的首個產品理論上二〇二五年就可上市。[9]

我們正朝著科技不會成為人類進步的限制因素的局面邁進。我們想走向何方？不久的未來，我們就能夠把各種應用程式直接下載到我們的大腦裡了嗎？我們已經打開潘朵拉的盒子，讓我們的大腦連上對於要把我們引向何方都完全未定義和不明的概念。但如果我們願意相信一些專家，這將是我們確保存活下來和打造一個更好世界的唯一機會。這類技術可以幫助我們更理解我們的理智和意識。唯有如此，我們才能確保這些知識能整合到未來的數位系統中。否則我們將面臨我們的人性基礎遭到抹滅或消除的危機。

如果德國哲學家康德所稱的「完美理性」（perfekte Rationalität）——也就是經過深思熟慮並有理性引導的目的和目標的思想和行動——會帶領我們進入道德天堂，那麼這種科技或許能實現我們在量子烏托邦世界中人性化資本主義的下一個進化階段。**如果我們能夠控制數位超智慧的發展和方向，或許就有可能實現人類數千年來的夢想：一個人道、和平且平等的社會。**無論我們選擇走哪條路，安全至上是非常重要的事。無論是在模型上、在模擬的情境，或是在真實世界中進行測試，我們都有必要參與討論其中的可能後果。因為一方面，如果速度太慢，阻礙到重要的開發進度，官僚的批准流程可能是一種詛咒。另一方面，為了避免市場亂象、研究過於瘋狂，使世界陷入混亂的局面，官僚的審批流程確有其必要性。人工智慧會賦予我們超能力，協助我們在醫學、科學和各種不同形式的藝術上取得突破性的進展。因此，長期的責任感絕不能以短期的好奇心或快速利潤心態為代價。所以最合理的前進方式就是在一個或多或少開放的全球社會中導入監管措施。

聚焦安全，並且以科學和哲學間的辯證共生這種新方法，或許我們有機會更理解所謂智慧的涵義。康德探究的四個問題：我能夠知道什麼？我該做什麼？我可以盼望什麼？人是什麼？——在當前科技發展背景下重新浮現。或許因此我們可以對身處的世界有更好的理解，進而有意識地決定，我們是否想要，以及要如何區分自然人和人工智慧。

第二部

邁向量子烏托邦之路

「我們人類認為這些真理是不言而喻的，人人生而平等，他們被創造出來就是為了創造，因此人們有權利和義務生活在自由中，終身學習……」

〔摘自《人類相互依存宣言》（*Interdependenzerklärung der Menschheit*）修訂版〕

對於四十五至六十歲的人來說，這是再次咬緊牙根的最後之役，在垂死的舊模式中，為角色與意義而戰。三十到四十五歲的人生活在恐懼中，因為他們對未來感到茫然，不知道自己會變成什麼模樣。雖然他們之中有些人已經開始接受即將到來的新典範，但另一些人則與之抗爭，或試圖斷然拒絕。如果他們現在不為自己的生活做出必要的決定，他們不知道自己可能會錯過什麼？他們變得越來越孤獨，而且是集體性的孤獨，因為他們屬於「連結世代」（Generation Connected）。他們害怕不再被需要，害怕自己在生命中沒有創造出任何實質或持久的東西，最重要的是害怕年老時一無所有。他們感覺到與日俱增的複雜性和不斷加快的速度，一個新時代已經開始。

相較之下，年輕的「覺醒者」（Erwachten）世代當前的生活卻越來越輕鬆自由。或許是由於天真和希望的原則，也或許是因為對價值觀與成功的理解存在不同認知。他們聲音很大，但他們也把自己的具體要求付諸實踐。這些世代之間的差距從未像今天如此之大，人類從未像未來幾年那般將面臨如此極端的變化。

世界上六〇%的人口，即四十六億人，現在都有自己的發聲管道。[10]網際網路時代的承諾很簡單：你可以成為任何人，你可以站上舞台，現在人人都有機會成功。為什麼？答案很簡單，因為你可以。這當然只是一個很大的幻想，結局也可能令人失望。對於大多數網紅來說，對世界巨大的期望已在二〇二〇年破滅。

隨之而來的是社會的日益分裂：一邊是生活在社區中、與民族國家觀念脫鉤，更注重精神層面運動的人；另一邊是感到被體制與政府所拋棄的人，這群人與日俱增，而且主要為男性。這其中潛在蘊藏著巨大的挫敗感。而技術官僚精英會試圖保護自己不受影響，把自己與他人區隔起來，以保留型塑世界的力量。許多人被遺棄在「中間」，這些人對此現象可能無計可施，或者顯得無能為力。

這種社會組合是一顆定時炸彈，只能透過正常運作的經濟與相應的社會計畫才能穩定下來。沒有指南針，沒有明確方向，社會將無法運轉。因此，我們必須在今天決定明天的生活方式，並共同塑造一種量子經濟，以及一條通往量子烏托邦的道路。為此我們需要哪些系統？我們需要重建現有系統，還是完全拋棄？在未來十年，我們全球社會應朝向哪個方向邁進？又該積極發展哪些重點？

第七章
未來世界的三種情境：人類文明毀滅、智慧白痴社會、量子烏托邦

變革的時代總是伴隨著動盪。目前所有的衝突與碰撞也許都有其美好的一面，但唯有舊事物被打破，新事物才會應運而生。也許一切都必須先變得更糟，人類最終才能享受進步。烏托邦，即啟蒙者夢寐以求的美好新世界，從未像近年來這般接近。然而，同樣接近的還有以數種可怕表現形式的反烏托邦。我們該從當前結構的瓦礫碎片中塑造哪一種型態的未來，取決於我們本身。

流行文化中有眾多的反烏托邦小說。科幻電影與小說塑造我們對技術既是有益又是

邪惡的雙面想像。未來世界戰勝貧困、不平等及不公正的積極情境，要比使用肆無忌憚的技術將人類和地球送入死亡的終極災難故事，要罕見得多。

政治家、智庫及哲學家們也正致力於了解新技術研究與開發的快速進展所帶來的潛在影響。機器人化將如何影響未來的社會組織？在短短幾十年內，人工智慧、生物科技及奈米科技將對我們的世界與人類本身產生什麼影響？哪一種未來願景是可以想像的？《杜登》（*Duden*）字典將「未來」定義為一個名詞，意指「即將到來或將來的時間（以及在其中可以預期的東西）」，或者就個人而言，它定義為「某人的未來人生道路」。它不是實際存在的東西，也不是以任何方式存在的東西。我們往往偏好反烏托邦先知，因為我們相信他們有東西要教導我們，而烏托邦夢想家則被視為必須賣掉他們故事的推銷員。這就是為什麼我們買書、看電影、聆聽世界末日傳教與參加世界末日各項計畫，卻忽視任何積極願景的原因。

所以我們應該再想想看，是否該將未來定義為一個動詞。「你打造的未來」將意味著你積極塑造的個人生活。而當我們一起「打造未來」時，我們就不能再幻想「未來」是已經確定的東西，是一扇我們被迫一定要穿過的門，無論願意與否。未來不是迫在眉睫的，它不是真實的，而是一個潛力池，我們可以從中創造一個未來的真實存在。那麼，我們為什麼不能為自己的未來勾勒積極的願景，以它為基礎採取行動並創造出嶄新的事物呢？

我總是懷著高度好奇與興奮心情閱讀描寫未來的故事，無論它具有烏托邦式抑或是反烏托邦式的色彩。精心製作的科幻電影和科幻小說肯定會改變我們對自己和生活的看法。但此處的「精心製作」意指什麼？基本上，我們無法判斷作者是有遠見的人還是瘋子。事後回想起來，往往會發現，正是那些看似最不真實的猜測會成為現實，或者至少可能很快成為現實的合理情境。儒勒・凡爾納（Jules Vernes）的未來願景亦反映出相同的現象：他的小說《從地球到月球》（*Von der Erde zum Mond*）[1]中載人火箭飛行，在一八六五年及爾後很長一段時間裡，對讀者來說一定是純粹的幻想。然而現今的富豪們已經可以預訂月球旅行。而遺憾的是，許多反烏托邦小說的預言亦不幸言中：不僅僅是歐威爾未來世界裡的「老大哥」、我在引言中提及人類當今類似的情境，還有一些災難性電影。這類電影讓人聯想到具破壞力的自然界，以及無所不在、往往以科技作為後盾壓迫人民且令人感到沮喪的情境。

這些科幻小說中的許多情節都描繪了極可能成為現實的合理發展。儘管這些願景散發著魅力，但我們絕不能忽視這樣一個事實，即它們只是**可能**的發展。未來的定義正是基於因為它還不存在於我們的當下，只是未來的圖像，是積極或消極的期望。然而，我們期待的未來圖像也對我們現在的行為產生重大影響。

若我們認為，反正「一切終將付諸流水」，等於是在增加這情形發生的機率。當我們相信「技術」將拯救我們，或者相信它將「把我們推入深淵」時，也會出現與我們設想相同的情況。基於這些錯誤的信念，我們只會自我束縛，而且無緣由地放棄「打造未來」，不再積極和具創造性地塑造我們的未來。

然而，絕大多數的預測總是以失敗收場，因為自稱先知的人未考量到典範轉移。眾所周知，繼四輪馬車後，每個人手中握住的不是八輪馬車或十六輪馬車的韁繩，而是福特的T型車。同樣地，新典範在各個層面——政治、社會、科學或經濟——都可能出現。也許我們甚至可以將這些事件稱為「量子跳躍」（Quantensprünge），因為沒有人可以確切地預測這種突破將在何時何地發生。

究竟有多少種未來？而你又想在現實生活中體驗哪一種？這種區別是根本性的，我強烈建議你做出有意識的決定。是在真實生活中體驗積極的未來藍圖，還是把消極的情境當作一種振奮的虛構？這即是如阿道斯・赫胥黎（Aldous Huxley）與歐威爾等此類作家的目的，他們繪製恐怖圖像，以警告人類並呼籲應阻止這種反烏托邦的發展。因此，我們不能屈服於這種魅力，而得出錯誤的結論，認為一切終將無可避免地變成那些雄辯悲觀者所預言與繪製的那種令人震撼的未來。相反地，我們必須利用這個機會，透過區別負面情境，更清楚地定義什麼樣的未來即將成為我們的現在。

在不久的將來，可信的反烏托邦情境乍看像是人類烏托邦夢想的實現，將加深這個任務的難度。未來如何發展？在這一點上，有個觀念十分重要：**一個人的夢想就是另一個人的噩夢**。

從**人文主義的角度**來看，由於技術進步，我們的未來面臨的危險多於機遇。這種未來悲觀主義的典型代表人物，對強權國家與技術官僚的極權統治、技術支持的監視，以及個人在一個受操縱的集體社會中的退化，提出了警告。

另一方面，從**自然科學的角度**來看，美好的未來在等待著我們。這個觀點將承諾技術使我們從所有約束與限制中解放出來，並幫助我們最終實現人文工程，一個公正、人道的世界，如同古希臘、文藝復興及啟蒙運動的哲學家至今日的「長生不老研究者」，一次次地將它描繪得光彩奪目。如同雷・庫茲維爾等奇點傳教士向我們承諾的無非是一個理想的未來，由於機器超智慧化，我們都將過著神仙般、幸福及不朽的未來。[2]

你希望我們踏上這條路嗎？在回答這個問題之前，我們一定要了解，魔鬼藏在細節中。因為不同於線上購物，在目前的一些未來情境中，無論是對個人還是對整體人類而言，沒有交換或逆轉的可能性。科學知識過於零散與不穩定，不適合作為不可逆轉的決策和「試點專案」的基礎。我已經在「最後的自戀傷害」章節中概述即將出現的後果。如果我們把控制權交給機器超級智慧化，人文悲觀主義者的噩夢就有可能成真：機器可能會摧毀人類文明的基礎。所以我們也許應該另謀他路，或者至少想想可能的後果。如果我們錯了，至少我們已經歷一個深思熟慮的過程，完成我們應盡的任務，並在繼續邁向後人類主義的技術競賽之前，將安全置於首位。

我們喜歡聆聽末日預言者的聲音，反烏托邦就是較有賣點。我們不相信那些激進的樂觀主義者和烏托邦主義者，因為我們認為他們想向我們推銷一些東西。我們必須認清，未來的合理情境有不同層面，也就是說，它們不能被簡單地歸類為好或壞、烏托邦或反烏托邦。我在上面已談及其中的一些面向：例如，通用人工智慧的發展速度為我們帶來了特殊的挑戰，但這種發展的速度、方向及影響不能脫離我們當前的資本主義制度來看待。我們對未來感到悲觀，是因為生態崩潰迫在眉睫，還是因為主體越來越無力，被科學剖析、被演算法操縱？或者問題在於，我們的「記憶自我」[3]（康納曼）將我們社會中的事件當成故事感知並儲存，它不是一個可能產生轉折的連續過程，而是一個高潮和戲劇性結局的斷續「精選時刻」？這也許可以解釋，為什麼我們對具有扣人心弦的戲劇性反烏托邦故事特別著迷。

不可否認，人文主義對未來的悲觀態度在一個關鍵點上是有道理的：**許多跡象顯示，最後的個人表達自由可能在不久的將來會被抹殺**，不僅僅是因為強人工智慧統治，它比我們更了解我們，幾乎在所有方面都優於我們，而是因為我們生活在密度和效率都難以想像的大都市，一切都是自動化和結構化，沒有任何原始與不可預測的思想痕跡。另一方面，我們將在虛擬現實中移動，我們可以想像生活在和平與寧靜的中世紀，甚至是更原始的村莊，人們相互認識，每個人都可以自由地發展。在這裡什麼比較重要？是真實的損失還是虛擬的收益？端取決於你如何看待它，這個未來的世界在你看來是反烏托邦還是烏托邦的，是恐怖的情境或是幸福的情境——或者同時兩者皆是。

在這些前提下，我認為下面提出的三種未來情境都是合理的。也許我們正在走向一個從此時此地看起來比實際成為當下時感覺會更好的未來。量子典範式轉變也許已經展開，我們正走向一條「不歸路」，我們必須充分利用這個過渡階段，並希望它能持續數十年，以造福人類。

世界末日：人類文明的毀滅

當我們談論「世界末日情境」時，我們真正想表達的是什麼？從小行星到超級火山，有一長串潛在的世界末日事件，可能導致人類滅絕或摧毀地球上所有或大部分的生命。末日情境往往是滅絕情境，無論是人類自己有意或無意造成的。此乃符合未來反烏托邦願景的情境，是我們本來可以阻止但卻未阻止。為了避免世界末日的到來，我們需要公開談論不同的觀點和可能的結果，並嘗試了解如果我們不夠謹慎時可能會發生的後果。

詹姆斯・卡斯（James P. Carse）在一九八六年出版的《有限與無限的賽局：生命的機會》（*Endliche und unendliche Spiele: Die Chancen des Lebens*）一書中，對博弈論中區分了無限系統與有限系統：「有限賽局是為了贏得勝利，無限賽局是為了繼續留在賽局中。」[4]有限賽局包括從體育到社交遊戲再到選舉政治等活動。參與者遵守固定的規則，清楚界限，最終並宣布贏家和輸家。相反地，無限賽局無所不做，包括改變規則與打破界限，只為了繼續進行賽局。這裡提出的世界末日情境似乎是合理的，因為我們的大多數經濟、社會及政治結構被建構成好像是有限的賽局，而實際上它們應該被建構為無限的賽局。舉一個最明顯的例子。幾十年來，我們一直過度開發自然資源，將環境視為垃圾場。我們因此大規模地摧毀了後代的生計，當他們努力讓人類賽局繼續進行時，將發現資源不僅變少，且世界的汙染程度還更嚴重。

誠如我在本書開頭即指出，兩種最合理的末日情境之一是我們的地球生態完全崩潰。在短短幾十年中，世界大部分地區將變成沙漠。隨著海平面上升，地球的整個群島和廣闊的沿海地區將從地圖上消失。如果南極冰蓋繼續融化，海平面可能會上升十五至二十公尺或更多，全世界的主要人口中心將因此消失。隨著氣溫升高，整個生態系統可能會崩潰，因為食物鏈和棲息地遭破壞的速度超過進化的速度。地球上許多地區的溫度可能會上升到超出人體所能容忍的程度。天氣狀況將發生劇烈且不可預測的變化，威脅糧食供應並傳播新疾病。人類的生存將因此受到影響。唯有依靠新技術來降低並阻止排放量，甚或加強力道扭轉全球暖化，我們才能希望至少減緩或控制這些變化。好消息是，我們仍然有機會阻止生態系統完全崩潰，以及隨之而來的地球徹底毀滅。壞消息是，我們只有三到五年的時間扭轉趨勢，十年的時間來解決根本問題。

這些都是老生長談。至少從一九七〇年四月二十二日第一個全球「地球日」開始，全球暖化即被列入政治議程。然而，隨著時間的推移，越來越多的證據顯示氣候災難對人類構成生存威脅。政府間氣候變化專門委員會（Weltklimarat）最新報告列出人類所面臨的巨大挑戰：到二〇三〇年，全球二氧化碳排放量必須減少四〇%至五〇%。目前該排放量仍持續上升，二〇一九年已經達到二〇七八年的預測值。無論原因為何，看來我們必須竭盡全力來扭轉這個趨勢。這意味著，氣候變遷是否為人類行為後果的爭論根本不重要。天氣越來越熱，我們麻煩大了。

如果我們無法解決這個問題呢？如果政治無意解決這個問題？或者權力和當局繼續

玩著有限的賽局，那該怎麼辦？難道這是一場政府機關為了捍衛自己的統治地位而進行的零和賽局，結果是空氣因此繼續遭受汙染，環境遭受破壞？當部分生態系統崩潰，它的影響將透過社會中相互交織的複雜結構層層擴散。全世界越來越多的人將死於飢渴、疾病及中暑。一旦冰川融化，即便是在中歐，飲用水也將變得稀缺，全球農業產量將大幅下降，來自越來越不適合居住地區的移民將會增加。補償和控制局勢的企圖將會破壞其他地區的穩定，導致革命與戰爭。

然而，也許最緊迫且最現實的末日情境是數位超智慧的發展，是一個由於某種原因決定消滅人類生命的外部通用人工智慧。這可能是一個簡單的編寫程式錯誤結果，就像「迴紋針最大化器」的情境。[5]或者通用人工智慧可能被證明對人類有敵意，我們對終結者的恐懼變成現實。在任何情況下，重要的是，人工智慧的發展，以及任何具有指數級潛力的技術，都必須得到控制。

曾有億萬富翁向我徵求意見。當氣候崩潰、國家和社會系統崩潰、數以百萬計的人逃離家園時，保護自己的最佳方法是什麼？我們應該適時組建一支私人安全部隊，還是依靠人工智慧控制的戰鬥機器人來抵禦攻擊者才是最好的生存之道呢？哪個提議更值得信賴？乘坐太空探索公司SpaceX創辦人伊隆．馬斯克的火箭搬遷至火星？還是居住在配置人工海洋系統的海底太空艙？這些超級富豪顯然認為人類生存之戰已經失敗。他們盡其所能地想成為被選中的一員，獲得第二次機會。

至少在短時間內，我們似乎將不得不習慣生活在一個日益反烏托邦的環境中。即使我們設法阻止環境完全崩潰，但在不久的將來，氣候將變得更加極端，地球將更不適合人類生活。即使我們能夠控制指數技術，控制人工智慧的發展，我們仍會看到它們以不可預測和破壞性的方式擴散至世界各地，永遠有辦法突破我們設定的界限。即使我們有幸躲避滅絕，我們仍發現到，一小部分特權群體設法為自己創造一個人為的烏托邦，而其他人卻在一個被汙染和貧困的反烏托邦中掙扎求生。

被淘汰的人：沒有人需要我們

從我的角度來看，第二個情境同樣合理，歷史的演變將人類世界變成了動物園，或者說是智慧白痴社會。我已經暗指這種情境是最後一種自戀疾病。這將是一個若不是通用人工智慧以「仁慈的」外部超智慧角色登場，就是我們自己與通用人工智慧融合為一體的世界。在此情境中，這種新的數位超智慧將成為我們地球上的主導物種，透過微妙的操縱而不是真正的暴力，來征服多數的正常人類。

這種超智慧——或人與機器融合而成的合成智慧——在物種排名中處於領先地位。在這裡，我們的自然智慧和人類意識在全球決策上失去意義。社會上的所有人並非都能平等地獲得這種超級智慧，因此可能創造出一個擁有全新能力的技術官僚特權小圈子。

憑藉自然智慧和人類意識，我們在物種排名中將獲得第二名。從人類角度來看，雖然我們在自然狀態下比黑猩猩、鯨魚及烏鴉等下一等級更聰明。但從通用人工智慧的角度來看，我們並不比嬰兒或小狗來得聰明。在這種情境中，我們所認識的人類將不復存在：最理想的狀況將是一小群可能缺乏我們所承認的人類意識的後人類，控制我們世界的未來。相較於此，我們的願望和決定、我們的夢想和計畫，基本上將是多餘的。我們變成被淘汰的人。

因此，人文主義時代緊接著將是後人文主義時代。問題是我們是否覺得這是個理想的發展。無論我們是否隨後被引導至某種更高的意識層面，或者就此消失，我們是否不應花太多時間尋找出路，亦即聽天由命。如果指數加速定律繼續運行下去，那麼到了二〇三〇年時，機器的智商將達到三千二百，而我們尚不清楚這究竟代表著何種意義。

由於人工智慧、生物及奈米科技的結合，人與機器之間的界限在不久的將來變得模糊。舉例來說，將我們的思想上傳後安裝在由奈米碳管製成的機器人身體中的想法，似乎不再是純粹的虛構，而是理由和時間的問題。在遙遠的未來，我們甚至可以在自己的生物大腦和身體中旅行，並在不同的大陸甚至多個星球上同時擁有自己的分身。

毋庸置疑，與技術融合或將權力委託給一個「仁慈的通用人工智慧」也能帶來巨大的好處。革命性的療法和心智操縱，將賦予我們治癒無數疾病和精神障礙的能力。一個高度組織化和理性的通用人工智慧，可以幫助解決氣候危機，並為世界帶來和平。藉助大腦應用程式和「應用程式商店」強化大腦，我們甚至可能可以立即獲取所有人類知識。然而，這裡的挑戰在於確定界限。這樣的進步可能會以犧牲我們的自由意志為代價，因為我們的思想和情感是由奈米機器人控制的演算法所驅動。如果我們正在變異為純粹的反應生物，完全由一個超智慧所控制，甚至可能意識不到自我，我們為什麼要選擇這條路？

因此，未來的世界很有可能看起來像一個已實現的烏托邦，一個似乎所有人類夢想都實現的完美世界。超智慧技術或許能夠解決生態崩潰問題，結束飢餓、貧困和死亡，向我們呈現許多美好事物。但問題是：是否有人能夠真正地經歷它所描述的世界？未來的世界也可以很容易變成一個已成真的反烏托邦，一個完美模擬的殭屍世界，沒有人可以再真實、有意識地感知物理現實。我們看似如最古老神話中的眾神般強大，僅需彈指間，就可以隨意改變我們周圍的虛擬現實與內心感受。我們再也沒有不快樂，再也不會生病，終於能長生不死。但我們是全能超智慧手中無形線上的那個傀儡；我們自己只是個無意識的模仿機器人。

量子烏托邦：人類開始新的歷史

面對這些巨大的挑戰，我們迫切需要強化注意力，尋找在未來幾年可以積極期待的未來願景。為此，我們應該轉向至少可以追溯到西元前六世紀的哲學思想，如當時的老子、釋迦牟尼（又稱佛陀）及畢達哥拉斯。如果我們文明所立基的系統——生態、社會、經濟、科學——的部分崩潰是無可避免，至少我們應該確定崩潰風險最高的子系統，以及我們可以繼續仰賴的子系統，以及那些作為新事物基礎的子系統。唯有如此，我們才能在衰退中創造與發展新的結構。安迪・威爾（Andy Weir）在其描述未來星球亞提彌思（Artemis）的小說中總結了這些挑戰：「潔思，建立文明是骯髒的，但另一種選擇是沒有文明。」[6]

因此，什麼是我們可以相信的積極故事？為什麼我們不在看似黑暗的未來中創造充當一個燈塔的故事？是否仍然有可能創造一個烏托邦世界？還是我們已經錯失良機？我們如何才能創造一個（新的）黃金時代？一個所有生物都受到尊重的和平世界？我們如何才能寫出一部新的歷史，讓人類的希望和信念再次奪回所有人的目光？我們如何才能克服自己的不足和弱點，戰勝我們目前的痛苦？

我不知道這些問題的答案，而且我們可能無法就共同的答案達成一致。但我們每個人至少應該嘗試回答這些問題。努力改善我們的未來，追求理想的目標，確實可以賦予我們人生的意義。但重要的是要記住，烏托邦夢想的最終狀態將永遠是一種幻想。它不是目標，而是燈塔：它是未來的一個積極願景，指引我們前進的道路。

在我們稱之為量子烏托邦願景中，人類與自然及技術和諧共處。我們享受指數技術帶來的好處，卻不受它們的控制，智人仍然掌權。這是一個政治穩定、全球和平的公正世界，一個沒有教條或文化、宗教、種族主義和性別歧視的世界。事實證明，愛是一種更好的方式。所有人只要遵循量子烏托邦的核心思想，便可在其他方面自由發展。我們堅持「人類相互依存宣言」，這提醒我們，人類事實上是一個相互關聯整體的一部分。[7]美國哲學家暨歷史學家威爾・杜蘭特（Will Durant）早在一九四四年即提出第一個相互依存宣言。一九九二年，環保活動家大衛・鈴木（David Suzuki）發起一項生態倡議，並推出他自己的版本，該版本目前已被翻譯成二十二種語言。管理大師亨利・明茲伯格（Henry Mintzberg）和幾位同事最近以「我們相互依存關係宣告」（Die Erklärung unserer gegenseitigen Abhängigkeit）為題，發表一個整體性方法。現在是集中資源發起這項全球倡議的時候了。

通往量子烏托邦的道路是由一種建立在無限、循環及相互依存基礎上的態度所驅動。量子烏托邦是我們必須努力實現的願景，理解一切事物均與其他事物相互關聯，以確保共同利益與個人自由的特權。資本主義仍然以某種形式存在，但我們不會因為對社會的貢獻而受到懲罰，這是一種人文主義。相反地，我們將為（過度）消費和資源開發付出代價。我們過著不斷給予和索取的生活，一切都是無限的，對整體的所有付出都會得到回報。

這聽起來像是一次精神之旅的深奧嘗試，或者至少是一個過於雄心勃勃的目標。但我們也從量子物理學中了解到，我們生活在一個充滿潛力的宇宙中，我們每個人都是一個宇宙。重要的是，我們如何將這些宇宙連接成一個共同體，在這個共同體中，所有部分的總和轉變成對每個人來說都更加美好的量子烏托邦。

許多人已經對這個遵循統一核心思想的基本思想產生義務感，而且人數正在快速地增加。這個基本思想為什麼不應該是我們的目標？因為我們現在可以作為一個物種共同成長。**為什麼我們無力改變經濟的基礎制度，從而超越滿足我們的基本需求，為啟蒙、精神福祉和更高的生存層面而共同奮鬥？**我們在科學與技術領域也發現了類似的想法。透過結合自然與人工智慧、推理和應用數學，我們將能夠解決所有迄今為止仍無法解決的問題。以此作為基礎，我們可以創造一個人類與機器和諧共處的世界，造福人群，前提是我們要釐清「作為人類」的真正含義。

設計經濟系統是邁向量子烏托邦的重要一步：**在量子經濟這種後物質主義和永續的**

經濟系統中，商品將更公平地分配，不再需要目前形式的貨幣。透過從根本上改變經濟，我們將創造一個藝術、科學和個人主義比當今世界更受尊重的社會，如此一來，物質產品即失去其意義。因為不是人類主動去追求幸福和繁榮，而是讓自己被幸福發現，感知整體的繁榮。

在通往量子烏托邦的道路上，我們拋開單調、疏離的工作，將經濟目標轉向改善所有人的生活。這意味著透過更高度的自願性來減少脅迫，共同因應挑戰，並降低個人收益以支持共同利益。

這個量子烏托邦之旅是我的第三個未來情境，它與其他兩個情境具有相同的合理性。我們可以實現這個願景，而且不同於已過時的殭屍世界，它值得我們努力。如果我們成功地點燃一場全球性的意識革命，就能用新烏托邦的核心理念來激勵全世界的人們。

在通往量子烏托邦的道路上，我們透過教育和激發真正的頓悟來創造一個心靈社會，這種頓悟專注於理性而非自我。我們正在遠離今天的「必須社會」（Muss-Gesellschaft），即一切都受到強制統治，走向一個我們有意識和自由塑造的「自主決定社會」（Kann-Gesellschaft）。這是我們避免變成「被支配社會」（Wird-Gesellschaft）被淘汰情境的機會，在這種情境中，一切都已預先寫入程式並由演算法決定。我們必須馴服物質主義的渦輪資本主義，並將其發展為後物質主義的量子資本主義。如果我們這樣做，將成功創造一個公正的社會，讓所有人都能在繁榮與和諧中和平共處。

因此，現在我們必須決定自己想要的未來，是人類的滅亡、過時的偽烏托邦，或者選擇量子經濟之路，作為通往量子烏托邦的第一階段。如果你已意識到其中的利害關係，實際上僅能選擇第三種情境。量子經濟是整個社會的任務，就像通往量子烏托邦的道路一樣。它將由你、由我，由我們所有人共同創造。它的誕生是為了延續人類的生命，將我們從問題中解放出來，並確保這個星球，或任何其他星球上的子孫後代能夠生活在一個人道的世界裡。

第八章
從知識社會到理性社會

世界從來不是靜止的，環境不斷地變化。有時候，變化已經在我們看不到的地方進行很長一段時間，只是突然變得可見，並推翻了許多看似不可動搖的東西，從瓦礫中建構出新事物。

事實上，每個人都很清楚，總有一天會出現全球性的流行病。在過去的二十年裡，已經出現警告、模擬、跡象和第一例病例，因此，世界上至少有部分人可以做好準備。然而，沒有人真正做好準備，即使是家喻戶曉的世界末日預言家與暢銷書作家也未將大流行病視為二〇二〇年的最大威脅而密切控制。然而，東亞諸國已在二〇〇三年的

SARS疫情中累積經驗，因此在因應上領先於歐美的未來學家、經濟學家和政治家。

現在我們所有人都應該清楚，其他災難將接踵而至。除了無處不在的另一種流行病威脅外，我們還應關注生態崩潰或迅速進逼的技術海嘯。我們如何重建自己的經濟和社會，並為未來可能的發展做好準備？

我們才剛剛開始懷疑和挑戰自己建立的「**致命資訊社會**」。因為越來越少的人認為永久性地資料操控與溝通障礙是可以接受的。反對不斷轟炸的謊言、歪曲和假新聞的起義現在已宣告開始，並將推動社會力量結成聯盟，該聯盟也將得到部分媒體的支持。在未來，自由與安全將不斷地重新平衡。越來越清楚的是，僅僅積累大量資料並取得更多近用資訊共流管道，是沒有意義的，我們不希望再這樣繼續下去。不滿當前資訊混亂的情緒日益升高，技術上的可能性也在與日俱增。如果言論和資訊自由在技術的幫助下被大量濫用，天秤遲早會向安全、驗證和透明度傾斜，即使這會最大限度地減少傳播半真半假和陰謀論的自由。不安全感將誘使我們盲目地相信新技術，進而導致舊系統崩潰，隨之而來的將是一個新系統，我稱之為「知識社會」（Wissensgesellschaft）。

知識社會將幫助我們解決許多「簡單」的問題。這將是一個由技術驅動的社會，能夠進行即時性的互動、提高透明度和開放性，從而迫使企業和人們更加關注信任以及口頭與書面內容的數位驗證。

為了打擊假新聞的傳播，科技巨頭已經採用人工智慧與區塊鏈來核實和驗證資訊。今天我們已經看到，第一批社群媒體平台對訊息內容進行驗證，並提供來源參考。此舉鼓勵使用者在發送或盲目分享任何訊息前檢查自己的推文。區塊鏈和學習演算法對於驗證所謂的「深度偽造」（Deep Fakes）影片方面，亦提供很大的助益，這些影片被操控用於政治目的，或者拍攝以名人為主角的虛假色情內容。演算法與預測分析、大數據和深度學習的廣泛使用，將幫助我們改善與技術的互動，以便我們能夠更快地取得做出理性決策所需的事實和相關資料。這最初會讓人感覺像是朝向進步和宏偉的目標邁進。

但是，即使有可能核實和驗證事實，僅靠建立知識社會也不足以維持我們的人文基礎，保護人類免受技術奇點的侵害。然而，這是自相矛盾的：雖然越來越多的資訊可以證實其真偽，讓我們可以慢慢地遠離致命的資訊社會，但在民粹主義政客的推動下，我們卻正在經歷人口的日益兩極化與激進化。在知識社會中，演算法將為我們指出那些真正有話要說的人，而不僅僅是增加致命資訊社會的噪音。在知識社會中，具有真正內涵與深度的人和企業將戰勝那些喧囂的人。隨之而來的是一個激進但也是自然的選擇過程。換句話說，我們將清除雜草，為新綻放的玫瑰和百合花騰出空間。重點必須放在人們和公司對社會與經濟實際做出的具體貢獻上。

我們需要真正的啟蒙，它必須來自人民。我們未來迫切需要的是對世界有更多的了解。無論何種資訊和假設的知識是不足以應付的。**知識社會僅能是致命的資訊社會和心靈的量子烏托邦式社會之間的過渡階段**。在這個社會中，不是演算法，而是人，不僅是人工智慧，也是自然智慧，不僅是機器生成的知識，也有我們人類的理智與理性，才是最高的評估權威。這是一種更高層次的意識狀態，它內含我們的感官體驗和更深層次的目的，與即時的知識相連結。

我們當然也無法完全排除人類歷史將以知識社會為終點。經過驗證的資訊和演算法的擴展能力帶來的短暫舒適感，將掩蓋長期的後果：我們向演算法投降，將人類續存作為賭注。我們變成純粹的反應型生物，並真的讓自己變得多餘，成為被淘汰的人。

在喬治．歐威爾著作《一九八四》中的筆下人物，無力反駁「二加二等於五」的虛構說法，因為這些謊言是由超級強大的國家機器所散布。但是我們，此時此地在西半球民主的富裕地區，有能力且必須提出能使我們再次區分合理陳述與謊言和扭曲的問題。基本上，它們是非常簡單的問題：誰提出這些說法？在什麼情況下？基於什麼理由？在未來十年的知識社會中，那些無法對這些問題提供滿意答案的人，將被視為欺騙者以及謊言和流言蜚語的天真追隨者。

德國哲學家黑格爾的辯證法模型也是以這種尖銳對立面之間的相互作用為基礎。正題變成反題，辯證合題，以更高層次的新秩序化解兩個對立面之間的矛盾。[1]這聽起來很複雜，但其實很簡單。讓我們以資本主義經濟體系的兩個極端變體為例：市場的完全自由化（正題）和全面監管（反題）在社會市場經濟模型（合題）中被抵銷，至少在理論上是如此。實際上，敵對力量的平衡很少能長久持續。

現在將黑格爾的辯證法應用在我們的主題上。在致命的資訊社會中，大規模傳播來源不安全、無法證實和不可信論調（正題）的全面自由，喚起對安全資訊，即傳播資料的透明度和可驗證性的追求。但是，如同所有極端的事情，它本身也存在著問題，因為全面的資料安全是以犧牲自由為代價。因此，根據黑格爾辯證法，我們可以預期，這個變化也會在這裡繼續發展，朝向消除自身矛盾的合題。我將這種合題稱為理性社會

（Gesellschaft des Verstandes），它是「量子烏托邦」的願景，這裡描述的量子經濟就是這個社會的運作系統。

為什麼記憶會說謊

世上有惡意的謊言跟善意的謊言。「你覺得我穿白褲子看起來很胖嗎？」你瞄了一眼後回答：「不，一點都不會。你穿起來很好看。」你在心裡暗想：「再瘦個幾磅會更好看。而且實在不該選擇白色的。」但現在是展現自己誠實的好時機嗎？畢竟，還有比褲子太緊更重要的事情，例如你們兩個之間的關係，以及當初為購買這件白色紡織品而相約出遊的那場約會。

這類小謊言讓共同生活變得更容易，幾乎每個人都能接受，並且時常掛在嘴上。但它和那些為了獲取巨大利益或掩蓋嚴重違反規則而說出的自私謊言是不同的，例如政客將收入轉移到無記名帳戶以逃稅。無論是作為個人或是作為社會，我們都無法簡單地接受這樣的謊言，因為它們破壞信任，摧毀社會凝聚力。

在這個壓力和注意力分散的社會，不僅是無傷大雅的交際性謊言與日俱增，粗暴的、公然的欺詐性謊言也逐漸成為常態。我們的政治領袖往往是最無恥的說謊者和騙子，他們幾乎總是能以厚顏無恥的扭曲事實而成功脫身。我們被美國總統川普激怒，他一天三次無恥地當面撒謊。我們對俄羅斯總統普丁感到憤怒，儘管有明確的證據，他仍否認自己應對駭客攻擊和毒藥攻擊負責。我們對土耳其總統艾爾多安感到不安，他正在利用一場非親手策劃的政變進行大規模的肅清行動。但我們並沒有從自己的憤怒中得出任何結果；好像我們內心裡同情說謊者和騙子一樣，我們毫不在乎地接受他們操縱真相。這又如何解釋呢？

事實上，我們或多或少都操縱著現實和真相，警察和法官可說是其中的佼佼者。每個犯罪的目擊者對犯罪過程和犯罪者都會有自己的說法。他們基本上沒有人故意說假話，而是我們以適合自己的個性、信仰或只是當時腦海中閃過想法的方式記住事情。結果，我們不斷地改變現實，偏離了真相。這是無法避免的，因為我們人類是充滿想像力、有夢想的，也是會撒謊的生物。正如法律對宣誓證人的要求，「如實作證，只說真話」，但所有資深的法官都知道，這是一個無法實現的理想。

然而，這並不能解釋為什麼我們不採取更果斷的行動來反抗那些坐在總統寶座上謊話連篇的暴君；為什麼我們越來越坦然接受他們的操縱；為什麼越來越多的人屈服於這些暴虐假藝術家的致命魅力。前面提及的諾貝爾經濟學獎得主、當代最重要的心理學家之一康納曼，在研究人類感知的矛盾性時發現令人震驚的結果，即**我們所有人都用不同的語言思考和說話；我們知悉、經歷並記住兩種並存的不同現實**。[2]

這是說，我們有時是騙子，有時又很誠實？事情不是如此簡單。康納曼透過廣泛的研究指出，我們每個人都由兩部分組成：「經驗自我」（Erlebenden Selbst）和「記憶自我」（Erinnernden Selbst）。這兩者對我們來說都是同一個「自我」，但它們卻有截然不同的特質和興趣。為了了解自己，避免一次又一次地落入相同的陷阱，我們必須學會區分這兩種半個自我。

—**經驗自我**基本上只活在當下，它體驗到的是一連串的個別時刻。這樣的時刻充斥著積極的衝動，越強烈越好，我們的經驗自我只想獲得更多的衝動。

—另一方面，**記憶自我**是一個講故事的人。我們儲存的所有記憶都是故事，總是依循相同的模式建構。記憶自我會記住關鍵的情況，特別是每個故事的結尾，並且以一種對我們有意義的方式儲存它們。但絕大部分對故事沒有貢獻的時刻都被刪除了。

而正是那些對經驗自我非常重要的內容，並未儲存在我們的記憶中。如同任何一個優秀的說故事人一樣，記憶自我會安排有意義的場景以達到預期的效果。至於實際的時間順序是什麼、中間發生了什麼偶然或重複的事件，都不重要。

我們如何做出決定和互動的問題，已經成為許多科學學科中的焦點。心理學家與社會學家研究我們作為經濟行為者是多麼不理性。「行為經濟學」（Verhaltensökonomie）是科學學科中的一顆流星，是經濟學的一個分支，研究經濟背景下的人類行為，如購買消費品時，或在處理一般金錢時。我們逐漸明白，經濟專家的經典模型假設，即理性追求效用最大者（rationale Nutzenmaximierer），偏離了現實。

康納曼發現，在我們內心的心理資訊社會中，僅有記憶自我才能做出所有決定。它就像一個暴君，把經驗自我拖到它根本不想要的體驗中。因為當我們做決定時，我們不是在經驗之間做出選擇，而是在對經歷的記憶之間做出選擇，而這些記憶基本上不過是真實經歷的虛假版本。我們任意地剪輯和扭曲，使故事符合我們的自我形象與計畫。

又正好我們心中的檔案管理員和決策者，對真相並不那麼挑剔。成功的大眾操縱者深知這一點，並悄悄地與我們心中的這些「暴君」聯手，使我們從假藝術家（無論是否自覺）中再次認知自己。

也就是說，我們有點川普化了嗎？是的！這正是為什麼看透自己是如此重要的原因。不僅像川普或艾爾多安這樣的撒謊者，社群媒體的設計者也十分清楚如何吸引你，他們透過具有相同模式的聳動故事，其結構完全按照你內心檔案管理員喜歡的方式建構。記憶自我是你駕駛艙裡的無意識決策者；所以你老老實實地加入川普和祖克伯的行列，直到你意識到可以自由運用自己的理智做出有意識的決定。

數位化後的未來世界？

我們要了解到，真正的數位化還沒發生，海嘯尚未到來，這一點十分重要。在談到「數位化」時，我們會提及「數位化轉型」或「數位革命」，但我們從未就其內容達成一致。對你來說，何謂「數位化」？當你聽到諸如「數位化正在改變一切」或「所有可以數位化的東西都將被數位化」這類句子，就是那些未來學家和專家在世界各地舞台上宣揚的話語時，你又做何理解？是的，很清楚的，一切都在改變，但這究竟是什麼意思？你理解其深層意義嗎？若我們追求企業「數位化轉型」時，我們究竟想藉此達到何種目的？就我們的理解，全公司進行數位化代表每個人和每件事最終都轉換成位元和位元組，轉換成○和一？真的要實現全面自動化，用機器人取代人類？真的要把所有事物和所有人都連接到網路上？

在英語中，「數位化」有兩個不同的詞，它們經常被混為一談。[3]一方面，我們可以說這是一個將單一模擬資訊流轉換為數位位元的過程（「數位化」）。另一方面，還有另一種「數位化」，我們將其理解為社會生活領域圍繞數位通訊和媒體基礎設施的建構方式。

轉變成位元和位元組，轉變成○和一是沒有極限的；我們社會生活以及社會組織方式的建構和調整，**是有**侷限性的。我們將這些界限深植在模型或規則中，作為對倫理、道德及價值觀的共同理解。這些是我們組織和定義自己的標準，這些標準是「數位化」的結果，從而實現了自動化。

這兩個觀點和概念既不能獨立定義，也不能相互聯繫起來明確定義。我們無法把握數位化轉型的起點。而且它沒有盡頭，因為根本就不存在著盡頭。在我們的物理和原子世界觀中，沒有什麼是我們不能以數位化進行轉換。但是，究竟我們談論的是數位化轉型（無論我們想將自己變成什麼），還是商業模式和流程的數位化轉型，是有區別的。

將一個過程進行數位化是不可能的。我們這裡所說的實際上是透過資訊數位化，並將其與技術連接以實現自動化的目的，從而實現過程的自動化。因此，當我們說：「我們必須將過程數位化」，我們的意思是將資訊轉換為機器可讀的數位數值。如此一來，與技術的連接即能實現自動化。

當我們談論人工智慧時，你想到什麼？你對認知系統有何理解？你如何定義智慧化？在過去的一百年裡，哲學家們尚未嘗試對此下定義，但在今天，這個定義卻顯得迫切。如果我們連智慧化都無法定義，如何在技術背景下談論智慧化呢？還有認知系統？如果不清楚我們自己到底在做什麼，我們如何相信它不會導致一些激進的情況？為什麼它不應該成為社會的一個挑戰？

如果你關注社會影響的相關對話與討論，很快就會意識到，在這一點上，缺乏的並不是答案和回應，而是對這些問題的討論：為什麼自動化應該挖掘自由的潛力？為什麼這不該是一個社會挑戰？自動化導致成本降低，引發市占率和價格的重新競爭，是純達爾文主義的展現。

我們生活的世界和我們正在創造的世界，由〇和一組成。但正如我們所知，這兩者狀態在量子世界中可以並存。我們談論的是潛在性。無論是在量子電腦還是量子現實中的數位化，它都是一個由人類創造並為人類創造的抽象問題。「數位化」對我們的社會、我們的生活、你的工作和你的公司意味著什麼？這不是零和賽局，而是我們建立經濟的一切基礎，是我們相信的故事，而所有的故事，是的，真的是所有的故事，理論上都可以映射在演算法中。我們目前正在見證衰落和繁榮、富有成效的行動和恐慌反應、秩序和結構混雜著混亂和怪異的情況。對一些人來說，這是衰落；對另一些人來說，這是繁榮和自由。「數位化」是否會帶領我們走向更美好的社會？這由我們決定。我們究竟是期待少數人取得高度進展，或是希望每個人都有一點進步？還是說，數位化的目標是讓一些人生活變得更糟，這樣其他人才能過得更好？無論變革的形式如何，它不僅涉及到技術，也涉及到權威。然而，不管這些問題的答案為何，現在可以確定的是，「轉型」和「顛覆」與技術或數位問題無關，它們是人類提出的挑戰，也是對人類的挑戰，是我們人類必須解決的問題。

演算法之爭，即權力從人和機構轉移到演算法，以及技術王座的爭奪，決定了人工智慧和深度學習時代的議程。現今的口號是：「資料是新的石油」。但在美麗的新外表之下，卻隱藏著八〇年代的舊模式和理論，從「股東價值最大化」演變為「適者和最性感者生存」。不惜一切代價贏得勝利仍然是公司的座右銘，如果有必要，犧牲公司員工的利益也在所不惜。

我們每個人都需要一個主觀、經過驗證、可信的世界觀，即我們如何看待世界。這個方法可以幫助我們處理這些（新）問題。你為什麼這樣看世界，你的觀點是以什麼假設為基礎？

未來會發生的事，以及未來的未來可能會發生的事，由我們決定，也由你們來決定。當然，這與技術有關，與指數技術有關。這是關於量子世界中的新現實。這是關於我們作為一個物種如何存活下來、生活以及組織自己。若缺乏一個穩定的操作系統，風險會太大，發展的不確定太高，我們只能聽任機會、命運或任何神明的旨意。

數位化後的未來世界是什麼樣的景象？這是一個基本問題，它是一個存在主義（新）哲學的問題。它與下列這些一樣都是基本問題：宇宙是真實的嗎？還是一切也許都已經被數位化改造了？後數位時代既不是人類歷史上一個預先確定的時代，也不會是我們進化的一個固定狀態。據我們所知，我們可能已經生活在一個數位和虛擬的模擬中，至少這樣的假設難以反駁。當代模擬假說背後的悠久哲學傳統，即現實實際上只是一種幻覺，至少可以追溯到西元前一五〇〇年左右首次提出的古代瑪雅印度教概念。[4]

我們僅能透過哲學思考來接近這個問題。今天這裡談論的是一個無限性的問題。你認為電腦將會接管世界嗎？電腦可以有創造力嗎？這些問題沒有正確的答案，因為平衡這個目標是無法實現的，重要的是這個過程。唯有當我們能定義什麼值得追求，我們才能為更多的平衡奮鬥。

我們不需要更多的資訊和更多的數位格式，我們需要的是新問題。在它們的幫助下，我們可以做出正確的技術性決定，並開發引領人類進步的模式，作為古典物理學和量子物理學之間的聯繫。正如我所說：數位海嘯仍未到來。

如果我們想了解社會，就必須重新思考經濟。如果我們學會以這種方式更深入地理解社會，我們就能繼續發展經濟。每一個現實都是事後才產生的，是我們行動的結果。所以，讓我們現在著手「打造未來」，將量子經濟塑造成我們社會的整體發電機，作為一種不再僅僅滿足物質需求的經濟。讓我們共同致力於創造一個理性社會，再加上判斷力和直覺，我們即可實現理性。

量子物理學告訴我們，世界無所不在。我們需要一個人文和整體的視野。量子經濟亦是如此：**當我們發展未來的經濟時，我們同時也在為人類更高的意識和新烏托邦而努力**。那麼，我們如何才能重新思考經濟，量子經濟時代的世界，又會是什麼模樣？數位化後的未來世界會是怎樣的面貌？我們每個人可以為更美好的世界做出什麼貢獻？

意識革命：人類正在覺醒

在明天的世界裡，將出現人工智慧革命的新贏家，而昨天的一些冠軍將發現自己處於失敗的一方。從今天的角度來看，可以合理地假設權力和影響力正快速地向中國轉移，儘管基於演算法的美國公司會激烈地捍衛自己。然而，它們面臨的挑戰是這場比賽無法預測的後果。

即使在軍事上使用核能，當國際社會意識到這項技術的世界末日潛力時，仍然有可能進行修正並予以逆轉。但若使用人工智慧，我們很可能沒有這個重新調整的機會。當我們無法再理解和影響人工智慧機器的決策和行動時，甚至如果我們允許它們全面操縱我們的情緒時，屆時想修正已經發生的事態發展，可能為時已晚而無法挽回。

我們**現在**必須決定拯救人類，你、我、每一個人，無論在哪個國家或哪個位置。我們需要一場意識革命，一場新的啟蒙運動。我們最終必須認清自己是誰、我們身為人類的本質，以及一個人道的世界必須是什麼樣子。

我們不可能無所不知，但我們必須反思自己的行為，做出有意識的決定，而不是反應性和無意識地行動。至少在自己所處的環境中，我們必須嘗試根據主觀的、合理的、有效的標準做出決定。為此，我們需要哲學思考的能力。即便是我們的孩子，也必須學會不要理所當然地接受看似自然的事物，而是要批判性地對其提出質疑。甚至連我們自己的記憶也應該被質疑。

世界本質上是無法解釋的

希臘哲學家柏拉圖的洞穴譬喻在今天和兩千年前一樣如此貼切並切合時事。我們就像地下洞穴中被鎖住的囚犯一樣，無法直接感覺世界，僅能透過感官傳遞給我們虛幻的反射中感知。因此，儘管我們可以透過冥想來磨練感知力，提高專注力，但我們永遠無法確定自己所感知的究竟是夢境、虛構，還是現實。或許我們都處於《駭客任務》（*Matrix*）中的那個世界，就像同名電影三部曲中的尼歐（Neo）和崔妮蒂（Trinity）一樣，我們體驗到的真實不過是虛擬實境；也許存在著平行的真實，我們無從得知，但也無法排除……

這顯然不會妨礙我們發展出日益精良的模型以及更精準的假設和預測。我們必須並將繼續探索以進化的方法可以理性分析的東西；但我們必須不斷提醒自己：**這個世界在本質上，既不理性也無法計算，它是奇特且非理性**。我們可能永遠無法以這種方式解釋觸發大爆炸的原因。或者說，石頭如何能發展成生命，如何發展成目前這個有近八十億的地球人口。

未來從來不是線性地從歷史資料和結構中發展而成，而是透過破壞和創造新事物實現跳躍式的前進。因此，除了純粹基於資料的理性科學方法外，我們還需要哲學的方法來反思、懷疑和「跳躍性思考」那些從理性來看似乎不相容領域之間的相互關聯性。

我們學會不僅要相信邏輯大腦的理解能力，而且要注意我們腹腦的直覺性感知。因為我們連正在處理主題的問題是什麼都不知道，更別說是答案了。我們不斷嘗試提出新的問題，並建構可以解釋子區域的合理模型。但是有關為什麼的問題，如「為什麼會有東西，而不是什麼都沒有？」，在本質上是哲學問題；它不能以純科學理性的方式提出，當然也就無法回答。

因此，我建議你：在知識社會中，學會關注你的直覺，訓練你的判斷力，唯有如此才可能實現真正的啟蒙。我們都認得現代資訊社會中的這個典型情境：你被來自外部的操縱因素所導引。儘管你實際上對此感到不妥，但還是自覺或不自覺地被它吸引。你必須釐清那一刻究竟發生了什麼事，即在當時你全然漠視自己優於所有人工智慧機器的那個內在主宰機制，即你的直覺智慧，以及屬於「常識」一部分的腹腦。

如同在量子物理學中，我們僅能把看似不相容的概念結合起來，才能在量子經濟和量子的未來社會發展上繼續前進。僅侷限在自己學科領域內研究的專家，是沒有能力做到這一點。我們需要的是交叉式和橫向式思想家，將經濟學與心理學和哲學或將自然科學與哲學上的反思性精神分析相結合。

同情心取代同理心

每個人都在談論同理心，但在量子經濟中我們需要的是同情心。[5]當你在行人徒步區看到一位衣衫襤褸的流浪漢時，你不由自主地想像如果角色對換，你會有什麼感受，這時通常會以同理心回應。也許你會給他幾歐元後覺得舒坦許多，畢竟你做了一件好事。但是同理心模式，即我們大腦中鏡像神經元受到刺激，只在這種一對一的情況下才會發揮作用。我們不會對一小群需要幫助的人做出同理心的反應，因為我們無法同時對數個人產生共鳴。

同理心是一種移情能力，是指站在他人的立場，體驗他人可能正在經歷的一些痛苦。[6]我們可以從三個面向來看待這個問題：博愛、同理心及同情心，它們是相互聯繫的。在無私的愛中，在面對眾生的苦難時會湧現同理心，這種感受會產生一股同情心，即希望結束這種痛苦及其原因的願望。因此，同理心就像一個稜鏡，將無私的愛變成同情心。同理心會磨損，因此感受痛苦的能力會減弱；然而，同情心不會磨損，它可說是「化為行動的愛」。

美國心理學教授保羅．布倫（Paul Bloom）在其論戰性著作《失控的同理心：道德判斷的偏誤與理性思考的價值》（*Against Empathy: The Case for Rational Compassion*）中解釋了為何同情心比同理心更可取：同理心是非理性的，同情心則是一種激發我們理性的情感反應，進而引發反思和行動。

我舉個例子來說明這個概念：在美國，一個著名的援助組織號召籌款活動，希望募集資金來拯救非洲人。與此同時，另一個組織起身號召，讓十二名癌症晚期的兒童患者能夠「與蝙蝠俠或羅賓漢共度一天」。這個主辦單位運用瀕臨死亡兒童在死前開心地歡笑的高度情緒化影片，為這項耗資巨大的活動進行宣傳。儘管活動募捐到數百萬美元，但沒有一個人的生命因此得到拯救。但在另一項倡議中，用同樣多的錢，可以使數十萬非洲人免於飢餓或疾病。

同理心引發同情心時是一件好事，但它本質上是一種自私的反應。我很開心，因為我設身處地為別人著想；如果我不採取相應的行動，他將一無所獲。當我們處於同理心模式時，我們對鐵的事實不感興趣。唯有當我們的情緒反應觸發結構化思考和認知時，即透過理性的移情，我們才會正視事實。

為了成功推動意識革命，商界和政界的負責人以及媒體的意見領袖必須接受哲學培訓。我的意思並不是說他們應該回到大學就讀八個學期的哲學課程，**而是這些身居要職者應該學習三千年來西方與東方哲學的最佳方法和工具**。他們必須盡快學會反思自己的行為，並根據合理性標準做出決定。

接受過適當培訓的企業領導者，必須將生態永續性標準和人工智慧的潛力納入其決策中。他們僅僅以短期盈利預測為導向是不夠的，他們還必須學會閱讀時代的跡象。正如德國詩人海因利希．海涅（Heinrich Heine）在其關於巴比倫國王的民謠《伯沙撒》（*Belsatzar*）中所說：「魔術師來了，但沒有人知道如何解釋牆上的火焰文字。伯沙撒在當晚就被他的僕人殺死。」將伯沙撒換成任何企業領導人或高層政客，把魔術師換成他們的顧問，把僕人換成名為氣候崩潰和失控人工智慧的殺手二人組，那麼你就可以非常清楚地看到我們的經濟（和政治）目前正發生的災難性錯誤。

但是他們該怎麼做呢？畢竟，執行長合約往往只有五年，而政治家四年必須進行改選。除了將他們的行動與短期可實現的目標保持一致之外，他們還有其他選擇嗎？這確實是另一個系統性缺陷，也是應盡快使用一個適合未來的系統，一個我們仍有未來的系統，取代我們功能失調的偽民主的另一個原因。

我堅信，人類基本上想做好事、為社區服務，並且當他們有做出決定所需的事實時，通常就會起身行動。這就是為什麼我指望勇敢且有遠見的商界領袖和政治家，並向他們呼籲：覺醒吧！聽從你的思想與良知行事，為我們這個星球上的所有人爭取一個人性化的未來！

第九章
量子經濟時代：全面整合的循環經濟

為什麼我們需要量子經濟？在今日，從知識過渡到思考和理性中，我們需要一個整體和無限的視野，並理解到一切都與其他事物相連。為實現遠大目標，我們必須專注於小細節。我們不關注問題和分歧，而是尋找連結的事物與可能的解決方案。我們需要量子經濟，以充分發掘人類和機器的所有潛力，為人類創造一個更美好的未來。在這裡，我們看待事物的方式不再受到限制，而是看到無限視野中的潛力。一個新的經濟操作系統，其核心是真實的，不受角色和戲劇性的影響，而是擁抱生活的戲劇性，並克服任何在實現目標——即建立一個為民眾服務、統一的人本資本主義——時所出現的驚喜。

過去五十年的特點是唯物主義和令人上癮的過度消費主義當道。馬斯洛需求金字塔的低層次不斷地擴展，生理需求與安全需求的滿足時間被過度延長。但這些僅針對有限的目標，例如為股東所定義的價值、銷售和利潤最大化目標，而其宗旨往往與其他非特定的組成架構目標（例如每季度銷售額或每個財政年度的利潤）達成一致。由於缺乏法律依據，道德問題重要性日益式微；「贏家」和「輸家」完全由資產負債率來定義。

珍妮佛・布蘭德爾（Jennifer Brandel）和瑪拉・塞佩達（Mara Zepeda）於二〇一七年在Medium入口網站上發表了一篇題為〈斑馬型企業解決獨角獸企業的困境〉（Zebras Fix What Unicorns Break）的文章中，嘗試提出一種更平衡的經濟成長方式：「目前的技術和風險投資結構已經走入死胡同。被獎勵者著重在數量而不是品質，在消費而不是（價值）創造，在快速銷售（退出）而不是永續成長，在股東利潤而不是共享繁榮。著重在專為顛覆性破壞而設計的獨角獸企業，而不是作為一個為人類解決實際問題或修復、照顧和連結傳統觀念的企業。」[1]兩位作者認為，未來的企業融資必須從夢幻般的獨角獸企業（以及其對貨幣價值的超級資本主義關注）轉向將永續性和社區服務納入其營業計畫的企業。作者選擇斑馬比喻來形容這些公司，因為它們「既是黑色又是白色：它們是盈利的，同時也為社會的進步做出貢獻。它們不會為了一個而犧牲另一個。斑馬也懂得依存關係。它們透過成群結隊保護彼此。它們的個人投入會帶來更高的集體產出。」

無限性和不可預測性定義了量子經濟的活力和成功。股票價格可以一直上漲到無法上漲為止。創新型公司也可不斷成長至停止成長為止。經濟是混亂和奇特的，就像量子現實的奇特世界。

因此，我們需要一個新的經濟理論，作為最新量子經濟的指導手冊。它的基本法則是：凡是有限的東西均需能無限使用且重複使用。為了實現此一目標，我們需要新的規則和更深入地理解，以便能夠更加自覺與負責任地採取行動。

量子經濟追求的不是自我限制，而是致力於開發新的、更好的模式。量子經濟的特別之處在於兩者兼具，看似矛盾的事物往往同時存在，正如中國道教的陰陽學說：相互對立卻又相互關聯的力量或原則。量子經濟是社會主義與資本主義、舊經濟與新經濟、衰與盛、混沌與秩序的結合。這個連接無限性與奇特性的經濟，構成一個整體，並大於其部分的總和。

在量子經濟中，我們將自己從線性思維裡解放出來。這也提高了個人意識和對「整體」的制度性地更深入理解：對我們的地球、人類及作為人道世界基礎的人道主義。量子經濟將是許多進行中的積極運動之組合，這些運動將克服今日渦輪資本主義經濟的消極面向。我們是根據本身與他人的關係來定義，我們只有在與其他人類的關係中才能成為人，而一家公司只能在與外部世界的關係中才能存在。因此，在量子經濟中，我們必須認識到其經濟潛力，而不是以將其限制在攸關勝負的戰鬥中進行比較的方式來看待。換句話說，企業必須保持「可延續性」，即盡可能地留在賽局中。

量子經濟也將經歷一個自然的發展過程，我們從一個透過稅收制度來懲罰人們的工作和對社會的貢獻，轉而開始透過資源使用和消費的累進稅來規範過度消費。因此，量子經濟中的稅收與監管不是基於個人和企業對社會的貢獻，而是基於他們所挑選與拿取的資源而定，即那些所有無法回收並再次放回系統中的東西。

那麼，什麼是量子經濟呢？量子經濟是一種以應用哲學和量子原理為基礎的整體、跨學科與無限的方法，以因應生態、技術、經濟、社會及政治的全球挑戰，並呼籲進行意識革命來塑造一個理性社會。這裡充滿了無限的潛力和相互依存性，其中非物質的商品也融入經濟，其中愛與痛苦以及整體人類，是人文資本主義的焦點。這是一種新的操作系統，代表著穩定和平等，並賦予面對社會挑戰的機會。量子經濟是自然科學和人文科學之間的紐帶。

通往量子經濟的道路是什麼樣貌？我們必須有意識地遵循兩條軌道，即建立一個平行社會，在這個社會中，一種新穎的、進化的人文資本主義從垂死的舊系統中茁壯成長，它是後物質主義、永續的和循環的。這表示我們要重建過去一百五十年來為如此多人帶來繁榮的經濟基礎，同時放棄致命的資訊社會，從知識社會推進到一個以理性與深入理解自身行動為基礎之理性社會。

量子經濟將穩定社會，並引導著人們朝一個團結的社區邁進。線性思維仍然盛行，只有我們能夠計算的東西才被認為是真實且有價值的。相反地，量子經濟基於這樣一種認知，即世界不是線性，也不是由孤立的粒子組成，而是萬物相連的。雖然物質資源有限，但整個世界卻是無窮的。**沒有盡頭，舊事物不斷消亡，新事物持續綻放。在本質上，它代表著繼續前進，目標是沒有極限的。**

人與機器、地球與我們文明賴以生存的基礎，一切都相互關聯。為了找出迫切需要的創造性解決方法，我們最終必須擺脫古典物理學的機械世界觀與純粹的邏輯數學思考方式。我們必須承認，這個世界——以及量子經濟——是陌生且不可預測的，這同時也為創造力和不可預測的飛躍發展提供空間。未來是不確定的，它是我們從過去和現在創造出來的東西。它不是一件物品，而是一個行動：它透過我們「打造未來」而出現。如果我們理解這一點並採取相應的行動，即能共同為人類即興創造一個令人嚮往的未來。我們可以釋放全新的潛能，互相幫助來克服即將到來的、看似無法解決的挑戰。

現在是起身行動的時候！無意識的「閒談」（Gerede）已經夠多了，對海德格而言，它是意識到自己存在的「言說」（Rede）的相反物。[2]在商業與政治中有太多的廢話，我們根本沒有時間理會！太多的人不是為自己思考、感受和行動，而是在反應、談論和模仿中耗盡氣力。我們無法再忍受了。你和我，我們都必須站起身說：停止無意義的閒談，開始處理必須做的事！

生態挑戰：是的，我們可以克服它們。分配與不穩定等經濟挑戰：是的，我們也有能力因應。至於技術進步和數位海嘯，如果我們現在深入研究這個問題，並進一步了解可能的後果，我們還有機會。社會和（地緣）政治挑戰：憑藉穩定的經濟，我們可以開闢新天地。透過新的商業模式、量子技術的發展、科學和哲學的進步、教育和研究、新的政治框架條件，以及「減少、再利用、再思考」的方法，讓一個新的經濟制度油然而生。為什麼我們需要量子經濟？因為對我來說，它是延長我們地球上組織性人類生活的唯一途徑。

重新發掘經濟學的藝術

今天，經濟學家所運用的所有偉大經濟理論均具有唯物主義的特徵。從需求方與供給方模型到米爾頓·傅利曼等人的資本主義理論，均是如此。亞當·斯密的繼承人早就拋棄學派始祖對笛卡爾式市場形而上學的信念。與此同時，在科學領域，唯物主義時代也正迅速走向終結。鐘擺正從古典物理學擺向量子物理學，進而從物質擺向意識與能量。

過去的經濟模型核心是機械論。然而，在量子經濟學方法，我們接受它不是一個線性和因果系統。如同量子物理學，我們著重於處理疊加和概率問題。我們可以而且必須制定新的規則和法律，但我們必須意識到，儘管已進行各種優化和重新調整，事情的結果卻總是不如我們的預期。這與舊的機械論沒有什麼不同，但科學家們利用所謂的外部因素來解釋每一個偏差，並堅定地堅持他們的理論。另一方面，在量子經濟中，由於人與機器之間以及人、機器與我們地球生活空間之間的相互依賴性日益增強，我們將取得更高的意識。這為塑造一個基於整體倫理與道德的價值導向型社會，提供了機會。

在相互依存的世界裡，資本的流動不再有國界。國界與國家金融及財政體系只是虛構的，與全球現實相去甚遠。近年來，民粹主義的剎車和倒退嘗試並不能改變這個趨勢，甚至在二〇二〇年還創下新紀錄。現在全球有超過兩千位億萬富翁，[3]光是在中國，每週即新增三隻來自科技行業的「獨角獸」。早在二〇一八年，即有近四百個億萬富翁居住在中國，略少於美國的六百個億萬富翁。[4]

矽谷的音樂聲逐漸沉寂，歐洲也只能靜觀其變，而中國則準備衝向世界之巔。僅僅中國在新能源領域的風險投資基金，就超過所有歐洲風險投資基金的總和。[5]暴發戶將他們的資產投資於新技術、房地產、土地和原料。房地產幾乎一掃而空；全球的貧富差距正急速擴大。

經濟學家的傳統模型越來越不適合解釋經濟。**在量子經濟中，我們亦將從整體上審視貨幣和資本流動，並重新思考分配與使用的含義。**自由流動資本有何作用，我們在近年來已經清楚地看到了：按照新古典主義理論，它應該平衡經濟，確保合理優化資源的使用，從而促進我們為幸福的奮鬥，但取而代之，它卻破壞我們的幸福感和環境。金錢的魔力已經變成一個騙人的把戲。我們用它來堆積越來越多的物質財富，支付帳單，並與那些擁有比我們更多物質財富的人比較而感到沮喪。

然而，即使在工業革命初期，也很難看出僅由自私貪婪驅動的超級資本主義無法長期運作。贏家總是與輸家掛鉤，不管他們承認與否。無節制的個人主義概念不僅因生態破壞和急速加劇的社會分化而達到極限，而且還遭到量子研究人員的發現所駁斥：我們既不像個人主義所假設的那般擁有絕對自由，也不像集體主義意識形態聲稱的那樣絕對平等。相反地，我們既是擁有自己獨特歷史與個性的個體，又是萬物相連的整體之一部分。**由於我們的神經元、荷爾蒙及基因構成，我們不是獨立的個體，而是相互依存的生命。**

未來的企業

量子經濟的企業型態又是什麼樣貌？在今日，「零工經濟」的輪廓已然成形。在斯堪地那維亞半島我們稱為「專案公司」（Projektgesellschaft），它們的本質幾乎相同，即自發性組成的聯網團隊在完成一項委託案或執行一個專案後再次解散。雇主為受薪工人安排工作崗位的舊式僱傭關係可能已過時。傳統公司將因此面臨激烈的競爭。

在量子經濟中，公司的老闆就是專案，我們每個人的成功僅取決於參與專案的結果。領導力將無所不在，管理將被技術覆蓋與取代。高層與基層將消失，只有前端和後端會存活下來。企業必須強調其在產品中投入的品質，而他們的回報將是產品的品質，即它們的產出。

變革正全面展開。因此，企業領導者首先須了解的是，我們生活在平行世界中，並處於一個舊模式消亡和新模式蓬勃發展的過渡時期。**成功的公司在保留且優化他們現有業務的同時，在傳統結構之外創造一種新模式，其最終可以取代舊有的模式。**對個人和未來的企業來說，原則都是一樣的：我們每隔五到十年必須重塑自己，但又保留既有的優勢。截至目前為止支持我們的，都將推動我們繼續前進，同時型塑我們新的現實。

經商就是不斷地在今天賺錢與未來賺錢之間尋求平衡。**量子經濟中的公司不是由輸贏等有限目標來定義的，而是根據它們參與創造價值、解決問題及追求無限目標的時間來定義。**量子經濟核心的工作原理十分簡單：描述問題、解決問題、計費。

所有利益相關者，而不僅僅是股東，都必須納入考量。生態、經濟、技術及社會，所有面向都必須是從整體上來衡量。我們必須具備適應新的經濟形勢和（地緣）政治事件的能力。這聽起來很複雜？是的，但這就是新的現實。我們面臨巨大的挑戰，但我們也發現了難以置信的機會。

許多公司的成功仍然建立在快速消費的基礎上。產品壽命短，很快即會磨損或過時，因此必須一次又一次地更換，供應商藉此創造銷售與利潤。在經濟的各個產業，卡特爾（Kartelle，又稱獨占聯盟）控制著產品的壽命，其實以今天的技術水準，幾乎可以達到零損壞的程度，從刮鬍刀片、燈泡到電腦、列印機或汽車。這些產品在一段時間後故障被認為是「自然」磨損，但真正的原因是我們經濟體系的主要基礎，即組織性詐欺。

在量子經濟中，企業結構和組織形式正在發生變化。每個人參與的共創會議（Co-Creation-Meetings）將取代自負的經理滔滔不絕主導的會議。技術接管控制功能，即以前的管理角色，而專案決定日益扁平與靈活的組織形式，領導力來自行動而非階層制度。在量子經濟中，必須有實驗空間來發展新的想法和真正的創新，以及對錯誤的容忍度。與此同時，對品質的要求越來越高，對能力不足的容忍度越來越低。因此，「敏捷」（Agilität）或「設計思維」（Design-Thinking）等流行語，只有在連結高度紀律和清晰結構時，才能成為一個實驗領域。新企業文化的基礎為：明確的個人責任、開放的溝通和明確的回饋。因此，階層制度的瓦解和發展扁平組織形式的同時，必須伴隨著明確的職責和清晰的領導。在量子經濟中，企業再也不可能躲在任何一個角色的後面、掩蓋能力的不足或冷酷地剝削客戶。唯有如此，新型企業才能蓬勃發展。

事實上，在經濟領域不可能存在勝利，因為經濟不是一個所有利益相關者的有限賽局。將公司比作運動團隊，將經濟比作以冬季兩項（Biathlon）錦標賽或足球錦標賽的這種常見比喻，是有誤導性的，因為體育比賽以獲勝者獲得獎杯或獎牌宣告結束。相反地，成功的企業並不是因勝利而存活，而是靠盡可能長時間地參與賽局而賴以生存。

「若不是……就是」已成為過去，在量子世界中這將轉變為「既……又」。同樣轉變亦適用於競爭對手公司之間的關係。在舊經濟中，看似不可想像的事情，將在未來以多種不同的形式呈現：相互合作的公司，儘管它們仍然是競爭對手。今天已經可以觀察到這種被稱為「合作」的現象。正當媒體大篇幅報導中美之間的「貿易戰」之際，兩國企業正在幕後默默攜手合作。[6]

從量子眼鏡來看，由於兩個競爭對手都處於技術領域的最前端，也就是說，無論如何它們兩個就像兩個糾纏粒子一樣相互連接，有限的合作也是有其意義。**合作是量子經濟的一部分，如同純競爭（以及作為極端相反情況的卡特爾）屬於舊經濟體系的一環。**

在量子經濟中，企業無法再透過層級指揮結構，而僅能透過合作與對話取得成功。由於一切都是相互關聯與相互依存，所以企業也必須跨越行業和學科界限進行合作。根據新古典主義的意識形態，公平的合作是難以想像的。純粹資本主義的牧師歌頌利己主義，鼓勵相關者只為自己的利益行事。從這個觀點來看，合作是可接受的，但僅能採取由上而下的模式進行，這樣才能讓某人最大限度地獲利並保持控制權。

在量子經濟中，企業新文化的基礎將是個人責任與開放溝通和明確回饋相結合。隨著企業變得更加敏捷，領導者還必須對其願景、目標及價值觀更加開放與誠實，以便與員工建立一種新的關係、吸引人才，並且在期望永續性和透明度的市場中保持自己的競爭力。

量子經濟的另一個核心原則是，貿易公司不僅要為個人消費者，還要為整個社會創造價值。我們今天已經可以觀察到此一趨勢的早期階段，例如微軟執行長薩蒂亞・納德拉（Satya Nadella）在最近的一次採訪中表示：「我認為企業的社會使命是創造具盈利性的解決方案，以解決人類和地球面臨的挑戰。一個不以這個世界為導向、卻又進行ESG（環境保護、社會責任和公司治理）評估的核心商業模式是不可能存在的，……好吧，先讓我們賺大錢，然後再來關注ESG，這不是我們的目標。」[7]

在量子經濟時代，「企業社會責任」（CSR）和ESG將不再只是色彩繽紛的企業官網上的口頭承諾，而是客戶與員工所重視和要求的附加價值，讓他們在享受消費時心無愧疚感。CSR和ESG將在公司估值和年報中發揮重要作用。利潤和社會責任絕不是相互排斥的。在量子經濟中，企業價值將被重新定義，永續性發展將成為利潤中心，為子孫後代打造的整體模型將成為規則而非例外。

在量子經濟中，企業跨界合作，與使用者相互依存。這種聯繫推動價值最大化。共享經濟最偉大的成功案例，從Airbnb到Car2go再到Uber，現在已廣為人知。「P2P網路借貸」（Peer-to-Peer-Ausleihen）、「群眾募資」、「沙發衝浪」（Couchsurfing）、「共同工作空間」（Coworking）、「汽車共享」（Carsharing）、「知識和人才共享」（Knowledge-and-Talent-Sharing），這類新模式和應用的名單不斷地增加。這些以及許多其他滿足特別興趣的服務，早已成為我們日常生活的一部分。

今天還是小眾的東西，明天將變成日常生活的一部分。企業若未能相應調整，必將出局。對於跟上腳步的企業來說，在實體產品世界中提供新的「即服務」（As-a-Service）模式只是邁出一小步。隨著新的服務類型出現，再加上（目前仍然）低得令人難以置信的稅收負擔，將創造驚人的價值。

然而，儘管經濟中出現各種創新和變革，但並非所有我們信賴的規則將失去其效力。成功才是最大的成就：這個基本規則在量子世界中仍然有效，但成功在未來將會有不同的定義。由安聯（Allianz）、貝萊德（Blackrock）、巴斯夫（BASF）和雀巢（Nestlé）組成的「包容性資本主義聯盟」（Coalition for Inclusive Capitalism）目前已經朝著這個方向邁出第一步。這四家全球企業已制定一個概念，藉此承諾今後除了物質價值外，亦將如員工、信任或企業的社會效益等「價值驅動因素」納入其擴展報告中。[8] 一家公司的創新程度、它如何利用員工的技能或其行為影響環境和社會，應能夠透過參數予以衡量。巴斯夫已經著手實施個別要點，例如，在其擴大的損益表中，這家化學公司還考量了非財務價值驅動因素，包括對其監事會的效率審查。[9]

在量子經濟中，我們將不再掠奪現實，而是挖掘潛力。資源將不再被消耗，而是百分之百地被重複利用，真正的循環經濟得以實現。然而，只有在參與生產、行銷、回收和重新設計的公司之間緊密合作，並且產品的全部責任由製造商承擔時，才能實現這一目標。當然，魔鬼將繼續藏在細節裡。在確保百分之百可回收性方面，材料所使用的複雜化學成分將為企業帶來巨大的新挑戰。為此，我們不僅需要新技術，還需要對生產和設計要求有新的認識。

在量子經濟中，我們再也不會有能源問題。儲存大量能源的可能性只是時間問題。太陽能取之不盡、用之不竭。當能源成為幾乎免費的商品時（先不論設備或技術成本），將對全球經濟與生活品質有巨大的影響。

公司的道德導向以及管理人員和員工負責任的行為與行動，對企業成功的重要性，將遠遠超過昨日和今日的線性經濟。透過量子組織，量子經濟中的社會問題和生態挑戰將與人類的價值觀及觀念有關。正如我所說，由於經濟和社會結構之間的相互作用，我們也透過重新思考和重新設計經濟來改變社會。

在量子經濟中，將會出現更多的自營業者和自由職業者。角色和階級制度正在改變與消失，人們將更頻繁地在雇員、自由職業者和（小型）企業家的角色之間切換，或者同時扮演其中的多個角色。同樣地，由於這個無條件的基本收入，我們是否可能完全擺脫「雇員和雇主」的概念，而「工作」一詞將從我們的詞彙表中消失。

當然，新的職業將因應而生，但在這之前，將會失去數以百萬計現有的就業機會。因此，機器人化會帶來許多輸家，這也是為什麼現在是建立一個理性社會的時候。**量子經濟中的公司必須開發和使用存在智慧（existenzielle Intelligenz），結合人類能力、個人直覺和集體價值觀，以提高我們對自己同伴和世界的了解。**那些擁有存在智慧的人，往往也能跳出框架思考，掌握大局。

對公司而言，這是指保持永遠留在賽局中的此一長期展望，將取決於長期願景與短期和中期目標相結合，同時保持足夠的靈活性以迅速適應新的環境。一家公司在面對未知事物的同時，如何確保員工個人和整個組織穩定的能力，這需要智慧，因為這不僅要解決嚴峻的挑戰，還要確保自己能夠參與這場無限期的賽局。

拯救氣候！

除了提高人們對減少資源消耗和建立循環經濟重要性的認識與意識外，前往量子經濟的道路也將引導我們從整體上重新思考因應氣候危機的方法。僅僅依靠減少二氧化碳排放量並不能拯救我們，當然，它也不應該是唯一的衡量標準。量子經濟的目標是加速實施許多具前瞻性的計畫，尋找新的突破性思想和技術。

成立於二〇一〇年的艾倫・麥克阿瑟基金會（Ellen MacArthur Foundation）是循環經濟領域的先驅者，旨在加速經濟轉型。作為一個具有全球影響力的思想領導組織，它幫助將循環經濟列入商業、政治及學術界決策者的議程。此外，它提供一種整合式學習方法，鼓勵發展過渡至循環經濟所需高瞻遠矚的能力和思維方式。[10]

另一個例子是英特飛（Interface Inc.）的創始人兼董事長雷・安德森（Ray C.

Anderson），該公司是世界上最大的商業和住宅用拼接地毯與織物製造商之一。早在一九九四年，安德森即提出一個計畫，目標是到二〇二〇年「……成為第一家透過其行動向整個工業界展示永續發展公司，從人員、流程、產品、地點到利潤……藉此我們即可透過影響的力量而恢復活力」。[11]安德森於二〇一一年去世，但那時他已經憑藉其在工業生態學和永續發展方面的前瞻態度在環境界產生全球性影響。他的遺志繼續被延續下去。當我在二〇一九年造訪英特飛時它幾乎已經達到目標，公司公布它的新議程，同樣是一個大膽的願景，名為「拯救氣候」（Climate Take Back）。這個安德森「歸零任務」（Mission Zero）的後續行動包括四項關鍵承諾：將碳視為一種資源並透過負碳足跡扭轉氣候變化、建立有利於所有生命的供應鏈、運用大自然和植物打造一個如森林般的綠色工廠，以及將可回收材料轉化為新產品與商品。[12]

即便是擁有龐大能源與製冷需求的科技巨頭，亦致力於爭取在永續性方面的領先地位：微軟、Google和SAP等公司希望在二〇二五年至二〇三〇年實現零排放，並發起氣候保護計畫以平衡二氧化碳排放。

從線性經濟演變為循環經濟、從價值創造演變為價值保存鏈，均在不同層面上取得進展，但速度仍太緩慢。在未來，企業不僅要透過將出借給客戶的產品予以貨幣化，還需要最大限度地提高可重複使用性來創造價值。

在斯堪地那維亞半島，已有許多先驅者一開始即採用循環模式。他們調整產品設計和生產方法以符合循環經濟的需要，並與其他公司合作開發全新的商業模式。每次合作的基本原則皆同：借用、使用及歸還，取代購買、消費和產生廢物。這些模式的初步經驗顯示，消費者會相應地轉變為使用者。任何採取出借而非購買方式的消費者，會獲得一種與財產的新關係。**舊有經濟模式均強調擁有東西，而量子經濟中的使用者發現不必擁有任何東西是一種解脫。**

在量子經濟中，我們可以重新思考以永續性的方式解決資源稀缺問題，在這一點上，量子經濟提供了無窮的可能性。今天所有有限的東西，最終必須變成可以無限使用與重複使用。

目前已有許多振奮人心的例子，但這些遠遠不足。僅僅設定長期減排目標是不夠的，我們需要一個全面的「利益相關者管理」（Stakeholder-Management），服務所有社會利益群體。我們需要的是科學上的突破，透過開發新技術來減緩氣候變遷，並提供事物之間關聯性及其影響的整體觀點，進而扭轉氣候變化。在未來幾年，我們必須將經濟體系轉變為一個完美的無限循環經濟。

邁向全面整合的循環經濟

那麼，量子經濟如何驅動社會發展呢？讓我們從一個實際的問題開始：我們如何才能確保二〇三〇年後出生的孩子將在一個商品不再購買、而是完全共享的世界中成長呢？為了實現這個目標，我們必須在未來幾年內將經濟體系徹底轉變為循環經濟。在未來的世界中，我們不再將購買的產品視為財產，而是借用它們，保留它們，直到我們不再需要它們為止。然後，我們再將它們交還給相關公司，再由它們對原材料進行加工，為下一個使用者創造新產品。

當談話性節目中的專家抱怨非洲使用童工提取電池生產原料與其造成的環境破壞，或者抱怨電動汽車續航能力差和回收利用率低時，電動汽車卻迅速發展。另外，馬斯克將特斯拉引進德國的行動，並不是在攻擊德國汽車工業，而是在拯救它。因為終於有機會正式培訓未來產業所需的專業人才，本土企業從沉睡中被喚醒。它們突然開始明白，舊的思維方式在新世界中宣告失靈。透過創新與投資解決許多問題的速度，遠遠超過早期採用的技術發展方式。

這些部分批評的資訊基礎已然過時，因為電動汽車的世界不斷地前進。自二〇一二年第一輛特斯拉跑車奔馳在德國道路以來，人們才赫然驚覺，相較於傳統內燃機，這種使用電力驅動的新穎車子僅需要傳統車輛十分之一的零件。童工和環境破壞問題因此迎刃而解，偏遠地區也與經濟發展逐漸建立起聯繫，許多人擺脫貧困。科技創新持續提升電池的續航能力，回收問題也逐步得到解決。

然而，今日的挑戰錯綜複雜且相互依存，可謂牽一髮而動全身。因此，企業與管理者必須對變革建立一個整體觀點。特斯拉作為一家科技公司，多年來持續蒐集資料，這使其在傳統汽車製造商中具有巨大的領先優勢。當大企業從沉睡中醒來並意識到現實時，可能為時已晚；但至少我們現在終於看到緩慢覺醒的初步跡象。隨著新的商業模式和眾多新創企業的出現，所有主要經濟部門，無論是汽車、化工、製藥還是能源集團，都將受到考驗。巴斯夫、拜耳（Bayer）、德意志銀行（Deutsche Bank）、西門子（Siemens）及福斯汽車（Volkswagen）在未來十年都將面臨嚴峻的挑戰，特別是它們在很大程度上忽視了過去十年的變化。因此，這些問題絕不是新問題，只是長期以來一直缺乏切實可行的新解決方案。不過，我們同時已經逐步建立更強烈的意識，也更加深入地了解整體的觀點。因此，近年來出現充滿前景的新模型。德國化學家麥克・布朗嘉（Michael Braungart）和美國建築師威廉・麥唐納（William McDonough）早在本世紀初即提出「生態效益」（Ökoefektivität）一詞。在二〇〇二年出版的《從搖籃到搖籃》（*Cradle to Cradle*）（C2C，德文「Von der Wiege bis zur Wiege」）一書中，他們描述產品如何在其使用壽命結束後，可以作為生物養分回到生物循環中，或作為「技術養分」在技術循環中不斷循環。[13]「廢物等於食物」是他們朗朗上口的一個公式，而這正好說明了我們在工業過程中仍然在浪費能源和材料的事實。[14]

具體舉例來說，生態效益表示在產品開發階段即必須決定產品過期後的處理程序。我們已經意識到所有產品均有其使用壽命，因此必須開始強化對資源與回收利用的理解。然而，在量子經濟中，我們還需要全面了解整條價值鏈上所有相互依存因素每個步驟所產生的後果。

循環經濟的理念是量子經濟不可或缺的一環。在這個世界中，經濟與生態不會相互排斥，也不是相互對立。在生產領域中，生產者必須承擔全部的責任。在量子經濟中，東西不再是買來，而是借來的。這種經濟模式會提高消費者的消費意識，並使生產者獲得生產更優質產品的經濟動力。共享經濟與量子經濟密不可分，越來越多的產品將變成服務。埃里希·佛洛姆（Erich Fromm）的《生命的展現》（*Haben oder Sein*）一書將成為所有學校的必讀讀物。

在量子經濟中，個體性先於平均性。現代社會的大規模生產，往往代表著生產過多的垃圾產品。相反地，量子經濟遵循的是一種量身定制的大規模生產，不會有過剩的垃圾。循環經濟將成為各地關注的焦點，結果可能如今日的比爾及梅琳達·蓋茲基金會（Bill & Melinda Gates Foundation），億萬富翁最終將歸還他們的財產。這對夫妻發起的「贈與誓言」（The Giving Pledge）活動，目前已有約兩百一十名超級富豪加入，很快將有五千億美元的資產進帳，回饋社會用於公益事業。除了比爾和梅琳達·蓋茲之外，馬斯克、祖克伯及華倫·巴菲特（Warren Buffett）等人也紛紛共襄盛舉。[15][16]

量子經濟之目的在於為個人以及社會創造附加價值。「社會型企業」（Social Business）將是未來的重中之重，而密切關注社會不平等將成為企業創始人的市場利基。

拋棄式隱形眼鏡製造商聳聳肩解釋說，消費者必須「具有責任意識地」處理每天產生的塑膠垃圾。但這只是廠商為自己不負責任的行為所找的廉價藉口。那些將這種數以百萬計的產品投入市場，並在產品使用一天後隨即遭到丟棄進而汙染環境的人，必須為這些有害的行為負責。但這個目標只有在我們為實體產品開發整體理念時，才能實現。

企業開發無數設計產品的模型，讓它們看起來雖然「有價值」，但卻需透過人為來設定其損壞時間，以維持公司營收的成長。廣告與行銷透過刺激「消費者」的消費慾進一步助長這個系統。**客戶越沉迷，對公司就越有利。**

然而，越來越多的跡象顯示，消費成癮現象已逐漸在退燒。長期以來，擁有越來越多產品的貪婪使人類變得麻木。不過，現在我們的意識逐漸恢復。人們慢慢地對自己所積累的財產之持久性和實用性產生質疑，我們在打折時盲目搶購商品的行為，不僅迫使環境被過度開發，也逐漸掏空自己的經濟生活基礎。你的「機器人同事」（Kollege Roboter）工作完美無缺，價格低廉，從不休假也不會生病。數位稅務顧問與會計師已經在網上提供他們的服務，時薪〇．〇四歐元。短期來看，快速推進的自動化是個令人歡迎的發展，但在短短幾年內它將引發嚴重的社會動盪。

在量子經濟中，整個產品生命週期的責任轉移至製造商身上。我們不再購買汽車，而是購買一家公司提供的一種行動性服務。該公司不僅提供汽車，還負責維護、修理及保養工作，而最終確保所有使用的材料均回歸到生產週期。我們不能擁有材料，我們只能替後代子孫管理它們。我們被允許使用這些材料，但必須確保它們在未來仍然可以使用。

相反地，舊的經濟模式僅著重生產優化。例如，日用隱形眼鏡製造商將生產工作外包給亞洲，利用所有可能的法律漏洞來降低成本。它們的下一步是實現自動化生產，將製造成本降至零。產品變得越來越便宜。不僅僅是在日拋型隱形眼鏡產業，消費者毫不猶豫丟棄消費產品轉向新產品的動機，也與日俱增。斯堪地那維亞半島目前嘗試採取一些措施來抑制這種無意識的丟棄行為，例如降低維修服務的銷售稅。然而，由於現代技術使得多數產品的製造成本變得十分低廉，導致修理對消費者而言毫無吸引力。

事態進展顯然不能再如此繼續下去。在這個「拋棄式社會」（Wegwerfgesellschaft）中，所有商品都很便宜，以至於我們因自己的垃圾悶死。避免人類環境迅速成為垃圾堆的唯一出路，便是告別占有慾。何時能提供「視覺即服務」（Sight as a Service），即我們僅需為雙眼所見的影像付費，目前尚不清楚。但在量子經濟中，我們可以毫無限制地重新思考如何以永續性來因應資源匱乏的問題。

作為使用者，我們對產品承擔共同責任，而在拋棄式社會中作為所有者是不需負責任的。量子經濟的消費者轉而成為「使用者」。我們不再停留在馬斯洛金字塔的最底層，而是根據需求爬到更高的層次，以滿足我們的後物質主義需求。所有層次的潛力因此得以釋放。

在量子經濟中，客戶獲得的是使用權而非所有權。我們使用的方式和數量決定必須支付的費用。產品針對個人需求進行優化：商品不再是現成的，而是根據人們的要求量身定制。這也提高了對共同開發客戶的認識和理解。

因為在量子經濟中，客戶不再希望購買實體產品，而是套裝的服務。「照明即服務」（Light as a Service）就是其中一個例子，這是飛利浦集團推出的一種新商業模式。該公司憑藉這種模式成為「循環即服務」（Circularity as a Service）領域的先驅。[17] 荷蘭建築師托馬斯．勞（Thomas Rau）委託飛利浦設計一款量身定制的照明概念。他不想買檯燈與燈泡，也不想簽訂電力合約，而是想以適中的價格購買一項服務，其中包括所有配套設施的智慧化照明系統。

在這種模式下，公司無法再從人為設定的燈泡耗損時間賺取任何利潤，客戶僅需為燈光付費。所安裝的產品仍然處於公司的所有權、控制權及責任之下，公司負責提供最優質的維護、修理與更換服務，並負責供應電力。這個新穎的要求最初讓飛利浦的負責人傷透腦筋，但最後他們成功開發一種營利模式。這個業務領域目前發展迅速。僅僅稍微改變觀點，便成功推動客戶與製造商共同開發一種優化的、永續性的產品，這是製造商單方面可能永遠無法想出的產品。「照明即服務」是循環商業模式的一個良好範例，它至少可以像傳統的線性模式般創造利潤。

無論是Spotify、Audible還是Google，它們的生存之道都不是銷售實體產品，而是靠租賃由公司本身設計與優化的個性化服務賴以生存。在此之前的租賃時代，中間人和製造商為獨立個體，客戶僅能在有限的預製產品中選擇，而不是直接與製造商打造量身定制的全方位服務。

「即服務」模式為企業提供生產最高品質、最耐用的產品的最大動力。與此相反，在目前的經濟模式中，銷售人為設定損壞時間的產品才符合公司的利益，藉此確保我們繼續消費。在未來，企業將竭盡所能生產盡可能少的替代品，而是盡可能地回收利用，因為新產品和新原料在未來將是最大的成本負擔來源。企業必然將提高產品的品質與耐用性。只要企業還能銷售刮鬍刀片，它們便沒有興趣採用永遠不會變鈍的鋼材。只有那些宣稱自己提供「刮鬍子即服務」（Rasur-als-Dienstleistung）的供應商，才會選擇可無限使用的鋼材，而目前市場基本上已有能力生產這類鋼材。

在量子經濟中，我們透過擺脫占有物品的想法來獲得最大的自由。我們不再受擁有無限財產慾望的壓力及其所有權帶來的義務所苦。這即是《基本法》（Grundgesetz）第十四條所指的「所有權負有義務」（Eigentum verpflichtet）。「它的使用須有助於公共福祉。」[18] 既然還有另外一種選項，為什麼我們還要背負這種義務呢？**如果我們能克服對財產觀念的固著（Fixierung），便可永遠享受資本主義繁榮引擎的獨特優勢，同時將其影響深遠的缺點拋在腦後。**

量子經濟

倘若量子經濟是我們社會的驅動系統，那麼經濟學就像是運作的硬體。然而，事實證明，經濟也是「軟」的，或者應該被認為是流動的東西。我們需要透過量子眼鏡來重新思考我們的總體經濟體系。若我們把量子烏托邦與量子力學進行比較，將有助於理解經濟的基本結構，找出量子烏托邦的核心思想和一個為所有人服務的經濟。加拿大數學家大衛．歐瑞爾（David Orrell）在其著作《量子經濟學。新貨幣科學》（*Quantum Economics. The New Science of Money*）中指出，經濟根本不是高效、公平及穩定的，而是複雜、緊密結合和富創造性的，同時它將導致不平等與不穩定的加劇，並危及有限模型的極限。[19]歐瑞爾本人就此提出一個以量子理論為基礎、更貼近我們生活的現實世界的新貨幣科學。

我們當前的經濟是建立在無止境成長的希望，同時也是無止境的債務之上。若我們知道經濟成長永遠不會停止，我們便可根據未來預期的價值持續進行借貸。然而，卻沒有人真正知道成長是否或何時會結束，或者可以承受的債務極限。所以這有點像玩大風吹遊戲：每個人都試圖在音樂停止前以最快的速度獲取盡可能多的東西。

在我們的例子中，當超級資本主義的生態連帶損害導致生態崩潰時，大風吹的音樂便會停止。只要資本是經濟的核心，貨幣政策就會試圖刺激進一步的成長，以盡可能拖延崩潰的時間點。只要支付資本投資的利息，引擎就會越轉越快。但一旦它停止，整個結構便將崩潰。

我們目前的經濟是建立在不斷增加的債務與永無止境成長的希望上。沒有人知道成長何時會結束，所以每個人都試圖盡快抓住盡可能多的東西。從邏輯上來看，這種模式必然會遇到自然極限，它最遲將發生在當生態連帶損害開始累積成為生態災難時。但只要資本是經濟的核心，現金便會推動成長。簡而言之，古典經濟是以管理與控制具有價值的交易為基礎，而這個價值通常由貨幣決定。在新古典主義的變體中，經濟學不外乎就是進行「交易」。從現代的金融數學角度來看，我們可以將貨幣描述為一種在精確數字與「實際價值」模糊類別之間進行調整的技術。這不僅涉及到資本利息，即如同現在用錢「滾錢」的可能性，以及對此類交易的徵稅。

在過去的一百年裡，我們反覆察覺到系統的脆弱性和侷限性，例如在一九二九年的股市崩盤中、二〇〇七／二〇〇八年的金融危機期間或二〇二〇年的新冠危機期間。到目前為止，每次的解決方案都是從其他系統（即國家系統）獲取資金與信用度，注入資本市場。然而，這種救援和復原的努力並不能修復根本的系統錯誤。這如同將藥物敷在化膿傷口上般無濟於事。在量子經濟中，需要從根本上重新思考我們的經濟和金融模式，以長期穩定總體經濟體系。

破壞不是由技術引起的，而是因你使用它的方式所造成。如果一家夾縫中求生存的大銀行其董事會在十年前即勇於接受哲學家的想法，調整營運思維，也許今天它已經站在通往更美好的未來道路上。你也許可以找個週末問問自己這個簡單的問題：「我們為什麼需要銀行？」或許我們因此有機會去思考銀行作為一個機構的社會角色，以及更廣泛地思考銀行的未來體系。與其堅守傳統立場，深陷權力鬥爭的泥沼，錯失及時改變方向的機會，這樣的思維調整可能會讓銀行董事會得出一個簡單的結論：我們根本不需要實體銀行，但需要銀行業務和相關服務。如此一來，銀行可能已經能與其客戶在多年的信任基礎上，共同建立一種新的商業模式。

日益擴大的貧富差距以及區隔社會環境的封閉生態系統，是量子經濟必須解決的另一個挑戰。資源在一個有限的富人網絡中繼承和囤積，既不符合人道主義，也不具永續性。為什麼僅僅因為人們是幸運精子社會的成員，就可以在祖先積累的財富中出生？結果，只有一小部分的精英能夠控制社會、政府及工人階級，使得多數的人幾乎不可能踩上社會經濟階梯，有時甚至獲得像樣的生活都難如登天。

如何對財富徵稅、如何將更多繼承的資本帶回系統，最後我們如何能夠走向一個透明與公平的系統，我們必須就上述議題展開辯論。一旦我們仔細觀察，真正的挑戰很快就會變得清晰：我們所說的平等究竟是什麼意思？多少錢是「太多」？家庭成員是否應該能夠在一輩子從未工作過的情況下繼承一千萬、一億或十億歐元？到底什麼才算「努力」工作，應該如何給予報酬？

最終，我們需要重新定義財富概念，它不該只以一個人的銀行帳戶金額為基礎，還應考量平衡的生活、無形的資源、愛和總體幸福感。人們想要生活安逸且有消費能力是無可厚非的，但我們對社會的貢獻至少應該相當於我們從系統中獲取的東西。這是量子經濟的核心前提：基於創造真正社會價值和進步的工作來創造財富才是正確的。然而，一旦我們結束這場賽局，亦即在完成這趟邁向未知的美好經濟旅程後，展現我們積累財富的勢能（potenzielle Energie）勢必再度返回系統中。

傳統經濟理論的另一個核心概念是「公有財」（Commons）問題，即如何規範公共空間或公共資源。此類討論仍將在過渡到量子經濟的過程中發揮核心作用。水、土地、能源、食物甚至知識等資源應作為公共財由社會共享、照顧及生產，這意味著它們永遠不會被私人所有或受制於資本主義市場。就地球的現況而言，沒有人能真正擁有大自然賦予的任何東西，這對每個人來說似乎都是一種明智的方法。

當然，這些發展都需要建立新的機構、系統和程序，以規範與引導量子經濟朝著正確的方向前進。但是，如果我們希望更緊密地合作，為全世界數十億人創造機會，迎接未來的挑戰，這樣的行動是唯一的出路。我們必須尋找新的觀點與模式，以便能夠積極地共同塑造世界經濟。

量子世界中的貨幣

金錢究竟是壞東西還是好東西？這個問題（從政治和意識形態上）見仁見智。何謂「好」？什麼又是「壞」？從古至今所有時代的哲學家都以這種從根本上分裂成兩個極端對立的二分法來思考此一問題。他們堅定地公開其努力思考的結果，但不久之後便會遭到其他思想家強烈地反駁。誰才是正確的，還有待觀察。但我敢肯定的是，金錢本身並無好壞之分。與任何技術一樣，它既沒有目標，也沒有靈魂。這個答案取決於我們如何使用它，及其使用目的。在目前的經濟中，它之所以有負面的影響，主要是因為中央銀行發行的貨幣數量與實際經濟產出脫鉤。然而，對於今天的勞動世代來說，金錢摸起來卻是「真實的」，幾乎就像過去用來支付的金幣銀幣一樣。[20]

正如經濟數據顯示，在全球經濟體系的價值中，事實上只有不到百分之〇．〇一實際上以「強勢貨幣」的形式流通市面，在一千二百兆美元的估計總值（包括投資、金融衍生品和其他資產）中，僅一．七兆美元在市場上流通。這表示，當今世界經濟中幾乎所有價值均建立在商品與服務估計價值的基礎上。正如我們在經濟危機時期一次又一次所見，當公司和個人都試圖同時實際擁有他們的資金時，金融體系便會崩潰。即使我們有不同的看法，金錢仍然不是「真實的」，而是一種將我們聯繫在一起的社會發明；但只要我們相信，這個故事就會流傳下去。

經濟學家、政治家和越來越多的企業領導者一致認為，貨幣與經濟體系的二元論從長遠來看是難以持續的。若很大一部分錢可以在按下按鈕或點擊滑鼠時被實際使用，那麼目前的經濟系統就會崩潰。因為這筆錢根本不存在；它不過是一種具擔保性的會計手法，經不起嚴格執行貸記的考驗。

從古典經濟學的角度來看，當今的金融交易和貨幣看起來更加複雜和混亂。類似於宇宙的古典物理模型，我們通常將金錢及其購買的物品視為彼此相關的物理實體。一輛汽車有一定的數值，我們可以用金錢來表示，而企業在整個經濟中負責交換價值單位。經濟學家透過揭示這些關係和流通地球的「粒子」（亦指貨幣），試圖建立可量化的經濟模型。然後，我們開始接受這些模型是真實的，或作為經濟現實的合法代表。但當這些模型無法預測二〇〇八年的金融海嘯等經濟動盪或Covid-19疫情爆發後對全球經濟體系的影響時，我們才發現，這些模型實際上錯得多離譜。在這些非常時期，所有的政治領導人都需要向系統挹注大量新資金，尋求解決方案。

同樣的原則亦適用於我們對貨幣與經濟的日常理解：我們使用抽象的數字來描述感知到的物理現實和互動對象，誠如我們如何體驗所坐的椅子是絕對的物品，而非塌陷的量子勢能波浪。但就像宇宙中的其他事物一樣，貨幣系統也屬於量子力學。因為貨幣和經濟的實際價值不僅取決於共同的敘述與信仰，它也取決於如相互依存關係、人類形成和（大眾）心理等無法再分解的因子。在這個意義上，貨幣不僅是一種可量化的「粒子」，它也是以能量或波為基礎，正如我們在量子物理學中所理解般。誠如大衛·歐瑞爾所說：「在交易中使用貨幣，是為模糊和不確定的價值概念分配一個數字（價格）的方式。因此，它就像量子物理學中的測量過程，在這個過程中，粒子會依其類似的不確定屬性被分配到一個數字。」[21]

在古典資本主義中，商品的價值首先由投入的勞動力決定，然後再由用途來定義。從今天金融數學的角度來看，我們可以將貨幣描述為一種介於準確的交易數字和模糊的「實際價值」類別之間進行協調的技術。簡而言之，古典經濟學是建立在管理與控制「有價值」交易的基礎上，這個價值通常是由貨幣所決定。

因此，大多數經濟理論討論的重點是人、貨幣及商品之間的關係。雖然貨幣概念已經（且正在）變得越來越抽象，但其基本思想仍然與在以物易物體系中的實物交換相同。幾個世紀以來，鑄幣的價格均由貴金屬價值決定，但尼克森（Nixon）在一九七三年讓美元脫離金本位制，引入「法定貨幣」（Fiat-Geld），即貨幣的價值由發行它的政府決定，而不是商品的市場價值。儘管目前這個體系運作良好，但我們心知肚明，口袋裡的彩色鈔票價值只是資本市場對發行政府穩定性的信心函數，而政府的最終行動是由個人及其有限的目標所決定。對此，我們將舉例說明以更清楚地闡明這個原則。假設你想賣掉舊式燃油引擎汽車來換取一輛新的電動汽車。燃油汽車可能有一個理論價值（我們可以在網路平台上搜尋），但它的實際價格，也就是其實際價值，直到有人買下這輛車後才確定。它沒有固定的價值，但其價值完全等同於你從交易中賺取的金額。

當你貸款時，有沒有想過錢到底是從何而來？假設貸款成功，不久之後，你的銀行帳戶明細上會出現一個小數點前有數個零的數字。這筆錢是從哪裡轉來的？基本上，它是憑空出現的。銀行必須遵守一些規則，但最終它會為你產生議定的金額。這就像一個魔術表演，突然之間你有資金可以支配與使用。

資本是由相互關聯的兩方所創造，就像在次原子量子實體中一樣：銀行與你，或者更廣泛地說，發行人和所有者。然而，與此同時，貨幣與經濟處於一種二元關係，而這又是現行制度的核心問題之一。

美國經濟學家暨諾貝爾獎得主米爾頓・傅利曼致力於研究現行貨幣體系的缺點。[22]

例如，他建議對私營金融機構進行監管，不允許它們的貸款額度超過其擁有的資產。這種「全額準備金銀行體系」（Full-Reserve-Banking）有其優點，但也有缺點，因此有支持者，也有堅定的反對者。無論如何，儘管有無數的嘗試與改革建議，但從來未成功地以一種既不會扼殺經濟又不會過度刺激成長的方式來調節貨幣供應量。相反地，我們總是在泡沫和衰退之間經歷繁榮與蕭條時期。

然而，若我們從量子的角度來看待世界經濟，從根本上思考貨幣的未來是有意義的。我們不僅需要實行後物質主義的資本主義，同時也需要找到一個後貨幣主義的模式嗎？從量子的角度來看，貨幣是勢能，也就是相互關聯的粒子和周波。然而，這又提出了另外一些當今我們幾乎無法回答的問題。在量子經濟中，擁有金錢，亦即勢能，代表什麼？究竟是誰創造了它？我們應該用什麼標準對其徵稅？

歸根究柢，金錢就像我們整個世界一樣虛擬；它沒有任何真實性。交易員已經開始將量子理論應用於金融交易，以計算證券交易所的選擇權價格。一旦量子電腦成為主流，我們與交易、股票市場、複利甚至一般貨幣關係的整個結構將被顛覆。如果使用像量子波粒子一樣擴散的數位貨幣實時進行交易時，貨幣的量子力學屬性在未來將變得更加清晰。

當傳統國家的強勢貨幣被虛擬加密貨幣取代時，它是否能在量子經濟中發揮穩定器的作用？由於中央銀行發行的傳統貨幣價值完全以社會協議為基礎，因此很清楚地，加密貨幣並不比美元或歐元更虛幻。而且這些新的金融工具在新興市場更容易被接受，因為傳統貨幣體系在這些市場的影響範圍有限。事實上，許多新興市場在加密貨幣與數位微交易等新金融技術方面，遠遠領先於工業化國家。原因很簡單，即西方（和東方）世界的舊有體系從未滲透過該市場。因此，這些人多年來一直生活在「替代」金融體系中，現在只是將其轉移到網路上。這些替代方法中有許多是令人感到振奮的，而建立全球性機構以連接（與監管）不同系統，並建立一個全新的世界貨幣網絡，只是時間問題。

隨著社會開始深入探究世界經濟的相互關聯性，將會出現一個統一貨幣體系的驅動力，或者是一種全新定義交換與價值的方式。

不要低估徵稅的力量

在資源有限的情況下，無限的經濟成長不可能是一種永續的模式，反而遲早將導致系統的自我毀滅。因此，量子經濟也必須重新思考金融領域：我們需要一種新的銀行形式、一種新的經濟與價值關係，以及一種新的稅收模式。為什麼要對價值貢獻與勞動徵稅，而不是對資源的使用和消費徵稅？換句話說，站在普通工人的角度，為什麼我應該因誠實工作而受罰，而那些擁有資本資產以及對資源過度消費和過度開採的人，卻總能找到制度漏洞並加以利用？

在量子經濟中，人們不會因勞動而被徵稅，資源的消耗才會被課稅。此外，只要有創造出真正的價值，社會便需獲得稅收份額。因此，在未來，例如將對人工智慧和機器人徵稅。我相信，一旦政治家了解到若不在這方面採取行動，將會危及其政治生涯時，他們便會制定適當的法律。就稅法而言，社會未來將繼續依賴保存下來的人類改進和創造性發展的能力。在量子經濟中，負責處理人工智慧、奈米科技及生物科技之全球控制機構已逐漸成形。未來將設置一個處理指數技術的全球仲裁者，以確保建立一個公平與公正的競爭環境。

這些問題已經激烈爭論數十年，但在二〇二〇年期間，世界各地開始採取更具體的措施，包括對財富額外徵稅和導入新的消費稅，以重新調整金融監管制度。人工智慧和機器人技術產生的財富與使用的資源，也是全球監管機制和稅收制度必須適應的新領域。由於這些新技術有可能產生難以置信的社會與經濟價值，以及同等巨大的利潤，因此，相應地調整地方、國家和國際稅收制度便顯得十分重要。這類經濟活動有可能為政府帶來龐大的新稅收。對產生的財富徵稅與重新分配，可能是對工作被取代的人們進行社會補償的唯一途徑。

總體而言，量子經濟需要重新思考它處理稅收和利息的方式。金錢、收益、利息以及稅收必須與對社會的重要性及總體貢獻有關。舉例來說，在某些教派中是禁止對貸款收取利息。實際的價值、誠實工作，或生產有益社會的商品和服務的真正責任，必須成為新經濟模式的核心。隨著我們現在進入數位貨幣與量子技術的時代，這一點變得更加重要。

新的稅收模式必須為分裂的社會提供穩定性，從而最終實現再分配。一九八一年獲得諾貝爾經濟學獎的美國經濟學家詹姆斯・托賓（James Tobin）早在一九七二年即提出金融交易稅。這種「托賓稅」（Tobin-Steuer）也被稱為「羅賓漢稅」（Robin-Hood-Steuer），因為它主張在國際外匯交易中向富人課徵少許交易稅。[23]然而，一個關於這項稅收的長期討論指出，改變有利於富人和擴大貧富差距的制度，還有很長的路要走。但此討論也顯示，制度的改變確實是可能的，值得為之奮鬥。

量子經濟將作為一個燈塔，加速過渡至量子經濟，並推動實施現有的替代方法。此種經濟體系並不是抽象的，也不是為了要贏得某場有限的賽局而相互競爭；更甚者，它是我們整個社會、我們生活和感知物理世界真正的穩定器。量子經濟將目的與意義的精神世界、我們的感官體驗及非物質需求的世界，與經濟交易的真實行為相結合。

全民基本收入

近年來，關於「無條件基本收入」（bedingungsloses Grundeinkommen）或「社會性全民基本收入」（soziales Grundeinkommen）的文章與討論不計其數。在量子經濟中，這是必然的趨勢，如此一來，才能維持社會在面臨裁員壓力下的穩定性。簡單來說：導入某種形式的基本收入是必須的。

藥店連鎖店創始人格茨・韋爾納（Götz Werner）早於二〇一〇年即在其《每人一千歐元》（*1.000 Euro für jeden*）一書中積極提倡這種模式。[24]他的論點引發兩極意見，有人嘲笑，但也有人讚揚。我認為他不僅是一位有遠見的企業家，更是一位將理想與實務結合起來的睿智意見領袖。他提出的無條件基本收入模型尚不成熟，就像媒體和專家們正在討論的各種可能類型一樣。此模型應該成為討論實際解決方案的出發點，但德國政府目前對此的不信任態度，此舉只會加劇社會分裂，無助於提出建設性的解決方案。

企業家楊安澤（Andrew Yang）在參加二〇二〇年美國總統初選時，他的整個競選活動幾乎建立在每月發給每個公民一千美元作為「自由紅利」（freiheitsdividende）的承諾上。[25]這無疑顯示了此一構想的時代即將到來，即使在美國也可觀察到這個趨勢。

然而，令人恐懼的是有時在公開場合討論的內容。在電視談話性節目中，知名政治家高談闊論著「失敗」的芬蘭專案，即為兩千名被選中的公民每月提供五百六十歐元，但此時專案卻尚未完成結果評估。[26]另外，他們也以瑞士公民投票拒絕無條件基本收入作為論據。這些辯論主要在解放束縛與潛力發展及寄生蟲社會之間搖擺。很明顯地，基本收入無法提供人們完全的自由，若有，也僅是杯水車薪。

芬蘭的這個專案有兩千個不同的故事，而這正是我們必須展開討論的原因[27]：其中一個故事是藉此專案賦予多一點人的尊嚴。長期失業者艾拉（Aila）因罹患癌症，現在不得不回到與官僚機構戰鬥的日子以爭取經濟救助。正如她自己所說，她覺得被視為「社會寄生蟲」。另一個故事是（重生的）藝術家同時也是六個孩子父親的尤哈·賈維寧（**Juha Järvinen**）。在實驗之後，他有能力於二〇一九年購買機器生產薩滿鼓，讓自己脫離國家的照顧。[28]芬蘭在評估此項專案效果的同時也著手研究其他方法，例如，國家在公民完成某件任務後（如為了公共利益）才提供資金。

芬蘭與瑞士目前均未引入基本收入制度，但我們現在需要的正是從這類測試專案中學習。德國、奧地利和瑞士必須成為此一領域的先鋒。[29]當數十年後，有數以百萬計的工作被自動化取代，人類互動模式消失殆盡，屆時社會穩定將受到威脅。如果到時候我們尚無法建立健全的成熟模式，或如果我們那時才開始著手試驗，社會動盪將是不可避免的結果。

這就是為什麼我們今天必須處理這個問題的原因。我們應該很清楚，對此目前尚沒有一個完整的模式。針對這一點我們面對的第一個挑戰是基本收入的「社會性」，或者如英語所說的「普及性」設計（全民基本收入）。如何在當地以公平的方式實施？舉例來說，自動化將導致發展中國家低薪工作的消失，因為機器人能夠以更低的成本為我們完成相同的工作。只要這些國家作為「西方國家的延伸工作台」，數以百萬計的人都能擺脫絕對貧困，但現在他們又將面臨再度落入貧窮的威脅。在這種情況下，僅在我國引入基本收入是否符合「社會性」？但無論如何設計，基本收入永遠都不可能達成所謂的普及性，而是侷限在國家層面，或者充其量是——例如在歐盟層面——多國性的。

第二個問題：基本收入到底是什麼？誰來決定多少歐元能滿足基本需求？資助孩子的學費也須納入基本需求中？基本收入的接受者有權獲得哪個程度的教育、文化及社會參與？上述這些和其他更多問題均須納入考量、評估，最重要的是在實踐中進行測試。

同樣重要的還有第三個問題：稅收制度必須適應新的生產關係與商業模式，以便公共部門能夠在面對根本變革時繼續履行其任務。「社會性全民基本收入」只是其中之一，但它是社會和平與凝聚力的基礎。整個行政運作系統必須徹底改革，量子經濟的設計才能成功。

政治與社會：組織化的人類生活

在量子經濟中，中央機構的重要性逐漸式微，取而代之的是許多相互聯繫（也許只是暫時性）的分散單位和個人。與此同時，新的全球控制機構也逐漸成形。在一個全球化相互依存的世界中，我們需要全球監管系統並取得貿易夥伴之間的信任，但這種信任近年來遭到嚴重的破壞。然而，在量子經濟中，萬物相連，我們必須共同定義遊戲規則，並締結人人都能實際遵守的協議。

一九六七年聯合國通過《外太空條約》（**Weltraumvertrag**），四年後德國也加入該行列。該條約的核心宗旨希望推動所有國家承諾在外太空中和平相處。目前，地球空間（**erdnahe Weltraum**）布滿價值數十億美元的衛星系統，決定了我們從尋找伴侶到交通導航的所有生活面向。人類在外太空建立巨大資產，成為朋友，誠然值得高興，但現在也是在地球上打造全球化管理系統的最佳時機。

無論是資訊還是恐怖分子，無論是資本還是能源，無論是思想還是宗教，都不會受到國界的約束。除了更高度的全球化外，我們還需要更強大的區域化，讓市長成為新的部落酋長，比各國中央政府更貼近人民與其真正需求。

在量子經濟中，企業家和公司學習以充滿好奇心的懷疑態度面對所有知識，並質疑一切。新的經濟動力能夠克服經濟中的阻力。即使是量子經濟，透過創新與進步來克服衰退和鼎盛時期的挑戰，亦十分重要。**管理階層了解到，在量子經濟中，所謂的「軟實力」其實就是「硬技能」**。

在量子經濟中，新領袖需要勇氣。它的目標不再是擊敗競爭對手，而是建立健康的競爭關係、向臆想的敵人學習，並在一個相互依存的世界中成長。**在量子經濟中，每個人參與終身學習**。

我們再次總結量子經濟的核心思想：它的核心是塑造一個我們能擁有最大行動自由的未來。這代表著我們必須防止生態崩潰，不能失去對人工超智慧的控制。因此，我們必須致力於處理這些任務，並保障我們的行動自由。**所有人都應該簽署一份新的「相互依存宣言」，承認人們之間的相互依存關係並承諾採取相應的行動**。

早在一九七三年，我的同胞、二〇〇九年去世的哲學家阿恩・奈斯（Arne Næss）便在一篇名為〈淺層與深層〉（The Shallow and the Deep）的文章中提出「深層生態學」

（Tiefenökologie）概念。[30]他的生態哲學方法可歸結為這樣一個事實，即環境不是人類的敵人，而是我們自己的一部分。正如奈斯在一九九九年的一次採訪中解釋，深層生態學係指「善待地球，不僅是為了人類的利益，也是為了地球本身的利益」。[31]

這個概念必須進一步發展，並成為量子經濟的核心思想。我們已經站在正確的道路上，儘管進展仍然過於緩慢。但是，期待創造一個永續循環經濟的奠基者和企業家正展開積極的行動，讓我更加堅信人類可以及時扭轉局勢，避免生態崩潰。

氣候變遷與全球暖化：我們正處於生態崩潰的邊緣。但即便事實並非如此，也沒有任何理由反對以重新調整的方式對待世界。然而，這個問題是真實存在的，我們必須採取行動，所有的科學研究均指出相同問題，不僅僅如葛莉塔·通貝里或路易莎·諾伊鮑爾（Luisa Neubauer）這類的氣候活動家，全世界的政治家也都清楚這個問題。氣候變遷否認者必須為其立場提出科學合理的證據，目前任何聲稱此一問題為假的說法，都不具說服力。但歇斯底里的生態捍衛者的行動，也同樣毫無助益。它們可能在未來一兩年內發揮一定的作用，但那是因為內疚感會在短時間內占上風，進而推動行動主義所致。但鑑於氣候變遷的規模，內疚感不是一個實質性的解決方案。當氣候行動主義者遇上根深蒂固的商業利益時，舊思維的主管機關顯得捉襟見肘。如何在經濟與生態之間找到一個合成體，並妥善回應這個世界上的葛莉塔們和路易莎們，將是二〇二〇年量子經濟的核心問題。

是的，激進主義是必須的，因為最新的科學發現指出採取行動的迫切性。但與此同時，我們需要的是現實的樂觀主義，一種生態烏托邦式的態度，即我們只要全力以赴便足以因應如此巨大的挑戰。這將是個艱辛且代價高昂的挑戰，但我們做得到。我們還有機會修復地球（而且負擔得起）。而且，採取行動從來沒有像今天如此重要。我們應該清楚認知到，我們這樣做不僅僅是為了地球，也是為我們自己。

決策者應正視問題

量子經濟和新遊戲規則的設計是從具體問題開始。我們必須不斷督促政界和商界決策者面對當前的生存挑戰，即永續管理和數位超智慧。即便政治家的任期只有四年或五年，他們在處理這些問題時至少必須考量到其子女的願景。如果這些主管機關和自我任命的領導者無法提出令人信服的答案，我們應該主張中止連任，並確保他們對這些生存問題的無知被公之於眾。

同樣的原則亦適用於企業領導階層：我們必須一次又一次地向他們提出這些問題。因為我們需要的不是更多的答案，而是更多的問題。例如，他們的公司對人類有何貢獻？他們對於永續生產的立場為何？以及他們在通往循環經濟的道路上已經採取哪些具體步驟？對未來又規劃了哪些步驟？**我們無法再承受那些秉持著「別人死活與我何干」座右銘經營的公司**，就像那些專注於有限賽局、追求利潤最大化的公司。

越是堅持不懈地自我提問，我們的生態意識就會越清晰。這些意識也將勢必影響你的生活和行為：你在企業和社會中扮演什麼角色？你可以採取哪些具體行動，以幫助塑造你認為必要且理性的發展？

數位獨裁是人類的未來嗎？

馬克思和列寧的共產主義計畫經濟之所以失敗，在於它缺乏一個合適的運作系統。馬克思可能會說，我們根本還未經歷過真正的共產主義，而僅是一種由獨裁者與屠殺者統治的社會主義形式。如果在一八四八年卡爾．馬克思撰寫《共產黨宣言》（*Das*

Kommunistische Manifest）時就有像現代智慧型手機此類的多功能設備，歷史可能便會朝不同方向發展。蘇聯或東德的馬克思信徒無法蒐集或處理大量的資訊，確保計畫經濟的生產和分配不至於與需求脫鉤。如果真正的史塔西窺探者不得不在模擬世界中積極追蹤和監視可疑的同胞時，監視民眾將必須付出更高的代價。

今日人們正是生活在莫斯科或東柏林共產黨領導人當年夢寐以求的監視情境中。提到這一點絕對不能忘記北京，他們仍然穩坐寶座上，因為他們的夢想已經實現，或者至少即將實現。每個中國人都自豪地隨身攜帶智慧型手機，並不斷地透過應用程式、照片及貼文自願透露自己身在何處、他們的想法、他們正為社會做出哪些貢獻，以及他們的健康狀況。這個巨大的資料庫正是東歐集團統治者實現高效計畫經濟與全面監控所需的工具。

中國的紅色官吏歷經長久的堅持，藉由最新技術，現在可以指揮和控制經濟與人口。編譯器透過人工智慧，將無數個單獨的資訊片段拼湊成一個高度複雜的拼圖，提供所有可以想像的資訊。每個人都帶著自己的電子枷鎖，誰也逃不過中國式的老大哥雙眼，哪怕是一秒鐘。每個人都可以根據自己的需要和希望工作，集中分配所需的資源。

多虧了「人工智慧同志」，中國模式在經濟上取得高度成功。

在英語中，「社會民主主義」（Social Democracy）代表著民主、社會制度和市場經濟之間的整合式結合。在全世界，不僅僅是名字中帶有「社會民主」的政黨迅速流失支持度，它們所倡導的社會經濟制度也承受著巨大的壓力。冷戰結束後，西方民主、自由市場及福利國家的典型組合並未如政治家和輿論領袖所預測般地開始在全世界取得勝利。相反地，即使在西方國家，人們也逐漸意識到「社會市場經濟」在二十一世紀受到攻擊。

那麼，數位獨裁者是我們的未來嗎？我們是否受到全球獨裁統治的威脅？這也是目前既無法預測也無法排除的情況。無論我們面臨的是直接民主還是數位獨裁的變體，亦或是兩者的混合體，至少有一點是肯定的：我們的政治制度，就像經濟制度一樣，將經歷深刻的變化。

在馬克思發表階級鬥爭史兩百年後，我們再次面臨處理階級問題的社會挑戰。馬克思在《共產黨宣言》「資產階級與無產階級」一章中寫道：「所有社會自古以來的歷史皆是階級鬥爭史。自由民與奴隸、貴族與平民、領主與農奴、行會師傅與幫工，簡而言之，壓迫者與被壓迫者始終相互對立，進行著一場不間斷的鬥爭，時隱時現，這種鬥爭每次都以整個社會的革命性變革或鬥爭階級的共同垮台告終。」[33]現代無產階級和技術官僚資產階級的階級鬥爭，使我們在處理社會、勞工和資本上面臨著全新的問題。我們可能需要在概念上重新定義階級，也許還有階級鬥爭，或者換句話說，我們面臨的挑戰是在二十一世紀的背景下重新思考馬克思的理念。

我們需要新的東德

這些選擇並未替傳統民主的未來帶來太多鼓舞。代議制政黨民主有可能將被遺忘，或者至多變成歷史模型在博物館展出。相反地，技術發展將為我們開闢新的可能性，但目前我們充其量只能猜測其輪廓。

舉例來說，今日已經可以想像的是一種由科技所支持的直接民主，我們不再每四年或五年投票一次，而是永遠都能對所有可以想像的議題進行投票。至於這種模式是否會成功，難以預測。但是，一個不再藉由權謀的中間人實施之民主，由人民直接行使權力，將是一個有趣的實驗。然而，這種模式亦存在著人們並不會根據有效資訊而是其個人感覺進行投票的風險。

我們現在應該勇敢地思考其他模式。今日越來越多的國家開始模仿在經濟成長上取得高度成功的「中國模式」。很快地，世界上四分之一的人口將與一個大網路，亦即與一個由數位社會評估模式控制的監視國家相連接。從這裡開始不再有退路。世界其他地區接納中國模式的臨界值為何？我們可輕易地廢除（政黨）民主，但已無法擺脫演算法統治或數位獨裁。

正因為如此，古典偽民主國家不得不質疑現行制度。我們應該在哪個階段實施數位結構與技術解決方案來廢除中間機構？如何使用演算法正確治理以創造一種「數位民主共和國」（Digitale Demokratische Republik），即我們社會系統的數位化？這些都需要規則的引導。

那麼，在未來我們該如何合作？我們需要對政治理解到哪種程度才能做出正確的選擇？當政黨綱領、解決方案甚至候選人之間差異不大時，憑感覺投票顯然不是一個好的指導方針。因此，我們是否需要從教育著手，提高孩子們對政治制度運作方式的理解程度，以便日後能夠做出基於事實的理性投票決定？但這需要大量的時間，在目前的情況下，我們並沒有這樣的時間。此外，導入「投票許可證」（Lizenz zu wählen）能否扭轉現行制度下造成的情緒性投票？我們是否要剝奪那些未能通過民主入學考試的人之投票權？或者我們應該希望在未來透過人工智慧的界面，比如大腦應用程式，讓自己成為更優質的投票者？

核心思想與規定

在量子經濟中，我們已經離不開法律。但越深入理解相關的法律背景將使我們越能簡化這些遊戲規則。法律必須讓每個人都能理解。而廢除不合適的法律比制定新的、更好的法律更加容易。

當然，在未來我們還是無法完善地制定法律、法規及協議，就像我們人類所做的其他事情一樣。設計、測試、重新調整，必要時從頭開始，人類透過這種方式已經取得非凡的成就，儘管歷史上還是存在著許多慘痛的教訓。但核災末日並未發生，因為雖然各種衝突和危機四伏，各國仍遵守裁軍與禁止擴散的公約。面對人類此一物種即將滅亡的局面，決策者最終會選擇理性的道路。例如，G7國家之間的密切合作即是對二〇〇七

／二〇〇八年全球金融危機的回應。

但誠如我多次強調，這一次我們不能再依靠試驗、錯誤及改正來找出可行的解決方案。發展數位超智慧所帶來的世界末日風險，遠遠高於核子武器，因為這項技術確實已超出人類的理解範圍。

為了人類的生存，我們應在接下來的幾年就如何管理數位超智慧的發展建立全球協議。國際社會需要關注這個攸關生存的問題；我們都必須認識和了解其中的風險與潛力。**我們的目標必須是開發一種強大的人工智慧，最大限度地提高我們的行動自由，而不是限制或破壞它**。我們將不得不與數位超智慧建立一種共生關係，但它必須永遠只為我們的自我實現服務，並將我們從限制和約束中解放出來。

科學、量子經濟及量子烏托邦所有領域的新核心思想，將為人們創造最高的自由度。我們在量子經濟中學習透過新模式參與塑造社會條件。在這裡需要建立一個全球獨立的「人工智慧暨技術委員會」。在一個由指數技術驅動的「贏者全拿」世界中，只有法規與一致的框架條件才能提供穩定性。建立一個全球性的稅收指導方針，如徵收機器人稅，亦即技術和自動化的價值創造稅、財富稅、富人稅以及交易稅，目前似乎是阻止社會進一步分裂的唯一途徑。

即使在量子經濟中，推動力也必須來自經濟，以便在政治上可以遵循規則與新的指導思想。經濟將透過這種方式產生變革者，他們是量子烏托邦的真正領導者，在可預見的未來，至少在傳統的政黨民主國家，他們也將承擔起政治創造的角色。

重新分配取代占為己有？

唯物主義的渦輪資本主義及所有人過度消費的模式，顯然已宣告失靈。如果其他百分之九十九的人都渴望過著金字塔頂端百分之一的人的生活，遊戲便將立即結束。我們已經在二〇一九年七月二十九日達到「地球超載日」（英文：Earth Overshoot Day），從這一天開始，我們將以犧牲子孫後代為代價度過今年餘下的日子。[34]因此，我們迫切需要改變方向，否則下一個地球超載日很快便會在明年的第一季報到。如果全世界的每個人都像我們今天在德國般生活，我們將需要三個行星，可是我們只有一個地球！[35]我們如何才能實現更理想的分配？我們是否應該從上到下重新分配，也就是剝奪富人的財富？今後我們是否必須放棄自己喜愛的過度消費，也就是自我約束？若希望大多數人會支持這條道路，肯定是因難重重，甚至毫無希望。誰會對一個立足於永久放棄慾望的模式感興趣？

大多數人都想有所作為，他們全心投入並積極參與。這就是為什麼這個國家有數以百萬計的公民從事志願服務並支持慈善事業的原因。透過這種方式已完成無數壯舉，而且仍潛藏著無窮的潛力。但利他主義的慷慨只能在自願的基礎上才能發揮作用，因為若對於自己是否參與都無決定權，很快便會放棄這種理念，而且是全然地放棄。

以移民危機為例：我們都知道，如果非洲大部分地區因氣候崩潰而變得不適合居住，同時該地人口從本世紀末的十三億增加到四十多億時，屆時西方世界的邊界防禦工事也無濟於事。[36]如果我們未能及時採取對策，湧入西方繁華地區的難民數量將多過現在，而且是以十倍或百倍計算。因此，我們也知道，今天必須穩定或重建受影響地區的環境與社會，這需要數十億美元的投資，而這些投資將不可避免地要從我們的富裕大餅中支出。

再以歐盟為例：我們基本上都知道，只有在各國經濟基礎處於大致相同程度的情況下，歐盟才能發揮作用。此外我們也了解，將所有歐盟國家提升到最富裕地區的超富裕水準也無法實現這種一致性。因此，結論很明確：我們必須進行重新分配，放棄過度消費並限制自己。但我們真的準備好了嗎？

相反地，我們仍殷切期盼有人能想出一個拯救人類的構想，或者研發新的超級技術，一舉解決我們的所有問題。但這位救世主與山繆．貝克特（Samuel Beckett）的世界著名戲劇中不祥的果陀（Godot）非常相似。《等待果陀》（*Warten auf Godot*）六十年來不斷地上演，但觀眾熱切期待的那個場景卻從未出現。

因此，請具體想像一下：你的老闆通知你，從下個月開始你必須減少百分之二十的工資。因為公司的董事會決定或迫於政治要求，將公司的部分利潤投資於非洲的基礎設施建設。對此你會有什麼反應？你願意放棄百分之二十的薪水嗎？大多數人無疑會拒絕這個決定。今日歐洲國家民粹主義政黨的日益崛起，代表即便是「感知到」的限制和再分配也足以破壞社會穩定。因此，即使我們基本上都知道自己應該怎麼做，但只有在找到強迫放棄以外的方法時才能起身力行。

尋找新的制度與模式

為什麼這麼多人一次又一次心甘情願地在民族主義旗幟的號召下團結一致？黑格爾曾寫道：「我們為自己出身感到自豪的渴望，刻劃了血淋淋的歷史。」這是否足以解釋為什麼歐洲人對其民族文化的認同感比對統一歐洲的想法更強烈？

為什麼不可能認同更大的實體，對歐盟，以及最終對更大的整體，即地球上的國際社會，產生愛國情操？也許困難在於我們需要外部的敵人來凝聚內部力量。但為什麼我們不能反其道而行呢？為什麼我們不能將包容性、多樣性及相似性（而不是分裂、同質性及差異）視為社會的支柱？利用理論手段人為地製造敵人，以引起恐慌，並不是正確的方法。靜待敵對的外星人在太空中的某個地方被發現，似乎也不是解決我們當前困境的好方法。如此一來我們只有一個選擇：團結起來，將各國視為一個全球社會共同解決當前的問題。我們必須決定社會系統要發展的方向。這些系統的功能在目前的狀態下早已失調。

面對即將發生的劇變，許多傳統系統顯得過時。世界各地的思想領袖與規劃師必須處理這些問題，即未來我們人類組織性的生活將如何進行？社會模式、政治制度、教育及治理機構，這些全部都將在本世紀二〇年代受到考驗。但從中發展出的新模式與新結構，將透過量子經濟此一穩定的經濟體系而逐步成形。

未來數十年中，第二次量子革命將帶來技術發展的巨大飛躍。這不僅將推動金融與經濟分析的革命，還將帶動機器大腦技術、生物科技及奈米科技的快速發展。量子技術將幫助我們以當今難以想像的方式優化自然資源、能源、透明度、物流以及通訊之使用。數位化與自動化將提高生產效率，同時為商品和服務的附加價值開闢新途徑。

那些將重心從股東利益轉向所有利益相關者和整個社會利益，並且為建立循環經濟和永續商業理念盡一己之力的公司，將是量子經濟的贏家。隨著量子經濟流程日益自動化，需要的勞工越來越少，從而降低了勞動力成本。從短期來看，這可能會創造更高的利潤，但從中長期來看，人類將面臨新的重大挑戰。雖然境內轉包趨勢將推動區域生產，例如可以因此大幅度減少全球貨物運輸產生的溫室氣體排放量，但它也將危及發展中國家在過去五十年中取得的進展。

因此，我們將需要新的全球倡議來補償和穩定經濟與社會。引入基本社會收入不會導致寄生蟲社會，但也不會釋放人類「隱藏的」巨大創造潛力。然而，這樣的制度卻是必須的，因為如此才能確保世界各地的社會穩定和有尊嚴的生活。

隨著新組織結構形成的新型商業模式，我們不僅將經歷全球經濟體系同時也包含人類生活組織的重組。儘管這種轉變已經開始，且已邁出積極的第一步，但量子經濟不會自己出現，而是由那些視野開闊、關注個人成長與全球社會共同利益的人們推動和塑造。這些付諸行動的英雄，包括你和我，現在必須挺身而出，塑造未來。

第十章
量子經濟的塑造者——行動英雄降臨

在多個維度上發生的多方面改變顯示，「簡單」將是二十一世紀最複雜的東西，這就是變革的力量。「覺醒」的年輕世代正逐漸遠離資本主義，因為資本主義並未照顧他們。大都市地區正如海綿般吸引著人才和資源。女性在商業和政治領域的崛起是不可逆的，而且還正在急劇加速中。在我們世界的每一個角落，在每一種文化和宗教中，孤軍奮鬥的榜樣與實行者，明日的英雄，正在衝破舊制度。

變革的力量在前進，但單獨行動是不夠的。我們所有人必須組成「實作者組合」，以便在政治、教育和經濟領域創造穩定的新結構。關於上世紀六八世代的文章和討論不勝枚舉，也許我們現在應該把焦點轉向一九七八年及以後出生的更年輕世代，正是在這個世代，在這個機會之窗，經濟以其充分的活力蓬勃發展。正是這個年齡層奠定社會美好生活的基礎，他們強化了年金制度，為所有人的利益支撐著社會制度。

正是這個世代背棄了資本主義，或者更糟糕的是，放棄資本主義，因為它對人類不再有所助益。每年九千至一萬歐元的醫療保險費、租金上漲、性生活減少、生育率降低（這個結果合乎邏輯），但也可能只是因為他們再也負擔不起這些龐大的費用。我在旅行中遇到三、四十歲的人，他們羞於向父母開口是否能為其支付租金，或者仍然和父母同住，無力支付過高的汽車貸款利率。福利國家總是吹噓著其擁有的低失業率，但未公開的事實卻顯示，為保障個人的生計，這些人往往是透過額外兼差第二甚至第三份工作得到的額外收入才能填滿不足的生活開支缺口。他們覺得自己的人生是失敗的。然而，研究指出，成功的創業者往往介於四十至四十五歲之間。因此，現在輪到一九七八年世代。我們有責任推動啟蒙運動，對抗系統性的失敗。

年輕人搖旗吶喊並積極參與。這應該為所有人帶來希望，因為年輕人一直是我們當中最聰明的一群。在強烈反對渦輪資本主義的過程中，他們是比自己所認知的更好、更真實的領導者。他們反抗資本主義，因為他們認為資本主義拋棄了自己。現在是發展未完成的資本主義並重新思考經濟系統的時候了。

在我們世界的每一個角落，每一種文化和宗教中，孤軍奮鬥的榜樣與實作者，明日的英雄，都在向舊體制道別。與此同時，在世界許多地方，「覺醒」的年輕一代正在爆發。區域領導者、具反抗性格的市長與「部落首領」、技術先驅及企業家登場，他們具有長遠的眼光，甚至是無限性的思維，並渴望確保人類的共存未來能延續兩至三代。變革的力量正在如火如荼地展開，但單靠個人行動是不夠的。我們可以做得更多！

我們不一定都要成為英雄，但至少要做出一點貢獻。社群媒體、網飛及「自我照顧計畫」（Self-Care-Programme）成為治療憂鬱、沮喪和憤怒的藥物，但它們並不是我們許多人所感受到的情感傷害與絕望的補救措施。我們必須打破這種成癮和經濟權力剝奪的惡性循環。孤獨地聚在一起，充滿心理創傷的孤立生活，我們可以不用忍受這樣的生活方式。這不僅是人類社會的生物心理社會的失能，更是人類歷史上最大的潛能浪費。[1]原本應該會帶來最高成就的一代卻像永遠長不大的小孩，一輩子陷入這個惡性循環中，「成為魯蛇」直到老去。

我要呼籲，保持童稚之心，盡情享受人生，但不要害怕長大。至於所有父母，請支持孩子承擔責任，但同時不要忽視創造他們潛力與頑皮的一面。一代代真正的英雄便是這樣誕生的。行動英雄所組成的實作者聯盟正朝向量子烏托邦的道路前進。

我們現在正共同努力制定這項新的核心思想，進行的廣泛辯論和描繪未來的長期戰略，但這些努力並不是為了要在短時間內取得成效，它的意義遠不止於此：它是關於我們、人類及下一代的未來。在積極力量的支持下，我們都能盡一己之力。量子經濟與量子化的未來必須由我們攜手共創。

創造力：注入新想法

在量子經濟中，一個重要的穩定因素將是「創造力」，即利用積極性與創造性來實現激進的思想和新資本主義形式。量子經濟的驅動力將是致力於將「生命能量」（Vitalenergie）貨幣化的新商業模式。由歷史上來看，從古希臘的生命主義到印度教的脈輪，哲學和精神思想家採取不同的方法來定義與強化我們的情感、精神及心理健康。

在二十世紀，神經科學和心理學對分子與神經層面的情緒和心理反應已提出新的見解。

雖然這些科學發現已有部分轉化為有形的產品和服務，但量子經濟將見證一個旨在強化與貨幣化這種精神和心理能量的商業模式榮景。新產品和服務的範圍包括精神意識與「精神醫學」的替代形式，使我們能夠透過食品、香水、化妝品和藥品等物品在生產上的根本變化來精確地操縱我們的味覺、嗅覺及觸覺。我們將看到大量的新企業致力於提供可提升我們感知、意義及幸福感的非物質商品。由於人類的創造力和我們探索未知的意願，這些新產品將進入我們的經濟中。

你認為這個趨勢不可能成真嗎？那麼請你在手機上下載「Headspace」應用程式：前佛教僧侶安迪・帕帝康（Andy Puddicombe）在那裡提供關於靈性、冥想和正念的線上培訓課程，使用者遍及一百九十個國家／地區的六千五百萬人，現在可以透過Snapchat直接使用該應用程式。[2]如果你利用這個機會練習客製化的冥想技巧，以減輕壓力和同理心訓練，將為我們的經濟和社會體系帶來更多的愛與相互理解。這裡的問題不在於愛是否能成為經濟的一部分，而在於愛如何成為經濟的一部分。同時，你也會擺脫物質消費的束縛，並得到更高層次的幸福感和滿足感。上一輪投資者對「Headspace」

這個應用程式的估值為二億五千萬美元，並且已有數百家企業取得企業授權提供給員工使用。

由這個例子可見，現代的我們要**擺脫「心靈的束縛」**（Mindfaulness）。**「同情心」（Compassion）的資本化是企業成功的新途徑。**

在量子經濟中，原物料的使用也將發生巨大的變化，從而影響我們的經濟體系與需求的創造力。儘管我們已經開發出不僅更具永續性且更便宜的替代能源，但原油仍然是全球商業和政治的驅動力。人為哄抬油價可能會在不久的將來導致根本性的變化，因為石油永遠不會用盡，一旦市場缺乏競爭力，它的價格即會急遽下跌。

在這些獨占企業之間的戰爭結束，各地區和組織均深受其害後，我們將得出一個簡單的結論：我們還有橄欖油和葵花籽油、工業用油，是的，世界某些地區仍在燃燒原油。而大麻油將取代原油成為最具商業價值的石油。大麻公司已經開始出現在證券交易所，其合法化逐漸蔓延世界各地。各個社會逐漸意識到大麻產品的治療潛力，從緩解疼痛到抗癌，而它們在醫療應用中的全部潛力尚未得到充分研究或實現。

這時候也需要量子經濟作為引擎，一個未來發電機，幫助我們發展一個新的世界觀。如果更加理解相互依存關係能為企業創造利潤，那麼政治也將不得不從半睡半醒中醒來，放棄深陷其中的國家和政黨遊戲。若涉及更換商業模式和結構時，徹底地反思、新的角度及開闢新天地的勇氣將構成新模式與結構的基礎。現在量子經濟需要的不是保存者與管理員，而是積極的設計師。

讓幸福降臨

我們舊的公式是：我們積累的東西越多，即更多的財產、更多的錢、更多的追隨者及按讚數，我們就越快樂。這不是特別有效的方法，也許後物質主義公式更有效：在量子經濟中，我們不再試圖透過數量的增加來實現幸福最大化。相對地，在舊的B2C模式中被簡化為購買和消費的「消費者」，將被具有意識與情感的全人所取代。作為經濟中相互依賴的組成部分，未來我們將不再在消費中尋求滿足，而是在參與產品設計與技術進步中找到意義和個人幸福。在量子經濟中，企業是解決問題者。

在古典經濟中，顧客被奉為「國王」，並被視為具有可預測行為的個體。然而，量子經濟的整體方法也隱藏著巨大的風險。在量子經濟中，客戶與製造商之間的情感以及聯繫成為我們個人決策過程中不可或缺的一部分。消費者購買的不是產品和服務，而是關係、故事及魔法。

然而，我們的感受在未來可能會不自覺地受到人工智慧和生物科技全面性地操縱。不只是我們的決定，當然還有我們的購買行為將受到巨大的影響。我們自以為選擇自己「覺得」最好的產品，但其實我們的感覺已遭到生物駭客的操縱，而在不知不覺中做出錯誤的購買或租賃決定。如此一來，我們這些顧客就不再是國王，而是殭屍，誠如我們先前概述的廢人情境。

量子經濟的目標即是要找出新的觀點，並從中開發新的商業模式。想像一下，你的公司中有一個人，他唯一的工作就是傳播快樂。他將如何影響員工的滿意度和積極性，進而影響公司的成功？[3]

在佛教中，有位名為「布袋和尚」（Budai、Hotei或Pu-Tai）的僧侶受到世人的尊敬。相傳他是西元十世紀的吳越國人。他快樂的天性、幽默的個性及古怪的生活方式，使他在眾多佛教大師中脫穎而出。他一般以面帶微笑或大笑的形象呈現在世人眼前，中國人因此稱他為「彌勒佛」。有機會注意一下，幾乎每家中餐館都會擺放這位笑口常開的神明雕像或圖片。

以自己陽光性格為他人帶來歡笑的人一直都很受歡迎。在你的熟人圈（無論遠近）中肯定也有這種人，他具有讓周圍的人開懷大笑或至少微笑的天賦。作為公司董事，今天讓這樣一位幸福、快樂及幽默的傳播者加入你的組織，將為你帶來什麼價值？**彌勒佛是生命能量資本化的一個例子，是量子經濟開闢的一個廣闊新市場。**

除了建立意識、限制我們的資源消耗（「減少」）和設計完美的循環經濟（「再利用」）之外，這條道路亦透過新的商業模式（「重新思考」）來實現。減少二氧化碳排放量不再是創新的標準；今天，我們已經在談論「拯救氣候」技術。就像彌勒佛的例子一樣，我們必須開拓新的領域。生命能量和無形資產的資本化使我們能夠彌補損失，從而維持穩定的經濟。因此，結合理性、正念及同理心將發展出新的數位商業模式。目前，第一批生命能量產品已經上市。你可能會想，這些產品不過都是「故弄玄虛的手法」和「盲目追求的流行」，那你就大錯特錯。

在世界上最貧窮的地區，當人們擺脫絕對貧困時（即根據聯合國的定義，目前每天的最低收入為一・九美元），幸福指數似乎會隨之提高。[4]然而，除了這個情況外，仍然無法證明金錢與幸福感之間存在密切關聯性。[5]若不考慮區域特徵，所有的測試和研究基本上均得出類似的結論，即在一定收入範圍內，更多的錢才會讓我們更快樂，而這個金額可能比你想得還要低。因此，在薪資數百萬美元的競技運動中，運動明星和其顧問將薪資提高到令人眩暈的高度，主要是因為這涉及全球排名的問題：誰賺得最多，誰就是第一。即使是C羅（Ronaldo）或內馬爾（Neymar）每次也只能駕駛一輛休旅車。事實上，這根本與賺更多的錢無關，而是關於我們在階級制度中的位置，我們以此來定義自己：你的收入決定你是誰。薪資最高者，就（顯然）是所屬專業領域或行業中的佼佼者。

反向推論，這代表無論人們處於哪個收入和財富水準，都無法擺脫沮喪和痛苦。面對高爾夫俱樂部或遊艇俱樂部的其他人輕輕鬆鬆就賺進五百萬或一千萬元，那些年薪「僅」兩百萬的人都會覺得自己是個可憐的窮光蛋。當他們想到自己永遠不可能屬於億萬富翁俱樂部時，所有的人都會因負面壓力而唉聲嘆氣。這裡永遠脫離不了排名的問題。但正如米歇爾・德・蒙田（Michel de Montaigne）曾如此貼切地說：「即使是皇帝，也得用屁股去坐椅子。」」。[6]這個系統產生的不快樂永遠多於快樂。這也解釋了為什麼重點通常放在如何「瓦解」系統上？那些千方百計以盡可能少的努力以獲得高額獎金和佣金的人，都是永續戰略的對立者。[7]

金錢擴大了上層與下層之間的差距，使我們分離，並阻礙我們對幸福的追求而非促進幸福。這個概念不會出現在一個資料和資訊自由流動的相互依存世界中——類似於量子力學——我們日益認識到心靈層次的連結領域和集體意識的現實。

另外，對「幸福」的追求也是人類最強烈的動機之一。在新古典資本主義中，幸福與經濟卻完全脫鉤。在這個只將人類視為客體與消費者的模式中，個人對幸福的追求尤其會為製藥業帶來豐厚的利潤：透過藥物混合物刺激釋放幸福荷爾蒙的「幸福藥丸」，在全球是一項具有高達十億美元價值的業務。**然而，自由主義的最初承諾，即個人的幸福將會提高社會和諧，並未因使用數萬噸生化情緒增強劑而得到實現，反而被證明是荒謬的。**

由於新技術的突飛猛進，我們很快便可以全自動地為每個人製造生化快樂。智慧化機器可以計算出多巴胺和血清素與催產素和腦內啡結合的個別最佳比例，我們對幸福的渴望將透過這四種化學物質以最簡單的方式得到實現，或者更確切地說甘於被麻痺。

大麻市場的價值不斷地成長，其合法化在全世界日益被接受，部分的原因在於它直接展現人類行為最強大的驅動力之一：我們對幸福的執著追求。然而，在新古典資本主義理論中，實際的幸福與經濟是完全脫鉤的。事實上，馬克思對資本主義模式的主要批評之一是，它使工人與其勞動成果被異化。[8]只有在企業可以從中獲利的情況下，幸福在資本主義模式中才有意義。

今天，我們在任何地方都能觀察到這種脫鉤的後果。當行銷部門向我們推銷下一個創造幸福的新突破，製藥業花費數十億美元開發「藥物」來操縱我們的情緒狀態時，工業化國家中的很多人並不享有真正的快樂。從過度消費到物流中心員工與快遞人員的剝削、從西方超市豐富的貨架到採收工人的赤貧、從現代社會的便利到過度勞累和工資過低的服務人員，我們的繁榮有很大一部分建立在他人痛苦之上。若不對我們的經濟進行根本性的結構調整，若不能明確地認識到我們都是相互聯繫與相互依存的，便無法提高社會的整體快樂感與幸福感。

與此同時，重要的是要認知到，真正的幸福只是我們行動的副產品。我們不能強迫自己快樂，但我們可以塑造一個讓自己隨時感到快樂的社會。換句話說，我們不應該去尋找幸福，而是讓幸福來找我們。

學會學習，學會教導

教育是通往量子經濟之路。目前的教育系統與勞動力市場之間的差距卻與日加劇。許多孩子未來將從事今天尚未存在的新工作，他們正在為一個不確定的未來學習。他們主要為前量化時代的僵化和複雜系統做好準備：他們必須為精英學校與大學需要支付高額學費，忍受冗長的學習過程，新的課程內容有時需要數年時間來適應，這是目前的現況。但在一個知識和新學習內容可以線上免費獲取、可以每天更新並透過適當的入口網站進行交流的世界裡，傳統的教育機構已顯得多餘。隨著最優秀的商學院教材汰換的速度日益加快，傳統教育機構及其結構再也無法跟上轉變的腳步。

當前的教育模式既不符合學習者的職業和個人需求，也不符合未來所需技能的問題，日益浮上檯面。然而，若量子經濟中的企業不再需要也不再願意為任何響亮的頭銜買單，而是著重技能，人們即會透過培訓和進修尋求新的途徑來取得這些技能。屆時，為「畢業」考試和相關學位支付大量金錢的模式終將難逃被淘汰的命運。

在未來幾年，人們對數位技術以及社交和情感技能的需求將與日俱增。軟實力將成為真正的硬技能，必須每天進行訓練，創造力或合作及共同創造的意願亦是如此。企業當然期望如此，但他們在驗證這些技能時，面臨著重大挑戰，因為這些技能並不容易量化。要適應這種轉變必須從幼稚園和學校的基礎教育著手，並延伸到管理階層的培訓與進修上。

教育是脫貧致富的關鍵，為千百萬人開闢更美好的未來前景。但教育的變革腳步過於緩慢。這種現象不僅出現在公立幼稚園、學校及大學，所謂活力十足的私部門倡議亦是如此，這些倡議活動往往是以盈利為目的，因此也缺乏基本的前提條件。今天，數以億計的兒童可以上學，這是一個極佳的發展，但他們並沒有真正地學到東西。今天的教育模式必須改變，讓我們的孩子具備明天的技能，從而創造一個具有包容性和生產力的世界。

因此，這裡的重點在於教導人們如何學習，並鼓勵人們即使在成年後也要保持孩子般的好奇心，而不是像目前透過訓練取得。要做到這一點，必須從根本上改變環境。舉例來說，研究顯示，當兒童與同時也是其朋友的同伴一起學習時，學習效果會更好，這對教育體制意味著什麼？而優化的合作和技術能否取代教師與教授？有一件事是明確的：我們必須創造新的學習環境。就教育而言，在量子經濟中，學習氛圍和社會互動方式才是最重要的。

學會學習，但也要學會教導，是培養設計師或領導者的一部分。當我們在教導他人時，透過「放聲思考」（lautes Denken）以及準備並分析與信譽（Ethos）、情感（Pathos）和邏輯（Logos）相關的知識，同時也為自己創造一個全新的學習體驗。我們透過即時反應與討論（可以說是實踐哲學）找到全面和終身學習的基礎。這是社會進步、消除貧困、適應當今不存在的工作、工作條件和環境的關鍵。全球教育框架、改變的教育模式及新式教育機構，不僅是量子經濟，更是一個美好、更公平未來的基礎，而我們可以成為變革的塑造者。

「群體智慧」創造「共享經濟」

「共享經濟」（Wir-Ökonomie）躍入新聞頭條，並且變得越來越真實。在今日，沒有人可以聲稱自己置身於社會和經濟之外。我們都是世界不可分割的一部分，同時也是世界的創造者。我們是自己的童年、經歷及社會關係的產物，我們同時透過有意識或無意識的期望和關注，塑造我們的孩子和其他人、社會與經濟。**我們越是認真看待人類的相互依存關係，或我們越開放，新的經濟合作形式將在技術發展的支持下越快成形。我們生活在集體認知的量子經濟中，並實踐認知的集體性。**若有足夠的資金來執行新模式，經濟變革也將加速社會變革。

尤其重要的是，我們要在社會層面上發展成為一個對重大挑戰有更多認識與更深刻理解的理性社會。正如我所指出：技術發展越快，我們重新調整和糾正錯誤的機會就越少。加速轉型的優勢與風險相當。然而，在量子經濟中，技術和人類的進化必須齊頭並進，過程才不會失控。

量子經濟需要變革者，他們知道如何在比公司或部分組織更全面的基本價值觀和哲學見解基礎上，建立信任和組建團隊。不過，進行攸關企業存續的轉變，或者至少在公司體制外創造可取代現有公司的新未來，有時也需要勇氣。

相反地，生活在永久的恐懼中並可能目睹人類物種的滅亡，不是一種選擇。我們必須勇於邁向由創新與信任、協作或合作組成的嶄新繁榮之路。正如希臘哲學家赫拉克利特（Heraklit）所述：「尋求真理時，要對非預期的事物持開放態度，因為它很難被發現，而且當你發現時會感到困惑。」[9]

我們也許已經達到了人類進步的頂峰，但如果人類繼續發展，現在的我們又該如何前進？走向技術奇點與後人類主義，還是透過創造、創新及新科學知識實現人類進步？

量子經濟將改變我們的社會，造福人類。**量子經濟不僅能滿足我們的物質需求，還能讓我們發揮自己的才能，實現自己的夢想**。未來的經濟將支配社會的所有基本領域：我們的物質需求、我們的虛擬和現實的社會關係、我們的行政管理、教育與文化、我們的精神發展及自我實現。經濟曾經是藝術、科學、教育及文化生活的基礎，但現在它們可說是回歸原始的起點。

自柏拉圖時代以來，偉大的哲學家們試圖探尋幻想與現實、藝術與現實之間的關係。如果世界可以被純理性地解釋和描繪，為什麼我們需要幻想和藝術？量子研究告訴我們，世界的核心不是邏輯的，而是混亂的。未來以及隨之而來的進步，將如同許多藝術作品一樣是跳躍性、無法預期且沒有邏輯。

那麼，我們可以從藝術和藝術家身上學到什麼？也許藝術的最終目的是向我們解釋世界的奇特之處。但在量子經濟中，這種關係可能會逆轉，藝術成為經濟的推動者。在這方面，早期哲學思想家的見解也非常有助益。這些見解可以幫助我們從那些看似對理性思考毫無意義的事物中學習，例如藝術的奇特夢想邏輯、敵人的想法以及過去的奇怪錯誤。

成長來自於不同思想的碰撞。因此，改變從來都不是快速且毫不費力的，而是痛苦地、緩慢地、小步地進行。由於今日技術的發展，我們能夠將這個被稱為進步的蝸牛加速到超音速，但屆時我們便會對其失去控制力。**我們必須利用藝術的內在潛力，使新的想法易於被感官理解**。所以我們也應該事先進行嘗試，以免突然發現自己置身於一個看似美麗但卻沒有退路的新世界。

採取行動！

我們是否敢於重新思考經濟體系？我們是否敢為人民的利益而重新定義進步？其結果會讓我們大吃一驚。「萬物無常」（Panta rhei），意指一切都在變化之中。[10]我們為共同的行為負責。有了量子經濟，我們可以延長企業與人類物種的有效期限。但是否能直到永遠？答案完全取決於我們，我們將拭目以待。

隨著技術的快速發展，經典的哲學問題突然重新獲得高度重視：今天作為人類的意義是什麼？我們必須做什麼，我們必須避免做什麼，才能讓自己明天依舊是人類？

請加入我們一起邁向量子經濟之路！成為變革的創造者。為此，我們必須從無意識中清醒過來並認知到，如果我們不立即改變方向，這條數位單行道之旅會引導我們走向何處。一路走來，我們不僅會遇到新問題，懸而未決的重要老問題將一次又一次地迎面襲來。我們必須在大事與小事中尋求智慧。我們需要了解自己所處的生態系統。我們需要更了解自己，學會與他人和諧相處。我們的心必須關懷所處的環境，我們的思想必須關注全球的相互依存關係。

我們決定如何處理自己的想法和行為，它們又該如何影響自己與他人。作為一個榜樣和創造者，尊重身邊的人，找出自己的風格，確認自己的立場與所愛。自我批評，不要一味地批評他人。成為一名老師並分享你的知識。留下時間進行思考訓練，讓自己沉浸在未來的科學和科技中，接觸藝術、心理學及哲學。保持謙虛的態度，不要把自己看得太重。不要為幸福而努力，而是讓它來敲你的門。成為變革的設計者，即使只是改變你自己認知的現實。我們正共同為人道的世界開發一個新的運作系統。

你還在等什麼？採取行動吧！

展望

喚醒心中的哲學家！

我們需要一個新的啟蒙運動。但如何讓人們明白他們需要被啟蒙呢？哲學思考必須取代舊的力量，成為新的力量。平衡個人和集體關係的思想和純粹行動本身，才是真正的力量。在這裡，我們在有限結構中的角色和自我所定義的假定力量，透過整個社會的啟蒙和每個人的成長，被真正的力量所取代。

與此同時，我們必須發展新的政治和社會制度，以確保人類物種的生存，並踏上量子烏托邦之路。若我們今天能問一問柏拉圖，投票權是否應與教育和理性聯繫起來，他無疑會給予肯定的答覆。柏拉圖強烈批評民主，認為只有受過充分哲學教育和最高道德標準的人（即哲人王〔Philosophenkönige〕），才應該掌握政治權力。柏拉圖對共和國的烏托邦願景是建立在由此類統治者組成的封閉種姓獨裁統治上。[1]

我們是否該選擇一個仁慈的數位獨裁者嗎？還是一個極端富有的技術官僚組成的技術民主？或者，我們是否可以建立一個沒有黨派政治的僵化結構，讓每個人的聲音都可被聽到的數位化直接民主？

就今天所處的革命時代而言，我們不太可能找到適當的答案與解決方案。儘管如此，在二十一世紀社會的背景下，審視歷史制度並重新思考其基本原則極為重要。在這一點上，必須考量八十億世界公民的相互依存關係以及現代技術的快速進步和能力。我們必須努力踏上通往世界哲學的旅程。一個思想與存在合而為一的世界，一個純粹思維的量子化社會。

目前「數位化轉型」和「顛覆性技術」的相關爭論，再再顯示這些方法面臨的窘境。不斷重複這些口號不會讓我們的思考更加清晰，反而會帶來更多的混亂。我們因此必須重申，技術本身不會破壞任何事物，而是取決於我們如何使用它們。而「數位化轉型」並不是一個我們只能驚訝地旁觀的自然事件：我們可以而且也必須自己決定想要轉型的內容與方向。

使用口號相互攻擊無法讓我們進步。廣泛討論問題之所在，哪些方法無效，哪些方法沒有意義，不該是我們的處置方法。是的，我們必須認清且點出問題所在，並實事求是地加以分類。但我們現在需要的是具體的解決方案與前瞻性願景。

我們需要的不是抱怨與批評，而是為我們社會提供一個新的核心思想。我們想生活在什麼樣的世界？數位化後的世界會呈現何種樣貌？**新的核心思想是什麼？讓我們所有人都可以遵循，確保地球仍然是一個值得人們居住的地方，或甚至成為一個充滿人性化的地方。**我深信，這個核心思想必須由經濟來發展，因為經濟制度是我們生活的基礎。透過量子經濟，我們為自己的社會找到一個烏托邦式的核心思想：量子烏托邦。

地球子民，團結起來！

我們似乎比以往的任何時刻離公平分配與理性合作更遙遠。但這種印象是騙人的：我相信，民族主義的幽靈很快便會消失。

為何我們應該認同家人和朋友以外的數百萬其他人，只是因為他們擁有與我們相同的護照？國界在今天根本不具意義。二〇一八年韓國平昌冬季奧運充分展現全球合作所能創造的成效。韓國和北韓這兩個「死敵」和諧地舉辦這場和平盛宴，現場的數十萬人、電視機前的數十億人共同為運動員爭奪獎牌同聲歡呼。

在過去的七十年裡，我們在合作和共存方面取得了巨大的進步。我們真的想再次躲在國界高牆後面嗎？這堵牆甚至比奧運冬季兩項或跳台滑雪等比賽規則更荒謬、更武斷。正如我之前所說的：如果我們明天被外星人襲擊，世界各國將會放棄各自的民族主義成見，團結禦敵。但即使沒有來自外太空的威脅，我們在合作方面也取得了相當大的進步。歐盟當然不是完美的政治實體，但它大大地擴張了我們的國界。像德國和法國這樣的「世仇」也已經在許多方面成為合作的芳鄰，這種情形在七十年前，即兩次世界大戰之後，幾乎是難以想像的。

由於歐盟的存在，中歐才有了跨越國界的信任基礎。如果法國、德國及其鄰國政府就核能甚至生物科技的使用達成協議，基本上我們可以假設締約各方不會相互欺騙。但當俄羅斯、中國及美國簽署條約時，我們事先卻已知道，在攝影機和麥克風再次關掉前，這些老先生們會相互握手並承諾維持良好的雙方合作關係。但在鏡頭後，這些國家還是積極推進其核子或生物科技計畫，試圖搶奪該技術的龍頭位置。

我們如何才能在全球和各大洲複製歐洲和解與建立信任的政治傑作？我堅信，有四種變革力量將在全球推動這一發展。第一是更多的女性擔任經濟、政治和社會領導職務。其次，具備更強整體意識的年輕一代將使民族主義意識形態的重要性逐漸式微。第三，全球勢不可擋的大都市崛起創造了一種區域性的部落社會。各大都會地區之間的相互聯繫，不需再透過國家政府的間接努力，而將比以往更加緊密。這將形成一個高度本地性樞紐的全球網路，可彈性地相互合作。第四，生物、奈米及量子技術的指數級發展將迫使社會以我們現在才開始預測的方式進行調整。

基本上，當前吹起的民族主義之風也有其積極的一面：它們顯示許多人相信「自己的國家」和「自己的人民」。現在我們僅需將視野從「國家」拓展至「大陸」，並盡快拓展至「全球」，那麼全球各個層面的合作將不再有任何的限制。

理性社會的哲學工具

「凡是能數位化的終將被數位化」：我們絕不能讓自己被這種浮誇的言論分散注意力；相反地，我們最終必須專注存在的根本問題：**如何才能把理性與情感結合起來，使我們得出合理的，進而得出明智的，即理性和道德的知識與決策？**

我們必須解決的問題是，人類物種的自然淘汰是否正在被新技術和集中權力的技術官僚所破壞或扭曲。當基因被人工智慧與生物科技從根本上改變時，我們能否獲得真正的自由？人類，特別是年輕人，深入探究自己人性的需求越來越強烈。無數研究均指出這個現象，我在談話中也一次又一次地體驗到這一點。

我們必須更了解自己；我們需要更清楚自己的弱點、盲點及侷限性。我們的自我不是一個主體，也不是一位始終如一的演員，而是由我們投射到現實中不斷變化的角色所組成。我們如何才能學會更理解這些角色，我們怎樣才能展現它們，或者拋棄它們？許多人從未處理過這些問題，但今天它們比以往任何時候都更加緊迫。

透過哲學性地沉思，我們進行了一場意識革命，使我們能夠更加專注和敏銳。近幾十年來出現了許多新的科學學科，有人聲稱哲學是一門昨天的學科，不能再為今天的問題提供答案。但事實恰恰相反：量子經濟和理性社會只能整體性地塑造。為此，我們不僅需要理性和邏輯，還需要社交智商和情緒智商。不只是智商，還有「群體智慧」（WeQ）。不僅是科學模型，還有哲學家的方法，這些都是為個人及集體服務的。在與國際社會的聯繫中，我們只能靠自己的力量。在追求個人自由的過程中，我們同時對僅能與公共利益相協調才能實現個人自由的認知感到困惑，這是一個悖論。「哲學家中的哲學家」黑格爾已經向我們解釋過，自由並不代表我們能夠做自己想做的事。我們只有與他人發生關係時才能享有個人自由。而這需要一個理性、正常運作且對共同利益感興趣的社會作為前提。

歐陸哲學——特別在德語系國家——有著悠久的傳統。黑格爾是德國唯心主義最重要的代表之一，他的寫作風格錯綜複雜，但其哲學思考的思想放在兩百年後一樣具有現實意義。[2]我們還要感謝「基礎存有論」（Fundamentalontologie）創始人海德格的哲學見解，在人類歷史的這個關鍵階段，我們絕對不能沒有這些見解，即使這位來自黑森林的智者在國家社會主義統治期間迷失了方向。在眾多受到黑格爾啟發的哲學家中，奧地利人佛洛伊德發展並創立精神分析與性理論，作為其驅力理論（Triebtheorie）的一部分，還有他的瑞士學生榮格，對此也有著傑出的貢獻。立基於他們在人類心理領域的開創性工作，法國精神分析學家和精神病學家拉岡的「空隙」（leeren Zwischenräume）概念為精神分析學說帶來革命性的改變。[3]

尼采是教條、神話及偏見的大師級粉碎者，他對權力和權威的反思在二十一世紀的背景下受到重新審視；而胡塞爾也是上文中提及的現象學創始人。對我而言，這二位均是傑出的德語思想家，他們的思想在今天可能比以往任何時候更重要。我們從亞瑟·叔本華（Arthur Schopenhauer）的思想中可以了解到歐洲思想與佛教啟蒙如何結合[4]，這個可能是科學與靈性之間的橋樑模式，目前正受到各方狂熱地研究。隨著自然科學擺脫了唯物主義的束縛，「聯繫」與「空隙」的問題成為焦點，尚—保羅·沙特和拉岡均處理過這些問題。**特別是當涉及到人類的整體性和意識時，科學根本無法忽視哲學家的方法與見解**。如果沒有精神思想家的形而上學思想模式，神經科學家及量子研究者顯然無法取得任何進展；如果沒有本體論者的思考，即那些如海德格一樣專注存在與虛無以及現實基本結構的哲學家，人工智慧研究也將原地踏步。

真理不在於對思想和事物本身的原始解釋，而在於面對科技進步挑戰而做出的最新詮釋，這即是我對哲學的理解。自從美索不達米亞首次出現書面紀錄以來，人類在過去五千年裡幾乎沒有出現演化上的改變，但即將到來的深刻轉變正改變著我們的環境，當今的我們必須對此深入地思考。快速的科學進步和新的指數技術對我們生活產生的巨大影響，而這將為我們開啟大門，並以全新的視野看待我們的世界。

儘管各個學科之間的聯繫越來越緊密，但人文科學與自然科學之間的鴻溝尚未完全跨越。即使雙方看似談論相同的話題，但仍然經常各說各話。然而，雙方卻也日益認知到，他們只有共同合作才能往前邁進。

歐陸舊世界在巨頭們爭奪數位霸權之戰中可能會落敗，但在思想家的競賽中，歐洲肯定能夠成功得分。現代物理學的先驅海森堡、薛丁格、包立、普朗克，尤其是愛因斯坦，這些不僅是傑出的自然科學家，同時也受過西方教育，他們非常了解自己研究的哲學意義。如果我們要啟動真正的新啟蒙運動、復興歐洲思想家和復甦大陸哲學，則必須與這些學科傳統合而為一。

我們必須拯救過去的思想寶藏，以因應二十一世紀的挑戰，並超前部署。霍金在其最後一部遺作《霍金大見解：留給世人的十個大哉問與解答》（*Short Answers to Big Questions*）[5]中也是如此呼籲。這位傑出的物理學家在書中提倡更加關注宇宙大維度和次原子小維度的研究。

量子物理學是實現實踐哲學成為古典物理學與現代物理學、生物學與意識、技術與人類核心之間橋樑的理性科學途徑。只有在空隙中，而且只有當我們勇於走出常規的軌道且開闊視野時，才能為人類帶來進步。

經濟可以將技術轉化為實際應用與商業模式。我們只能在「客觀現實」和「先驗主觀性」之間的界面上，作為思維存在者完成這趟技術之旅。康德和黑格爾都沒有給出結論，這也不是目標。在愛因斯坦的相對論和今日實際執行一九二〇年代現代物理學理論突破的背景下，我們有責任幫助哲學獲得重生。我們的任務不是理解哲學著作的絕對性，而是將思維本身投射到我們今天所處的時代。無論是在柯尼斯堡（**Königsberg**）小智囊團的康德，在寧靜耶拿（**Jena**）的黑格爾，還是沉浸在其關於「超人」（**Übermenschen**）論文中的尼采，都無法想像我們目前正經歷的這樣一個世界，並以創造通用人工智慧、處理奇點和使用後人類主義作為其思考起點。現在出現一個機會之窗，在二十一世紀的背景下重新思考偉大哲學家的思想，或者誠如黑格爾本人如此貼切地形容：「哲學也是如此，它的時代在思想中孕育。」

過去數個世紀的思想家做出什麼貢獻，以便我們能夠善加利用這個時代的技術潛力？我們今天擁有這些機會，因此也有責任對自己的行為負責。**我們有權利與義務反思自己的決定，並質疑本身的行為。繁榮的歐洲，作為第一次展開啟蒙運動的大陸，作為哲學傳統和技術先驅，可以啟動社會制度朝向理性社會發展。**這將使我們更深入理解人性，並具備能力將現實和內在體驗、外部和內在世界聯繫起來，這與量子現實中的「糾纏」無異。

我們需要哲學家

每個人都有哲學的潛力。我們從哪裡來，我們要去哪裡等哲學上的重要問題，不斷地困擾著我們大家，特別是在年輕時。多數人在某個時候轉向「實際」問題，只有少數人成為哲學家。但是，哲學的藝術不需要學位，任何人都可以學習，當然也包括你！實踐哲學應納入學校和進修教育機構的課程表中。在幼稚園與小學必須學習相應的方法，實踐哲學必須成為商業、行政及政治領域管理階層的一門必修課。

喚醒心中的哲學家！

—樂於向他人學習。能夠改變主意是一種力量。

—專注於問題。

—不要為了獲勝和正確而進行辯論，永遠以解決問題為導向。唯有這類的討論才能帶來改革與進步。

—接受你從這本書中得到的建議，自己閱讀柏拉圖、黑格爾或康德等哲學家的著作。這也適用於量子研究和各種靈性方法。找到自己的世界觀。

—保持好奇心與求知慾。學會做一個終身的學習者。這不僅有利於你的職業生涯，也有助於你的個人魅力：對任何事充滿興趣的人，便是個有趣的人。

—練習認識自己。你在生活中扮演什麼角色？還有其他你更想扮演的角色嗎？

—學會區分什麼是真實的，什麼是假的，什麼是虛構的。

—學習冥想以獲得更清晰的意識。

我們已經踏上前往量子烏托邦的旅程，而新興的量子經濟朝這個旅程向前邁進一大步。這個未來當然將由技術驅動，我看到這一點，並重視隨之而來的巨大潛力。物理和數學，包括人與哲學，都是我們和成為人類的基礎。

我知道有一種新的嬉皮運動，這些大師們宣揚放棄消費，致力於靈性的生活。但這不是一條現實的道路，我們不可能都搬回農村，拒絕消費，一生都在冥想和祈禱。為了發展量子經濟，我們需要彈性的結構。

哲學家們寫書，實踐哲學改變世界。然而，為了讓新思維可以創造新的現實，它們需要一個體制基礎：員工、預算、建築物、投資者。唯有具備這些條件，大型計畫才能獲得時間和力量，取得社會對其價值的認可。

新的體制必須提高人們在個人和經濟方面相互聯繫的能力。**每個人本身對自己的職業、人生道路、個性發展、感受與情緒造成的影響，比我們大多數人意識到的要大得多。**在新體制中最重要的課程之一，應是理解幼兒期對個人整個生命的根本重要性。

量子經濟是在無數因素的基礎上由人類行為塑造，其中部分因素僅在決策的那一刻出現。正因為其本質是具創造性、無法估量及不穩定的，因此難以準確預測其發展、未來的危機和進行修正。如同在量子物理學中，（至少目前）不可能在量子經濟中制定一個總體理論。也許我們仍然缺乏一些拼圖的碎片，或者我們的方向錯誤，因為我們還沒有掌握全貌，或者根本還沒有提出正確的問題。

未來十年，我們將在量子物理學和意識研究上取得突破，使我們更接近普世真理和一切問題的答案。儘管如此，人類最終還是繼續存在，至少在我看來這應該是我們的首要目標，也是尋找新問題和舊哲學問題答案的又一個精彩的旅程。作為這趟旅程的指南針，我們需要一個理性社會。我們必須在未來十年內共同建立一個新的經濟操作系統，即量子經濟，以實現更穩定、更團結、更人性化的資本主義。屆時，我們就可以追隨烏托邦的夢想，為每個人創造一個更美好的世界。

我們對量子經濟的理解透過持續地優化而不斷提升。我們將學會避開反覆出現的危機。我們將發展出更強的意識，越來越了解我們的世界存在一個量子結構，這就是決定性模式（deterministische Modell）無法提供我們幫助的原因。如同量子烏托邦，量子經濟不是目標而是旅程，不是系統而是無限的過程。

數位化後的世界會呈現何種樣貌？這個問題和「死後還有生命嗎？」是相同的問題。

注釋

前言

1 Jörg Eigendorf, »Exclusive Interview: Dalai Lama – ›I Am a Supporter of Globalization.‹« DIE WELT, 1 Sept. 2015, www.welt.de/english-news/article4133061/Dalai-Lama-I-am-a-supporter-of-globalization.html. 存取時間二〇二〇年八月十四日。

2 A. H. Maslow, *Classics In The History Of Psychology: A Theory Of Human Motivation.* <psychclassics. yorku. ca/ Maslow/motivation. htm> [存取時間二〇二〇年八月二十二日。] 最初發表於《心理學評論》（*Psychological Review*），50，一九四三年，第三七〇至三九六頁。

3 Adam Smith and Alan Krueger, The Wealth of Nations (Bantam Classics). Reprint, Bantam Classics, 2003，第xvi-xviii頁。

4 同上，第xii頁。

第一章

1 United Nations, Department of Economic and Social Affairs, Population Division (2019). World Population Prospects 2019，透過網站取得的自訂資料。

2 Alexander Wendt, *Quantum Mind and Social Science*. Cambridge University Press, 2015.

3 Gary Zukav, *Dancing Wu Li Masters An Overview of the New Physics*. Bantam Books, 1979, p. 208, footnote. Reply, according to Dr. Felix T. Smith of Stanford Research Institute, to a physicist friend who had said » I'm afraid I don't understand the method of characteristics.«

4 阿爾伯特・愛因斯坦（Albert Einstein）給丹尼爾・M・利普金（Daniel M. Lipkin）的打字簽名信（A. Einstein）。普林斯頓，一九五二年七月五日。

5 Richard Feynman, »Probability and Uncertainty – The Quantum Mechanical View of Nature.« Sixth Messenger Lecture, Cornell University, November 18, 1964.

6 Immanuel Kant and Norman K. Smith, *Immanuel Kant's Critique of Pure Reason*. MacMillan, 1929.

7 由唐妮菈・米道（Donella H. Meadows）所著的《成長的極限》（*The Limits to Growth: A Report for the Club of Rome's Project on the Predicament of Mankind*），繁體中文版由臉譜出版於二〇〇七年發行。

8 Rachel Bronson, »Current Time.« *Bulletin of the Atomic Scientists*, 23 Jan. 2020, thebulletin.org/doomsday-clock/current-time. 存取時間二〇二〇年八月十四日。

9 M. Murphy (2020, Mai 20). »Spotify pays reported $ 100 m to sign podcast host Joe Rogan.« *The Telegraph*. https://www.telegraph.co.uk/technology/2020/05/19/spotify-pays-reported-100m-sign-podcast-host-joe-rogan/

10 由哈拉瑞（Yuval Noah Harari）所著的《人類大命運：從智人到神人》（*Homo Deus: A Brief History of Tomorrow*），繁體中文版由天下文化於二〇二一年發行。

11 »Hawking: AI Could End Human Race.« *BBC News*, 2 Dec. 2014, www.bbc.com/news/technology-30290540. 存取時間二〇二〇年七月三十日。

12 »Elon Musk: ›With artificial intelligence we are summoning the demon.‹« *The Washington Post*, 24 Oct. 2014, www.washingtonpost. com/news/innovations/wp/2014/10/24/elon-musk-with-artificial-intelligence-we-are-summoning-the-demon. 存取時間二〇二〇年七月三十日。

13 同上。

14 Henry Kissinger, »How the Enlightenment Ends.« *The Atlantic*, 30 Aug. 2019, www.theatlantic.com/magazine/archive/2018/06/henry-kissinger-ai-could-mean-the-end-of-human-history/559124. 存取時間二〇二〇年七月三十日。

第三章

1 Dilwyn Knox, »Giordano Bruno,« in: *Stanford Encyclopedia of Philosophy*, plato.stanford. edu/

entries/bruno, 30 May 2018. 存取時間二〇二〇年七月三十日。

2 Scott Horton, »Kant – The Crooked Wood of Humankind.« *Harper's Magazine*, 15 Oct. 2012, harpers.org/2009/05/kant-the-crooked-wood-of-humankind. 存取時間二〇二〇年七月一日。

3 T. S. Kuhn, *The Copernican Revolution*. Harvard University Press, 1957.

4 Richard Rorty, et al., *What's the Use of Truth?* Columbia University Press, 2007.

5 喬治・歐威爾（George Orwell）《一九八四》（*1984*），第四頁，繁體中文版由遠流於二〇一二年發行。

6 同上，第六九頁。

7 Donald J. Trump, »The concept of global warming was created by and for the Chinese in order to make U. S. manufacturing non-competitive. « *Twitter*, 06 Nov. 2012. 2:15 p.m., twitter.com/realDonaldTrump/status/265895292191248385.

8 Hans Rosling, »Let My Dataset Change Your Mindset.« *TEDTalks*. 03 June 2009. www.ted.com/talks/hans_ rosling_let_ my_dataset_change_ your_mindset. 存取時間二〇二〇年八月四日。

9 Roula Inglesi-Lotz, »A Big Effort to Invest in Education Will Pay off in the Long Term for South Africa.« *The Conversation*, 25 May 2020, www.theconversation.com/a-big-effort-to-invest-in-education-will-pay-off-in-the-long-term-for-south-africa-138139. 存取時間二〇二〇年八月十八日。

10 https://www.greenschool org.

11 Alexander Bard and Jan Söderqvist, *Netocracy*. Pearson Education, 2002.

12 由戴夫・艾格斯（Dave Eggers）所著的《揭密風暴》（*The Circle: A Novel*），繁體中文版由天下文化於二〇一四年出版。

13 由托瑪・皮凱提（Thomas Piketty）所著的《二十一世紀資本論》（*Capital in the Twenty-First Century*），繁體中文版由衛城出版於二〇二二年發行。

14 Scotty Hendricks, »Why Slavoj Žižek Is a Communist, Kind Of.« *Big Think*, 7 Aug. 2019, bigthink.com/politics-current-affairs/slavoj-zizek-communist. 存取時間二〇二〇年八月四日。

15 由尼采（Friedrich Nietzsche）所著的《論道德的系譜：一本論戰著作》（*Zur Genealogie der Moral*），繁體中文版由大家出版於二〇一七年發行。

16 Caleb Crain, »The Case Against Democracy.« *The New Yorker*, 9 July 2019, www.newyorker.com/magazine/2016/11/07/the-case-against-democracy. 存取時間二〇二〇年八月十四日。

17 Plato and Paul Shorey, *The Republic*. Amsterdam University Press, 2006.

18 David Estlund, *Democratic Authority: A Philosophical Framework*. Princeton University Press, 2007.

19 Thomas Mann and H. Lowe-Porter, *Death in Venice: And Seven Other Stories*. Reissue, Vintage, 1989.

20 Andrew Chatzky and James McBride, »China's Massive Belt and Road Initiative.« *Council on Foreign Relations*, 21 Feb. 2019, www.cfr.org/backgrounder/chinas-massive-belt-and-road-initiative. 存取時間二〇二〇年八月四日。

21 由彼得・提爾（Peter Thiel）和布雷克・馬斯特（Blake Masters）所著的《從〇到一：打開世界運作的未知祕密，在意想不到之處發現價值》（*Zero to One: Notes on Startups, or How to Build the Future*），繁體中文版由天下雜誌於二〇一四年發行。

22 Charlie Zhu, »China's State Grid to Buy Brazil Assets from Spain's ACS.« *U. S.*, 29 May 2012, www.reuters.com/article/us-state-grid-brazil-idUSBRE84S0C520120529. 存取時間二〇二〇年八月十四日。

第三章

1 由赫曼・西蒙（Hermann Simon）所著的《隱形冠軍：二十一世紀最被低估的競爭優勢》（*Hidden Champions of the Twenty-First Century: The Success Strategies of Unknown World Market Leaders*），繁體中文版由天下雜誌於二〇一七年發行。

2 »Meet the New Micro Multinationals, Selling Everything from Doll's Clothes to Dictionaries.« *World Economic Forum*, 14 June 2017, www.weforum.org/agenda/2017/06/meet-the-new-micro-multinationals-selling-everything-from-doll-s-clothes-to-dictionaries. 存取時間二〇二〇年八月十

四日。

3 David Goodhart, *The Road to Somewhere: The Populist Revolt and the Future of Politics*. Hurst & Company, 2017.

4 https://www.youtube.com/watch?v=GaNBxwtdV0w.

5 United Nations, Department of Economic and Social Affairs, Population Division (2019). *World Population Prospects 2019*, 透過網站取得的自訂資料。

6 »Marriage and Divorce Statistics – Statistics Explained.« *Eurostat*, July 2020, ec.europa.eu/eurostat/statistics-explained/index.php?title=Marriage_and_divorce_statistics. 存取時間二〇二〇年八月十四日。

7 »The Rise of Living Alone: How One-Person Households Are Becoming Increasingly Common around the World. « *Our World in Data*, 10 Dec. 2019, ourworldindata.org/living-alone. 存取時間二〇二〇年八月十四日。

8 »Fridays for Future – How Greta Started a Global Movement.« *Fridays For Future*, 5 Aug. 2020, fridaysforfuture.org/what-we-do/who-we-are. 存取時間二〇二〇年八月十四日。

9 Tina Brown, »The Gig Economy. « *Daily Beast*, 14 July 2017, www.thedailybeast.com/the-gig-economy. 存取時間二〇二〇年八月十四日。

10 »Micropreneur Law and Legal Definition.«*USLegal*, 2019, definitions.uslegal.com/m/micropreneur.

存取時間二〇二〇年八月十三日。

11 »University Gender Gap at Record High as 30,000 More Women Accepted. «*The Guardian*, 27 Nov. 2017, www.theguardian.com/education/2017/aug/28/university-gender-gap-at-record-high-as-30000-more-women-accepted. 存取時間二〇二〇年八月十五日。

»South Korean Women Are Fighting to Be Heard. « *The Economist*, 7 Apr. 2020, www.economist.com/special-report/2020/04/08/south-korean-women-are-fighting-to-be-heard. 存取時間二〇二〇年八月十五日。

12 D. G. Tendulkar, *Mahatma*. Volume 3 [1930–1934], The Publications Division, Ministry of Information and Broadcasting, Government of India, 1951, p. 46.

13 Daniel Amen, M. D., *Unleash the Power of the Female Brain: Supercharging Yours for Better Health, Energy, Mood, Focus, and Sex*. 1st ed., Harmony, 2013.

14 »6 Reasons Why Women Are Neurologically Wired To Be Leaders. « *The Health Loft*, 26 Mar. 2018, www.thehealthloft.ca/6-reasons-why-women-are-neurologically-wired-to-be-leaders. 存取時間二〇二〇年七月一日。

15 Olga Khazan, »Male and Female Brains Really Are Built Differently. «*The Atlantic*, 27 Mar. 2018, www.theatlantic.com/health/archive/2013/12/male-and-female-brains-really-are-built-differently/281962. 存取時間二〇二〇年八月十五日。

16 https://medium.com/@drstephanie/why-woman-are-neurologically-wired-to-be-leaders-6073f7a7b553.

17 https://slate.com/human-interest/2020/04/coronavirus-male-loneliness-friendship-man-up.html.

https://www.independent.co.uk/life-style/loneliness-no-friends-video-mark-gaisford-linkedin-youtube-a9252086.html.

Aymann Ismael, »COVID-19 Is Forcing Men to Confront Loneliness.« April 7, 2020. *Slate Magazine*.

Chelsea Ritschel, »Man Reveals He Has ›no Friends‹ in Viral Video about Loneliness. « *The Independent*, 18 Dec. 2019, www.independent.co.uk/life-style/loneliness-no-friends-video-mark-gaisford-linkedin-youtube-a9252086.html. 存取時間二〇二〇年八月十八日。

18 Pascal-Emmanuel Gobry, »A Science-Based Case for Ending the Porn Epidemic. « *American Greatness*, 6 Feb. 2020, www.amgreatness.com/2019/12/15/a-science-based-case-for-ending-the-porn-epidemic. 存取時間二〇二〇年八月十八日。

Tony Perkins, »How Porn Changes your Brain. « December 18. 2019. *The Daily Signal*. https://www.dailysignal.com/2019/12/18/how-porn-changes-your-brain/2019.

19 Mindy Weisberger, »A New Supercomputer Is the World's Fastest Brain-Mimicking Machine.« *Scientific American*, 5 Nov. 2018, www.scientificamerican.com/article/a-new-supercomputer-is-the-

worlds-fastest-brain-mimicking-machine. 存取時間二〇二〇年八月十八日。

20 OECD (2013), »Biotechnology«, in *OECD Factbook 2013: Economic, Environmental and Social Statistics*, OECD Publishing, Paris, https://doi.org/10.1787/factbook-2013-63-en.

21 »The Cost of Sequencing a Human Genome.« *Genome. Gov*, 13 Mar. 2019, www.genome.gov/about-genomics/fact-sheets/Sequencing-Human-Genome-cost. 存取時間二〇二〇年八月十四日。

22 »Dante Labs Offers $ 199 Whole Genome Sequencing Promotion for Black Friday Week – Press Release – Digital Journal.« *Digitaljournal. com*, 18 Nov. 2018, www.digitaljournal.com/pr/4033057. 存取時間二〇二〇年八月十四日。

23 Aparna Vidyasagar, »What Is CRISPR? « *Live Science*, 21 Apr. 2018, www.livescience.com/58790-crispr-explained.html. 存取時間二〇二〇年八月十四日。

24 Reuters. (2019, July 11). »9 statt 250.000 Euro für einen Burger – Kosten für Laborfleisch sinken. « *Gründerszene Magazin*. https://www.gruenderszene.de/food/in-vitro-fleisch-kosten?interstitial.

25 Jacob Bunge, »Tastes like Chicken? Lab-Grown ›Clean Meat‹ Wins Taste-Testers' Approval. « *MarketWatch*, 15 Mar. 2017, www.marketwatch.com/story/tastes-like-chicken-lab-grown-clean-meat-wins-taste-testers-approval-2017-03-15. 存取時間二〇二〇年八月十四日。

26 Amanda Maxwell, »Carbon Nanotube Applications in Daily Life. « *Now. Powered by Northrop Grumman*, 21 Aug. 2019, now.northropgrumman.com/carbon-nanotube-applications-in-daily-life. 存

取時間二〇二〇年八月十四日。

27 Shannon Brescher Shea, »Creating the Heart of a Quantum Computer: Developing Qubits. « *Energy.Gov*, 10 Feb. 2020, www.energy.gov/science/articles/creating-heart-quantum-computer-developing-qubits. 存取時間二〇二〇年八月十四日。

28 Kevin Hartnett, »A New Law to Describe Quantum Computing's Rise«' *Quanta Magazine*, 18 June 2019, www.quantamagazine.org/does-nevens-law-describe-quantum-computings-rise-20190618. 存取時間二〇二〇年八月十四日。

29 Emanuele Polino, et al., »Photonic Quantum Metrology.« *AVS Quantum Science*, vol. 2, no. 2, 2020, p. 024703. *Crossref*, doi:10.1116/5. 0007577.

30 »Solid | Inrupt. « *Inrupt*, June 2020, inrupt. com/ solid. 存取時間二〇二〇年八月十四日。

31 Johann Wolfgang von Goethe and Paul Dyrsen, »The Sorcerer's Apprentice. « *Germanstories.vcu.edu*, 1779, germanstories.vcu.edu/goethe/zauber_e4.html. 存取時間二〇二〇年八月十八日。

第四章

1 C. Johnson. »Einstein's Discovery of General Relativity, 1905–1915. « *Discover Magazine*, 29 Nov. 2005, www.discovermagazine.com/the-sciences/einsteins-discovery-of-general-relativity-1905-1915. 存取時間二〇二〇年八月十五日。

2 Sources seem to credit Hermann Minkowski for drawing the conclusion that space and time could be seen as components of a single four-dimensional spacetime fabric. That isn't necessarily clear from the current wording of this sentence. See, for example: http://www.spacetimesociety.org/minkowski.html, https:// www.iep.utm.edu/time-sup/#H5, and https://www.britannica.com/biography/Hermann-Minkowski#ref32724.

3 William A. Fedak and Jeffrey J. Prentis, »The 1925 Born and Jordan Paper ›On Quantum Mechanics.‹« *American Journal of Physics*, vol. 77, no. 2, 2009, pp. 128–39. *Crossref*, doi:10.1119/1.3009634.

4 Letter to Max Born, published in 1971, Irene Born (translator), *The Born-Einstein Letters*, Walker and Company, New York.

5 The Centre for History of Physics (n. d.). Einstein and Bohr. *History. Aip.org*. Retrieved August 14, 2020, from https://history.aip.org/history/exhibits/einstein/ae63.htm#:%7E:text= Einstein%20and%20Bohr,telling%20God%20what%20to%20do.%22.

6 Adán Cabello, »Interpretations of Quantum Theory: A Map of Madness. « *What Is Quantum Information?*, edited by Olimpia Lombardi et al., Cambridge University Press, 2017, pp. 138–144.

7 »The Mysteries of the World's Tiniest Bits of Matter. « *Scientific American*, May 2015, www.scientificamerican.com/article/the-mysteries-of-the-world-s-tiniest-bits-of-matter. 存取時間二〇二

〇年六月七日。

8 »The Higgs Boson | CERN.« *CERN*, 3 Aug. 2020, home.cern/science/physics/higgs-boson. 存取時間二〇二〇年八月十四日。

9 »The Born Rule Has Been Derived From Simple Physical Principles.« *Quanta Magazine*, 13 Feb. 2019, www.quantamagazine.org/the-born-rule-has-been-derived-from-simple-physical-principles-20190213. 存取時間二〇二〇年八月十四日。

10 同上。

11 James Temperton, »How I Am Become Death, the Destroyer of Worlds‹. The Story of Oppenheimer's Infamous Quote.« *WIRED UK*, 6 Aug. 2020, www.wired.co.uk/article/manhattan-project-robert-oppenheimer. 存取時間二〇二〇年八月十四日。

12 Tilman Sauer, »An Einstein Manuscript on the EPR Paradox for Spin Observables.« *Studies in History and Philosophy of Science Part B: Studies in History and Philosophy of Modern Physics*, vol. 38, no. 4, 2007, pp. 879–87. *Crossref*, doi:10.1016/ j.shpsb.2007.03.002.

13 »Turning ›Funky‹ Quantum Mysteries into Computing Reality.« *MIT News | Massachusetts Institute of Technology*, 16 Feb. 2008, news.mit.edu/2008/turning-funky-quantum-mysteries-computing-reality. 存取時間二〇二〇年八月十四日。

14 Lev Vaidman, »Many-Worlds Interpretation of Quantum Mechanics,« *The Stanford Encyclopedia of*

Philosophy (Fall 2018 Edition), Edward N. Zalta (ed.), plato.stanford.edu/archives/fall2018/entries/qm-manyworlds. 存取時間二〇二〇年八月十四日。

15 David Deutsch, *The Fabric of Reality: The Science of Parallel Universes – and Its Implications*. Allen Lane, 1997.

16 David Deutsch, *The Beginning of Infinity: Explanations That Transform the World*. 1st American ed. Viking, 2011.

17 Christopher A. Fuchs, et al., »An Introduction to QBism with an Application to the Locality of Quantum Mechanics. « *American Journal of Physics*, vol. 82, no. 8, 2014, pp. 749–54. *Crossref*, doi:10.1119/1.4874855.

18 Christopher A. Fuchs, »QBism Through the Wormhole. « *YouTube*, uploaded by Discovery Communications, LLC, 2 Jan. 2016, www.youtube.com/watch?v=LQvCTZgNRNw.

19 Raymond Serway, et al., *Modern Physics*. 3rd ed., Cengage Learning, 2004.

20 The Royal Institution. »Upgrading the Particle Physics Toolkit: The Future Circular Collider – Harry Cliff , John Womersley.« *YouTube*, uploaded by The Royal Institution, 10 Apr. 2019, www.youtube.com/watch?v=rEuM_e4MvgE.

21 Raymond Serway, et al., *Modern Physics*. 3rd ed., Cengage Learning, 2004.

22 Albert Einstein: »Letter to Lanczos from September 7, 1944« reprinted in: A. P. French (ed.):

Einstein, a centenary volume. Harvard University Press, 1979. pp. 275–276.

23 Alessandro Fedrizzi, »Quantum Physics: Our Study Suggests Objective Reality Doesn't Exist.« *The Conversation*, 14 Nov. 2019, theconversation.com/quantum-physics-our-study-suggests-objective-reality-doesnt-exist-126805. 存取時間二〇二〇年五月十日。

24 Michael Rohlf, »Immanuel Kant.« *The Stanford Encyclopedia of Philosophy* (Fall 2020 Edition), Edward N. Zalta (ed.), plato.stanford.edu/archives/fall2020/entries/ kant.

25 »Finally We May Have a Path to the Fundamental Theory of Physics… and It's Beautiful.« *Stephen Wolfram Writings*, 14 Apr. 2020, writings. stephenwolfram.com/2020/04/finally-we-may-have-a-path-to-the-fundamental-theory-of-physics-and-its-beautiful. 存取時間二〇二〇年五月十八日。

26 »About Nassim Haramein.« *Resonance Science Foundation*, www.resonancescience.org/about-nassim-haramein. 存取時間二〇二〇年八月二十五日。

27 Richard P. Feynman, »Simulating Physics with Computers.« *International Journal of Theoretical Physics*, vol. 21, no. 6–7, 1982, pp. 467–88. *Crossref*, doi:10.1007/bf02650179.

28 Richard P. Feynman, »Capture of Blackboard [online image].« *Caltech Archives*, California Institute of Technology, 1988. archives.caltech.edu/pictures/1.10–29.jpg. 存取時間二〇二〇年八月十五日。

29 Frank Arute, et al., »Quantum Supremacy Using a Programmable Superconducting Processor.«

Nature, vol. 574, no. 7779, 2019, pp.505–10. *Crossref*, doi:10.1038/s41586-019-1666-5.

30 »Quantum Cryptography – Terra Quantum.« *Terra Quantum AG*, terraquantum.swiss/portfolio/quantum-cryptography. 存取時間二〇二〇年八月二十六日。

31 »IBM Unveils World's First Integrated Quantum Computing System for Commercial Use.« *IBM News Room*, 8 Jan. 2019, newsroom.ibm.com/2019-01-08-IBM-Unveils-Worlds-First-Integrated-Quantum-Computing-System-for-Commercial-Use. 存取時間二〇二〇年八月十四日。

32 Heinrich-Hertz-Institut, Fraunhofer. »UNIQORN.« *Fraunhofer Institute for Telecommunications, Heinrich Hertz Institute, HHI*, www.hhi.fraunhofer.de/en/departments/pc/projects/uniqorn.html. 存取時間二〇二〇年八月二十六日。

第五章

1 Thomas Nagel, »What Is It Like to Be a Bat? «*The Philosophical Review*, vol. 83, no. 4, 1974, p. 435. *Crossref*, doi:10.2307/2183914.

2 David J. Chalmers, »Facing Up to the Problem of Consciousness.« *The Character of Consciousness*, 2010, pp. 3–34. *Crossref*, doi:10.1093/acprof:oso/9780195311105.003.0001.

3 David Chalmers, »The Meta-Problem of Consciousness.« *Journal of Consciousness Studies* 25 (September-October), 2018, pp. 6–61.

4 Todd E. Feinberg and Jon Mallatt, »Phenomenal Consciousness and Emergence: Eliminating the Explanatory Gap.« *Frontiers in Psychology*, vol. 11, 2020. *Crossref*, doi:10.3389/fpsyg.2020.01041.

5 Giulio Tononi, »An Information Integration Theory of Consciousness. « *BMC Neuroscience*, vol. 5, no. 1, 2004, p. 42. *Crossref*, doi:10.1186/1471-2202-5-42.

6 Bernard Baars, et al., *A Cognitive Theory of Consciousness*. Cambridge University Press, 1988.

7 Bernard J. Baars, »Metaphors of Consciousness and Attention in the Brain.« *Trends in Neurosciences*, vol. 21, no. 2, 1998, pp. 58–62. *Crossref*, doi:10.1016/s0166-2236(97)01171-5.

8 »Correction: Time Slices: What Is the Duration of a Percept?« *PLOS Biology*, vol. 14, no. 6, 2016, p. e1002493. *Crossref*, doi:10.1371/journal.pbio.1002493.

9 David Freedman, » Quantum Consciousness.« *Discover Magazine*, 12 Nov. 2019, www.hhi.fraunhofer.de/en/departments/pc/projects/uniqorn.html. www.discovermagazine.com/mind/quantum-consciousness. 存取時間二〇二〇年八月十四日。

10 Steve Paulson, »Roger Penrose On Why Consciousness Does Not Compute. « *Nautilus*, 4 May 2017, nautil.us/issue/47/consciousness/roger-penrose-on-why-consciousness-does-not-compute?fbclid=IwAR2pr78yy33lbM5kZFzE2_pEyx3mYxjTkYEjZNz-YLYhtHbPKC8IgscCCIA. 存取時間二〇二〇年八月十四日。

11 »Discovery of Quantum Vibrations in ›microtubules‹ inside Brain Neurons Supports

Controversial Theory of Consciousness.« *ScienceDaily*, 16 Jan. 2014, www.sciencedaily.com/releases/2014/01/140116085105.htm. 存取時間二〇二〇年八月十五日。

12 John McCarthy, et al., »A Proposal for the Dartmouth Summer Research Project on Artificial Intelligence: August 31, 1955.« *AI Magazine*, vol. 27, no. 4, 2006, pp. 12–14.

13 A. M. Turing, »Computing Machinery and Intelligence. « *Mind*, vol. LIX, no. 236, 1950, pp. 433–60. *Crossref*, doi:10.1093/mind/lix.236.433.

14 由史蒂芬・霍金（Stephen Hawking）所著的《新時間簡史》（*A Brief History of Time*），繁體中文版由大塊文化於二〇一二年發行。

15 »At UN, Robot Sophia Joins Meeting on Artificial Intelligence And.« *UN News*, 11 Oct. 2017, news.un.org/en/story/2017/10/568292-un-robot-sophia-joins-meeting-artificial-intelligence-and-sustainable. 存取時間二〇二〇年八月十四日。

16 »Ethical Issues In Advanced Artificial Intelligence.« *Nick Bostrom*, nickbostrom.com/ethics/ai.html. 存取時間二〇二〇年八月二十六日。

17 Kevin Webb, »A Former World Champion of the Game Go Says He's Retiring Because AI Is so Strong: ›Even If I Become the No. 1, There Is an Entity That Cannot Be Defeated.‹ « *Business Insider*, 27 Nov. 2019, www.businessinsider.de/international/deep-mind-alphago-ai-lee-sedol-south-korea-go-2019-11. 存取時間二〇二〇年八月十五日。

18 Aaron Krumins, »AlphaZero Is the New Chess Champion, and Harbinger of a Brave New World in AI.« *ExtremeTech*, 12 Dec. 2017, www.extremetech.com/extreme/260215-alphazero-new-chess-champion-harbinger-brave-new-world-ai. 存取時間二〇二〇年八月十五日。

19 Feng Liu, et al., »Intelligence Quotient and Intelligence Grade of Artificial Intelligence.« *Annals of Data Science*, vol. 4, no. 2, 2017, pp. 179–91. *Crossref*, doi:10.1007/s40745-017-0109-0.

20 »Norway Chess 8: Magnus Triumphs Again.« *Chess24. com*, 14 June 2019, chess24.com/en/read/news/norway-chess-8-magnus-triumphs-again. 存取時間二〇二〇年八月十八日。

21 Rob Toews, »What Does ›Artificial Intelligence‹ Really Mean?« *Forbes*, 8 Apr. 2020, www.forbes.com/sites/robtoews/2020/02/17/what-does-artificial-intelligence-really-mean/#179a49aa4c5f. 存取時間二〇二〇年六月七日。

22 »Human Brain Project Home.« *Human Brain Project*, www.humanbrainproject.eu/en. 存取時間二〇二〇年八月十五日。

23 »Interviews with Great Scientists. VI. Max Planck. The Paradox of the Quantum.« *The Observer* [London], 25 Jan. 1931, p. 17.

24 W. E. Lönnig, »Max Planck on the Subject of God ego and Science.« Wolf-Ekkehard Lönnig, www.weloennig.de/MaxPlanck.html. 存取時間二〇二〇年八月十五日。

25 Jean-Paul Sartre , *Existentialism Is a Humanism*. 1946. Reprint, Yale University Press, 2007, p. 22.

26 A. Schurger, et al., »An Accumulator Model for Spontaneous Neural Activity Prior to Self-Initiated Movement.« *Proceedings of the National Academy of Sciences*, vol. 109, no. 42, 2012, pp. E2904-13. *Crossref*, doi:10.1073/pnas.1210467109.

27 由歐內斯特・貝克爾（Ernest Becker）所著的《死亡否認：恐懼死亡與對英雄的追尋，如何形塑過去與現在的我們？》（*The Denial of Death*），繁體中文版由大家出版於二〇二三年發行。

28 *Kierkegaard Journals IV A 164* (1843). See *Phenomenology: Critical Concepts in Philosophy*, by Dermot Moran (2002).

第六章

1 Sigmund Freud: »Eine Schwierigkeit der Psychoanalyse.« In: *Imago. Zeitschrift für Anwendung der Psychoanalyse auf die Geisteswissenschaften*. Vol. V (1917), p. 1–7.

2 Nicolaus Copernicus, »On the Revolutions of the Heavenly Spheres.« *Great Books of the Western World*, 2nd ed., Encyclopaedia Britannica, 1952, pp. 497–838.

3 由查爾斯・達爾文（Charles Darwin）所著的《物種起源》（*On the Origin of the Species*），繁體中文版由五南於二〇二二年發行。

4 由西格蒙德・佛洛伊德（Sigmund Freud）所著的《精神分析引論》（*A General Introduction to Psychoanalysis*），繁體中文版由左岸文化於二〇一八年發行。

5 Josef Pieper, *An Anthology*. Ignatius Press, 1989, p. 6.

6 Jacques Lacan, *Transference: The Seminar of Jacques Lacan, Book VIII*. 1st ed., Polity, 2015.

7 S. Talwar, S. Xu, E. Hawley, et al., »Rat navigation guided by remote control. « *Nature* 417, pp. 37–38 (2002). doi.org/ 10.1038/417037a. 存取時間二〇二〇年七月三十一日。

8 Elon Musk, »In Integrated Brain-Machine Interface Platform with Thousands of Channels. « *BioRxiv*, 1 Jan. 2019, www.biorxiv.org/content/10.1101/703801v4. 存取時間二〇二〇年八月十五日。

9 Isabel Asher Hamilton, »Elon Musk said his AI-brain-chips company could ›solve‹ autism and schizophrenia.« *Business Insider*, 14 Nov. 2019, www.businessinsider.de/international/elon-musk-said-neuralink-could-solve-autism-and-schizophrenia-2019-11. 存取時間二〇二〇年八月十五日。

10 https://www.statista.com/statistics/617136/digital-population-worldwide.

第七章

1 Jules Verne, *From the Earth to the Moon, Direct in Ninety-Seven Hours and Twenty Minutes: And a Trip around It*. Scribner, Armstrong & Co., 1874.

2 Ray Kurzweil, *The Singularity Is Near: When Humans Transcend Biology*. 1st ed., The Viking Press, 2005.

3 由丹尼爾・康納曼（Daniel Kahneman）所著的《快思慢想》（*Thinking, Fast and Slow*），繁

體中文版由天下文化於二〇一八年發行。

4 James Carse, *Finite and Infinite Games*. Free Press, 2013, p. 3.

5 »Ethical Issues In Advanced Artificial Intelligence.« *Nick Bostrom*, nickbostrom.com/ethics/ai.html. 存取時間二〇二〇年八月二十六日。

6 Andy Weir, *Artemis: A Novel*. First Edition, Crown, 2017. p. 199.

7 »Will Durant Online: The Gentle Philosopher. « *Will Durant Foundation*, 22 Mar. 1945, will-durant.com/interdependence.htm. 存取時間二〇二〇年八月十五日。

»Declaration of Interdependence. « *David Suzuki Foundation*, 14 Aug. 2018, davidsuzuki.org/about/declaration-of-interdependence. 存取時間二〇二〇年八月十五日。

»The Declaration of Our Interdependence | For 2020 Vision.«

The Declaration of Our Interdependence, 23 Jan. 2020, ourinter-dependence.org. 存取時間二〇二〇年八月十五日。

第八章

1 Sarah A. Schnitker and Robert A. Emmons, »Hegel's Thesis-Antithesis-Synthesis Model.« *Encyclopedia of Sciences and Religions*, 2013, p. 978. *Crossref*, doi:10.1007/978-1-4020-8265-8_200183.

2 由丹尼爾・康納曼（Daniel Kahneman）所著的《快思慢想》（*Thinking, Fast and Slow*），繁體中文版由天下文化於二〇一八年發行。

3 http://culturedigitally.org/2014/09/digitalization-and-digitization/.

4 https://www.britannica.com/topic/maya-Indian-philosophy.

5 https://www.gesundheitstrends.de/service/psychologie/mitgefuehl-und-empathie.php.
https://info-buddhismus.de/Empathie-Mitgefuehl-Neurowissenschaft-Ricard-Singer-Altruismus.html.
https://de.quora.com/Was-ist-der-Unterschied-zwischen-Empathie-und-Mitgefühl.

6 由保羅・布倫（Paul Bloom）所著的《失控的同理心：道德判斷的偏誤與理性思考的價值》（*Against Empathy*），繁體中文版由商周出版於二〇一七年發行。

第九章

1 Zepeda, Mara, Brandel, Jennifer, »zebras Fix What Unicorns Break – Zebras Unite. « *Medium*, 22 July 2020, medium.com/zebras-unite/zebrasfix-c467e55f9d96. 存取時間二〇二〇年七月五日。

2 由馬丁・海德格（Martin Heidegger）所著的《存在與時間》（*Being and Time*），繁體中文版由桂冠文學於二〇一一年發行。
另請參閱他的演講：https://www.youtube.com/watch?v=cQ5Hvg620SU.

3 »World's Billionaires List.« *Forbes*, 18 Mar. 2020, www.forbes.com/billionaires. 存取時間二〇二〇年八月十五日。

4 »Hurun Global Unicorn List 2019« *Hurun Research Institute*, 21 Oct. 2019, www.hurun.net/EN/Article/Details?num=A38B8285034B. 存取時間二〇二〇年八月十五日。

5 »the New Chinese Unicorns: Seizing Opportunity in China's Burgeoning Economy.« *PwC*, 31 Oct. 2018, www.pwc.com/gx/en/industries/tmt/publications/china-unicorn-survey.html. 存取時間二〇二〇年八月十八日。

6 關於合作的更多資訊，請參閱：

Adam Brandenburger and Barry Nalebuff, *Co-Opetition*. 1st ed., Currency Doubleday, 1997.

Daniele Schiliro (2012). »A Coopetitive Model for the Green Economy«, *Economic Modelling*. https://mpra.ub.uni-muenchen.de/35245/.

7 Mark Sullivan, »Satya Nadella: ›Absolutely, Tech Does Owe Something Back to the Society.‹« *Fast Company*, 7 Apr. 2020, www.fastcompany.com/90486051/satya-nadella-absolutely-tech-does-owe-something-back-to-the-society. 存取時間二〇二〇年八月十五日。

8 Yvonne Díaz, »Embankment Project for Inclusive Capitalism Releases Report to Drive Sustainable and Inclusive Growth.« *EY – Global*, 16 Nov. 2018, www.ey.com/en_gl/news/2018/11/embankment-project-for-inclusive-capitalism-releases-report-to-drive-sustainable-and-inclusive-growth. 存取時間

二〇二〇年七月二十七日。

9 »BASF Report 2019 Economic, Environmental and Social Performance.« *BASF*, 28 Feb. 2020, www.basf.com/global/documents/en/news-and-media/publications/report. 存取時間二〇二〇年八月十五日。

10 »Circular Economy – UK, USA, Europe, Asia & South America.« *The Ellen MacArthur Foundation*, www.ellenmacarthurfoundation.org. 存取時間二〇二〇年七月二十九日。

11 Joel Makower, »Inside Interface's Bold New Mission to Achieve ›Climate Take Back‹ | Greenbiz.« *GreenBiz*, 6 June 2016, www.greenbiz.com/article/inside-interfaces-bold-new-mission-achieve-climate-take-back. 存取時間二〇二〇年八月十五日。

12 同上。

13 由威廉．麥唐納（William McDonough）和麥克．布朗嘉（Michael Braungart）所著的《從搖籃到搖籃：綠色經濟的設計提案》（*Cradle to Cradle: Remaking The Way We Make Things*），繁體中文版由野人文化於二〇二二年發行。

14 vpro documentary. »Waste Is Food – VPRO Documentary –2007.« *YouTube*, uploaded by VPRO, 13 Aug. 2017, www.youtube.com/watch?v=4pwCFH1LkCw. 存取時間二〇二〇年七月二十七日。

15 https://givingpledge.org/.

16 https://hbr.org/2020/08/a-decade-in-its-time-to-supercharge-the-giving-pledge.

17 »Light as a Service.« *Philips*, www.lighting.philips.co.uk/campaigns/art-led-technology. 存取時間二〇二〇年八月十五日。

18 »Basic Law.« *Press and Information Office of the Federal Government of Germany*, 2020, www.bundesregierung.de/breg-en/chancellor/basic-law-470510. 存取時間二〇二〇年八月二十六日。

19 David Orrell, *Quantum Economics: The New Science of Money*. Icon Books, 2018.

20 Varun Kumar, »How Much Money Is There In The World? | 2020 Edition. « *RankRed*, 26 Feb. 2020, www.rankred.com/how-much-money-is-there-in-the-world. 存取時間二〇二〇年八月十八日。

21 David Orrell, *Quantum Economics: The New Science of Money*. Icon Books, 2018, p. 7.

22 Milton Friedman, »The Role of Monetary Policy.« *The American Economic Review*, vol. 58, no. 1, 1968, pp. 1–17. JSTOR, www.jstor.org/stable/1831652. 存取時間二〇二〇年八月二十六日。

23 Julia Kagan, »Tobin Tax.« *Investopedia*, 18 Aug. 2019, www.investopedia.com/terms/t/tobin-tax.asp. 存取時間二〇二〇年八月十五日。

24 Götz W. Werner, *1.000 Euro für jeden*. Econ Verlag, 2010.

25 https://www.yang2020.com/policies/the-freedom-dividend.

26 Heikki Hiilamo, University of Helsinki, 22 May 2020, www.helsinki.fi/en/news/nordic-welfare-news/heikki-hiilamo-disappointing-results-from-the-finnish-basic-income-experiment. 存取時間二

〇二〇年七月二十九日。

27 同上。

28 Jasper Bergink, »Basic Income, Revisited: The Finns Are on It! | For a State of Happiness.« *For a State of Happiness*, 22 Nov. 2017, www.forastateofhappiness.com/basic-income-revisited-the-finns-are-coming. 存取時間二〇二〇年八月十六日。

29 Matteo Jessoula, et al., »Italy: Implementing the New Minimum Income Scheme.« *European Social Policy Network (ESPN) Flash Report*, July 2019, ec.europa.eu/social/BlobServlet?docId=21476&langId=en. 存取時間二〇二〇年八月十六日。

»Daily Briefing: Spain Begins an Epic Economics Experiment in Universal Basic Income.« *Nature*, 10 July 2020, www.nature.com/articles/d41586-020-02088-9. 存取時間二〇二〇年八月十六日。

Andre Coelho, »Switzerland: A Basic Income Experiment Is on the Verge of Starting in Switzerland | BIEN – Basic Income Earth Network.« *Basic Income Earth Network (BIEN)*, 8 Aug. 2018, basicincome.org/news/2018/10/switzerland-a-basic-income-experiment-is-on-the-verge-of-starting-in-switzerland. 存取時間二〇二〇年八月十六日。

30 A. Næss, »The Shallow and the Deep, Long-Range Ecology Movement,« *Inquiry* 16 (1973): pp. 95–100.

31 Walter Schwarz, »Arne Næss. «*The Guardian*, 14 Jan. 2009, www.theguardian.com/

environment/2009/jan/15/obituary-arne-naess. 存取時間二〇二〇年八月十六日。

32 https://www.lexico.com/en/definition/apres_nous_le_deluge.

33 由卡爾・馬克思（Karl Marx）和弗里德里希・恩格斯（Friedrich Engels）所著的《共產黨宣言》（*The Communist Manifesto*），繁體中文版由五南圖書於二〇二二年發行。

34 Michelle Shaffer, »2020.« *Earth Overshoot Day*, 22 Aug. 2020, www.overshootday.org. 存取時間二〇二〇年八月十五日。

35 »Free Public Data Set – Global Footprint Network.« *Global Footprint Network*, 15 June 2020, www.footprintnetwork.org/licenses/public-data-package-free. 存取時間二〇二〇年七月二十八日。

36 »World Population Prospects – Population Division – United Nations.« *World Population Prospects 2019*, 2019, population.un.org/wpp. [透過網站取得的自訂資料] 存取時間二〇二〇年七月二十九日。

第十章

1 J. W. Egger (2008), »Theorie der Körper-Seele-Einheit: das erweiterte biopsychosoziale Krankheitsmodell.« In: *Integrative Therapie*. Krammer/Edition Donau-Universität Krems, 33(4): pp. 497–520.

2 https://www.headspace.com/about-us.

3 Duena Blomstrom, »Do You Have a Chief Happiness Officer?« *Forbes*, 24 Jan. 2019, www.forbes.

com/sites/duenablomstrom1/2019/01/24/do-you-have-a-chief-happiness-officer. 存取時間二〇二〇年八月十五日。

4 »Ending Poverty.« *United Nations*, www.un.org/en/sections/issues-depth/poverty.存取時間二〇二〇年八月十六日。

5 Andrew T. Jebb, et al., »Happiness, Income Satiation and Turning Points around the World.« *Nature Human Behaviour*, vol. 2, no. 1, 2018, pp. 33–38. *Crossref*, doi:10.1038/s41562-017-0277-0.

6 Michel de Montaigne, »Essays of Michel de Montaigne.« *Project Gutenberg*, 1877, www.gutenberg.org/files/3600/3600-h/3600-h.htm#link2 H_4_0114. 存取時間二〇二〇年八月十八日。

7 https://www.gutenberg.org/files/3600/3600-h/3600-h.htm#link2H_4_0114.

8 由卡爾・馬克思（Karl Marx）和弗里德里希・恩格斯（Friedrich Engels）所著的《共產黨宣言》（*The Communist Manifesto*），繁體中文版由五南圖書於二〇二三年發行。

9 John Burnet, *Early Greek Philosophy*. London, 1920. http://www.heraclitusfragments.com/files/ge.html.

10 A. N. Beris and A. J. Giacomin, πάντα» ῥεῖ: Everything Flows«, Cover Article, Applied Rheology, 24(5) (104), pp. 1–13.

展望

1 Allan Bloom and Adam Kirsch, *The Republic of Plato*. 3rd ed., Basic Books, 2016, p. xiii.

2 Klaus Vieweg (2020), *Hegel: Der Philosoph der Freiheit*. C. H. Beck. 3rd edition. https://www.amazon.de/Hegel-Philosoph-Freiheit-Klaus-Vieweg/dp/3406742351.

3 Ed Pluth, »Remarks on Daniel Lagache's Presentation: ›Psychoanalysis and Personality Structure.‹« *Reading Lacan's Écrits: From ›The Freudian Thing‹ to ›Remarks on Daniel Lagache,‹* 2019, pp. 254–88. *Crossref*, doi:10.4324/9780429294310-8.

4 Dorothea W. Dauer, *Schopenhauer as Transmitter of Buddhist Ideas*. Peter Lang AG, 1969.

5 由史蒂芬・霍金（Stephen Hawking）所著的《霍金大見解：留給世人的十個大哉問與解答》（*Brief Answers to the Big Questions*），繁體中文版由天下文化於二〇一九年發行。

參考書目

Abdul, Kalam A. P. J., Tiwari, Arun, *Transcendence: My Spiritual Experiences with Pramukh Swamiji*, HarperCollins India, 2015.

Arden, Paul, *Es kommt nicht darauf an, wer du bist, sondern wer du sein willst*, Phaidon, 2005.

Arntz, William, Chasse, Betsy, Vicente, Mark, *What the Bleep Do We Know: Discovering the Endless Possibilities for Altering Your Everyday Reality*, HCI; Media Tie In edition, 2007.

Asimov, *Isaac, A Memoir*, Bantam Book, 1995.

Ayer, A. J., *The Problem of Knowledge*, Macmillan, 1956.

Bard, Alexander, Soderqvist, Jan, *NETOCRACY: the new power elite and life after capitalism*, Pearson FT Press, 2002.

由歐內斯特・貝克爾（Ernest Becker）所著的《死亡否認：恐懼死亡與對英雄的追尋，如何形塑過去與現在的我們？》（*The Denial of Death*），繁體中文版由大家出版於二〇二三年發行。

Beckett, Samuel, *Endgame*, Faber and Faber Ltd., 2009.

由山繆・貝克特（Samuel Beckett）所著的《等待果陀》（*Warten auf Godot – En attendant Godot – Waiting for Godot*），繁體中文版由聯經於二〇〇八年發行。

Bhagat, Chetan, *What Young India Wants*, Rupa & Co., 2012.

Bloom, Allan, Kirsch, Adam, *The Republic of Plato*. 3rd ed., Basic Books, 2016.

由保羅・布倫（Paul Bloom）所著的《失控的同理心：道德判斷的偏誤與理性思考的價值》（*Against Empathy: The Case for Rational Compassion*），繁體中文版由商周出版於二〇一七年發行。

Brand, Russell, *Revolution*, Random House, 2014.

Branson, Richard, *Screw It, Let's Do It*, Virgin Books, 2008.

Brown, Brené, *Braving the Wilderness*, Thorndike Press, 2018.

由馬克斯・巴金漢（Marcus Buckingham）與柯特・科夫曼（Curt Coffman）所著的《首先，打破成規：八萬名傑出經理人的共通特質》（*First, Break All The Rules: What the World's Greatest Managers Do Differently*），繁體中文版由先覺出版於二〇〇〇年發行。

Carse, James P., *Finite and Infinite Games*. Ballantine Books, 1987.

由保羅・威格納（Paul Vigna）、麥克・凱西（Michael J. Casey）所著的《真理機器：區塊鏈與數位時代的新憲法》（*The Truth Machine: The Blockchain and the Future of Everything*），繁體中文版由大牌出版於二〇二〇年發行。

Catmull, Edwin, Wallace, Amy, *Creativity Inc.*, Transworld Publishers Limited, 2014.

Chalmers, David J., *The Conscious Mind: In Search of a Fundamental Theory*, Oxford University Press, 1996.

Cianni, Jean Louis, *Denkpause: Wie mich Seneca aus der Krise holte*, Econ, 2008.

由詹姆・柯林斯（Jim Collins）所著的《從A到A+：企業從優秀到卓越的奧祕》（*Good to Great: Why Some Companies Make the Leap ... and Others Don't*），繁體中文版由遠流於二〇二〇年發行。

Cooper, John M., Grube, G. M. A., *Five Dialogues*, Hackett Publishing Company, 2002.

Cooper, John M., Hutchinson, D. S. (Hg.), *Plato Complete Works*, Hackett Publishing Company, Inc., 1997.

由史蒂芬・柯維（Stephen R. Covey）、西恩・柯維（Sean Covey）所著的《與成功有約：高效能人士的七個習慣》（*The Seven Habits of Highly Effective People*），繁體中文版由天下文化於二〇二〇年發行。

由路易斯・達奈爾（Lewis Dartnell）所著的《最後一個知識人：末日之後，擁有重建文明社會的器物、技術與知識原理》（*The Knowledge: How to Rebuild Civilization in the Aftermath of a Cataclysm*），繁體中文版由臉譜出版社於二〇二二年發行。

Dauer Dorothea W., *Schopenhauer as Transmitter of Buddhist Ideas*. Peter Lang AG, 1969.

Dawkins, Richard, *Science in the Soul*, Bantam Press, 2017.

Deutsch, David, *The Beginning of Infinity: Explanations That Transform the World*, 1st American ed., Viking, 2011.

Deutsch, David, *The Fabric of Reality: The Science of Parallel Universes-and Its Implications*, Allen Lane, 1997.

Drucker, Peter F., *The Essential Drucker*, Harper Business, 2008.

由戴夫・艾格斯（Dave Eggers）所著的《揭密風暴》（*The Circle: A Novel*），繁體中文版由天下文化於二〇一四年出版。

Epley, Nicholas, *Mindwise*, Alfred A. Knopf, Random House, 2014.

Ferriss, Timothy, *Tribe of Mentors: Short Life Advice from the Best in the World*, Ebury Publishing, 2017.

由理查・費曼（Richard P. Feynman）所著的《費曼的六堂Easy物理課》（*Six Easy Pieces*），繁體中文版由天下文化於二〇一九年發行。

由米歇爾・傅柯（Michel Foucault）所著的《監視與懲罰：監獄的誕生》（*Discipline and Punish*），繁體中文版由時報出版於二〇二〇年發行。

Franzen, Jonathan, *Freiheit*, Rowohlt, 2010.

Freud, Sigmund, *Gesammelte Werke*, Anaconda Verlag, 2014.

由埃里希・佛洛姆（Erich Fromm）所著的《逃避自由：透視現代人最深的孤獨與恐懼》（*Die*

Furch vor der Freiheit），繁體中文版由木馬文化於二〇一五年發行。

由埃里希・佛洛姆（Erich Fromm）所著的《生命的展現：人類生存情態的分析》（*Haben oder Sein*），繁體中文版由遠流於一九九四年發行。

Garcia, Tristan, *Das intensive Leben*, Suhrkamp, 2017.

Gates, Bill, *Veien mot Fremtiden*, Hjemmets Bokforlag, 1995.

Gelernter, David, *The Tides of Mind: Uncovering the Spectrum of Consciousness*, Liveright Publishing Corporation, 2016.

由麥爾坎・葛拉威爾（Malcolm Gladwell）所著的《決斷兩秒間：擷取關鍵資訊，發揮不假思索的力量》（*Blink: The Power of Thinking Without Thinking*），繁體中文版由時報出版於二〇二〇年發行。

由麥爾坎・葛拉威爾（Malcolm Gladwell）所著的《異數：超凡與平凡的界線在哪裡？》（*Outliers: The Story of Success*），繁體中文版由時報出版於二〇二〇年發行。

Gleiser, Marcelo, *The Island of Knowledge: The Limits of Science and the Search for Meaning*, Basic Books, 2014.

Goodhart, David, *The road to somewhere: the populist revolt and the future of politics*. Hurst & Company, 2017.

Goswami, Amit, *Quantum Creativity: Think Quantum, Be Creative*, Hay House Inc., 2014.

Goswami, Amit, *The Everything Answer Book: How Quantum Science Explains Love, Death, and the Meaning of Life*, Hampton Roads Publishing Company, Inc., 2017.

Guitton, Jean, Bogdanov Grichka und Igor, *Gott und die Wissenschaft*, dtv, 1998.

由哈拉瑞（Yuval Noah Harari）所著的《人類大命運：從智人到神人》（*Homo Deus: A Brief History of Tomorrow*），繁體中文版由天下文化於二〇二二年發行。

Harris, Sam, *Waking Up: A Guide to Spirituality Without Religion*, Simon & Schuster, 2014.

由史蒂芬・霍金（Stephen Hawking）所著的《霍金大見解：留給世人的十個大哉問與解答》（*Brief Answers to the Big Questions*），繁體中文版由天下文化於二〇一九年發行。

由史蒂芬・霍金（Stephen Hawking）所著的《新時間簡史》（*A Brief History of Time: From the Big Bang to Black Holes*），繁體中文版由大塊文化於二〇一二年發行。

Healey, Richard, *The Quantum Revolution in Philosophy*, Oxford University Press 2017.

由馬丁・海德格（Martin Heidegger）所著的《存在與時間》（*Being and Time*），繁體中文版由桂冠文學於二〇一一年發行。

Hegel, G. W. F, *Hauptwerke in sechs Bänden, Jenaer Kritische Schriften; Phänomenologie des Geistes; Wissenschaft der Logik ; Grundlinien der Philosophie des Rechts; Enzyklopädie der philosophischen Wissenschaften im Grundrisse* (1830), Felix Meiner Verlag, 2018.

由黑格爾（G. W. F. Hegel）所著的《精神現象學》（*Phenomenology of Spirit*），繁體中文版由五南

於二〇一九年發行。

Hirschman Albert O., *Leidenschaften und Interessen, Politische Begründungen des Kapitalismus vor seinem Sieg*, Stw, 1980.

Hirschman Albert O., *Engagement und Enttäuschung, Über das Schwanken der Bürger zwischen Privatwohl und Gemeinwohl*, Stw, 1998.

由艾倫・霍布森（Allan Hobson）所著的《夢的新解析：承繼佛洛伊德的未竟之業》（*Dreaming: An Introduction to the Science of Sleep*），繁體中文版由天下文化於二〇〇五年發行。

由班傑明・霍夫（Benjamin Hoff）所著的《小熊維尼的道》（*The Tao of Pooh*），繁體中文版由麥田於二〇〇四年發行。

由班傑明・霍夫（Benjamin Hoff）所著的《小小豬的謙弱哲學》（*The Te of Piglet*），繁體中文版由張老師文化於一九九七年發行。

Hong, Howard V., Hong, Edna H., *The Essential Kierkegard*, Princeton University Press, 1995.

由大衛・休姆（David Hume）所著的《人性論》（*A Treatise of Human Nature*），繁體中文版由香港商務印書館於二〇〇二年發行。

由埃德蒙德・胡塞爾（Edmund Husserl）所著的《現象學的觀念》（*Die Idee der Phänomenologie*），繁體中文版由清大出版社於二〇一七年發行。

Husserl, Edmund, *Cartesianische Meditationen. Eine Einleitung in die Phänomenologie*, Felix Meiner

Verlag, 1995.

由阿道斯・赫胥黎（Aldous Huxley）所著的《島》（*Island*），繁體中文版由避風港文化有限公司於二〇一九年發行。

由史蒂文・強森（Steven Johnson）所著的《創意從何而來：讓好點子源源不絕的七大模式》（*Where Good Ideas Come From – The Seven Patterns of Innovation*），繁體中文版由大塊文化於二〇一一年發行。

由丹尼爾・康納曼（Daniel Kahneman）所著的《快思慢想》（*Thinking, Fast and Slow*），繁體中文版由天下文化於二〇一八年發行。

由伊曼努爾・康德（Immanuel Kant）所著的《純粹理性批判》（*Kritik der reinen Vernunft*），繁體中文版由聯經於二〇二〇年發行。

由岸見一郎（Ichiro Kishimi）與古賀史健（Fumitake Koga）所著的《被討厭的勇氣：自我啟發之父「阿德勒」的教導》（*The Courage to be Disliked: The Japanese Phenomenon that Shows You How to Free Yourself, Change Your Life and Achieve Real Happiness*），繁體中文版由究竟於二〇二二年發行。

由勞倫斯・克勞斯（Lawrence M. Krauss）所著的《無中生有的宇宙：科學家探索宇宙誕生與未來的故事》（*A Universe from Nothing: Why There Is Something Rather Than Nothing*），繁體中文版由商周出版於二〇一八年發行。

Krauss, Lawrence M., *The Greatest Story Ever Told — So Far*, Atria Books 2017.

Kuhn, Thomas S., *The Copernican Revolution. Planetary astronomy in the development of Western thought*, Harvard University Press, 1957.

由托馬斯・孔恩（Thomas Samuel Kuhn）所著的《科學革命的結構》（*Die Struktur wissenschaftlicher Revolutionen*），繁體中文版由遠流於二〇二一年發行。

Kurzweil, Ray, *The Singularity is Near: When Human Transcend Biology*, Viking, 2005.

Lacan, Jacques *Ecrits, The First Complete Edition in English*, Norton & Company, 2007.

由史蒂文・李維特（Steven D. Levitt）和史蒂文・杜伯納（Stephen J. Dubner）所著的《蘋果橘子經濟學：一顆蘋果，用經濟學的剖刀切開，裡頭竟然是橘子》（*Freakonomics*），繁體中文版由大塊文化於二〇一〇年發行。

由卡爾・馬克思（Karl Marx）和弗里德里希・恩格斯（Friedrich Engels）所著的《共產黨宣言》（*The Communist Manifesto*），繁體中文版由五南圖書於二〇二二年發行。

Mason, Andrew, *Plato*, Berkeley: University of California Press, 2010.

由威廉・麥唐納（William McDonough）和麥克・布朗嘉（Michael Braungart）所著的《從搖籃到搖籃：綠色經濟的設計提案》（*Cradle to Cradle: Remaking The Way We Make Things*），繁體中文版由野人文化於二〇二二年發行。

Millner, A. V., *Hegel's Phenomenlogy of Spirit*, Oxford University Press, 1977.

由托馬斯・內格爾（Thomas Nagel）所著的《心靈和宇宙：對唯物論的新達爾文主義自然觀的詰問》（*Mind and Cosmos: Why the Materialist Neo-Darwinian Conception of Nature Is Almost Certainly False*），中文版由商務印書館於二〇一七年發行。

Nagel, Thomas, *The Possibility of Altruism*, Princeton University Press, 1970.

Nehamas, Alexander, *The Art of Living*, University of California Press, 1998.

由尼采（Friedrich Nietzsche）所著的《論道德的系譜：一本論戰著作》（*Zur Genealogie der Moral*），繁體中文版由大家出版於二〇一七年發行。

由大前研一（Kenichi Ohmae）所著的《無國界的世界：民族國家的終結》（*The End of the Nation State: The Rise of Regional Economies*），繁體中文版由立緒於二〇〇六年發行。

Orrell, David, *Quantum Economics : The New Science of Money*, Icon Books Ltd, 2018.

由喬治・歐威爾（George Orwell）所著的《一九八四》（*1984*），繁體中文版由遠流於二〇一二年發行。

Penrose, Roger, *Shadows of the Mind: A Search for the Missing Science of Consciousness*, Oxford University Press, 1994.

Penrose, Roger, *The Emperor's New Mind: Concerning Computation, Mind and the Laws of Physics*, Oxford University Press, 1989.

由喬登・彼得森（Jordan B. Peterson）所著的《生存的十二條法則：當代最具影響力的公共知識

分子，對混亂生活開出的解方》（*12 Rules For Life*），繁體中文版由大家出版於二〇一九年發行。

Pieper, Josef, *An Anthology*, Ignatius Press, 1989.

由托瑪・皮凱提（Thomas Piketty）所著的《二十一世紀資本論》（*Das Kapital im 21. Jahrhundert*），繁體中文版由衛城出版於二〇二二年發行。

Poland, Jeffrey Stephen, *Physicalism, the Philosophical Foundations*, Clarendon Press, 1994.

由伯特蘭・羅素（Bertrand Russell）所著的《西方哲學史》（*A History of Western Philosophy*），繁體中文版由五南出版於二〇二一年發行。

Russell, Bertrand, *Our Knowledge of the External World*, Mentor Books, 1960.

由邁可・桑德爾（Michael J. Sandel）所著的《錢買不到的東西：金錢與正義的攻防》（*What Money Can't Buy: The Moral Limits of Markets*），繁體中文版由先覺出版社於二〇二〇年發行。

Scharmer, C. Otto, Käufer Katrin, *Von der Zukunft her führen: Theorie U in der Praxis*, Carl-Auer-Verlag, 2014.

Simmons, Russell, *Do You!: 12 Laws to Access the Power in You to Achieve Happiness and Success*, Gotham Books, 2007.

由賽門・西奈克（Simon Sinek）所著的《先問，為什麼？：顛覆慣性思考的黃金圈理論，啟動你的感召領導力》（*Start with Why*），繁體中文版由天下雜誌於二〇一八年發行。

Singer, Peter, *Leben retten: Wie sich die Armut abschaffen lässt – und warum wir es nicht tun*, Random House, 2010.

Spinoza, Benedict: *Ethics*, Princeton University Press, 1994.

Tenney, Matt, Gard, Tim, *The Mindfulness Edge*, John Wiley & Sons Inc., 2016.

Tolle, Eckhart, *The Power of Now: A Guide to Spiritual Enlightenment*, Namaste Publishing, 1997.

Tvede, Lars, *The Creative Society: How the Future Can Be Won*, LID Publishing, 2016.

Van Doren, Charles, *A History of Knowledge: Past, Present and Future*, Ballentine Book, 1991.

Verne, Jules. *From the Earth to the Moon Direct in Ninety-Seven Hours and Twenty Minutes, and a Trip Round It. Scribner*, Armstrong, 1874.

Vieweg, Klaus, *Hegel: Der Philosoph der Freiheit*, C. H.Beck. 3. Auflage, 2020.

Von Neumann, John, Morgenstern, Oskar, *Theory of Games and Economic Behavior*, Princeton University Press, 1944.

Weir, Andy, *Artemis: A Novel*. Crown, 2017.

Weischedel, Wilhelm, *Immanuel Kant Kritik der reinen Vernunft*, 9 Aufl age. Stw, 2017.

Weisman, Alan, *The World Without Us*, Thomas Dunne Books, 2007.

Welch, Jack, *Winning*, HarperCollins, 2005.

Wendt, Alexander, *Quantum Mind and Social Science: Unifying Physical and Social Ontology*,

Cambridge University Press, 2015.

Werner, Götz W., *1.000 Euro für jeden: Freiheit. Gleichheit. Grundeinkommen*, Econ, 2010.

Wittgenstein, Ludwig, *Anscombe*, University of Chicago Press, 1980.

Wittgenstein, Ludwig, *Philosophical Investigations*, MacMillan, 1953.

Zimbardo, Philip, *The Lucifer Effect: Understanding How Good People Turn Evil*, Random House, Rider, 2007.

Žižek, Slavoj, *Incontinence of the Void: Economico-Philosophical Spandrels*, MIT Press, 2019.

新商業周刊叢書BW0827

量子經濟時代

數位化後的未來世界？

原文書名／Quantenwirtschaft: Was kommt nach der Digitalisierung?
作　　者／安德斯・因賽特（Anders Indset）
譯　　者／黃慧珍、方秀芬
編輯協力／張語寧
責任編輯／鄭凱達
企劃選書／陳美靜
版　　權／顏慧儀
行銷業務／周佑潔、林秀津、黃崇華、賴正祐、郭盈均

國家圖書館出版品預行編目（CIP）資料

量子經濟時代：數位化後的未來世界？／安德斯・因賽特（Anders Indset）著；黃慧珍、方秀芬譯. -- 初版. -- 臺北市：商周出版：英屬蓋曼群島商家庭傳媒股份有限公司城邦分公司發行, 2023.07
面；　公分. --（新商業周刊叢書；BW0827）
譯自：Quantenwirtschaft : Was kommt nach der Digitalisierung?
ISBN 978-626-318-711-5（平裝）
1.CST: 未來社會　2.CST: 總體經濟
541.49　　112007535

線上版讀者回函卡

總　編　輯／陳美靜
總　經　理／彭之琬
事業群總經理／黃淑貞
發　行　人／何飛鵬
法律顧問／台英國際商務法律事務所　羅明通律師
出　　版／商周出版
臺北市104民生東路二段141號9樓
電話：(02) 2500-7008　傳真：(02) 2500-7759
E-mail: bwp.service @ cite.com.tw
發　　行／英屬蓋曼群島商家庭傳媒股份有限公司　城邦分公司
臺北市104民生東路二段141號2樓
讀者服務專線：0800-020-299　24小時傳真服務：(02) 2517-0999
讀者服務信箱E-mail: cs@cite.com.tw
劃撥帳號：19833503　戶名：英屬蓋曼群島商家庭傳媒股份有限公司城邦分公司
訂購服務／書虫股份有限公司客服專線：(02) 2500-7718；2500-7719
服務時間：週一至週五上午09:30-12:00；下午13:30-17:00
24小時傳真專線：(02) 2500-1990；2500-1991
劃撥帳號：19863813　戶名：書虫股份有限公司
E-mail: service@readingclub.com.tw
香港發行所／城邦（香港）出版集團有限公司
香港灣仔駱克道193號東超商業中心1樓
電話：(852) 2508-6231　傳真：(852) 2578-9337
馬新發行所／城邦（馬新）出版集團Cite (M) Sdn. Bhd.
41, Jalan Radin Anum, Bandar Baru Sri Petaling, 57000 Kuala Lumpur, Malaysia.
Tel: (603) 90563833　Fax: (603) 90576622　E-mail: services@cite.my

封面設計／萬勝安
印　　刷／鴻霖印刷傳媒股份有限公司
經　銷　商／聯合發行股份有限公司　電話：(02) 2917-8022　傳真：(02) 2911-0053
地址：新北市新店區寶橋路235巷6弄6號2樓

■2023年7月4日初版1刷　　Printed in Taiwan

定價：580元（紙本）／400元（EPUB）　　版權所有・翻印必究

ISBN: 978-626-318-711-5（紙本）／978-626-318-710-8（EPUB）

城邦讀書花園
www.cite.com.tw